W0282386

STARK

TRAINING SPANISCH

Martín López • Wienhofen

Spanisch im 2. Lernjahr

Aufgaben mit Lösungen

STARK

Umschlagbild: © PARDOUX Pascal - Fotolia.com

ISBN 978-3-86668-181-1

Inhalt

Autoren: María Teresa Martín López und Ludwig Wienhofen
Illustrator: Wolf Schröder

Vorwort

Liebe Schülerin, lieber Schüler,

mithilfe dieses Buches kannst du den wichtigsten Stoff des zweiten Lernjahres in Spanisch selbstständig wiederholen und trainieren.

- In den einzelnen Kapiteln wird die **Grammatik** des zweiten Lernjahres verständlich erklärt und durch **Beispielsätze** verdeutlicht. Da diese Kapitel unabhängig voneinander sind, musst du sie nicht der Reihenfolge nach bearbeiten. Du kannst dir aussuchen, welchen Stoff du gerade wiederholen möchtest, zum Beispiel, um dich für eine Klassenarbeit vorzubereiten.
- Anhand der zahlreichen, abwechslungsreichen **Aufgaben** kannst du nicht nur deine Grammatik trainieren, sondern auch deinen spanischen **Wortschatz** wiederholen und erweitern sowie deine **Lese- und Schreibkompetenz** ausbauen. Nebenbei erfährst du viel Wissenswertes über die spanischsprachige Welt. Die etwas komplizierteren Aufgaben sind übrigens mit einem Sternchen * gekennzeichnet.
- Am Ende des Buches findest du zu jeder Aufgabe eine **vollständige Lösung**. Hinweise helfen, schwierige Lösungen zu erklären, oder geben zusätzliche Informationen. Am sinnvollsten ist es, erst dann in den Lösungen nachzusehen, wenn du die jeweilige Aufgabe vollständig gelöst hast oder wenn du auch nach längerem Nachdenken nicht mehr weiterweißt. Falls dir Fehler unterlaufen sind, dann überlege dir genau, worin der Grund dafür lag, damit du diese Fehler nicht noch einmal machst. So lernst du schnell und effizient!

Viel Spaß und Erfolg mit diesem Buch!

María Teresa Martín López   Ludwig Wienhofen

… rund ums Nomen

1 Pronomen

Pronomen **ersetzen** ein **Nomen**. Es gibt eine Vielzahl von Pronomen, z. B. Subjektpronomen, Objektpronomen, Demonstrativpronomen, Interrogativpronomen und Indefinitpronomen.

1.1 Objektpronomen

Welche Arten von Objektpronomen gibt es?
Man unterscheidet in der Regel zwischen
- **indirekten** Objektpronomen (*los pronombres del complemento indirecto* – (entspricht weitgehend dem deutschen Dativ) und
- **direkten** Objektpronomen (*los pronombres del complemento directo* – (entspricht weitgehend dem deutschen Akkusativ).

Wie lauten die indirekten Objektpronomen?

me	**nos**
te	**os**
le	**les**
Beispiele:	¿Me prestas la moto? Nos gustan mucho las montañas.

1 In der spanischsprachigen Welt hat das Witzeerzählen eine lange Tradition. Wenn man mit Freunden zusammensitzt, gehören Witze einfach dazu. In den folgenden Witzen fehlen die indirekten Objektpronomen. Setze sie ein.

Una serpiente _le_ *(ihr)* pregunta a otra: – ¿Es cierto que somos venenosas[1]? – Sí, ¿por qué? – Porque _____ *(mir)* acabo de morder la lengua.

1 giftig

Pepito* ____ *(ihr)* pregunta a la maestra: – Maestra, ¿a qué edad se muere un burro[1]? Y la maestra ____ *(ihm)* responde: – ¿Por qué, Pepito? ¿Ya te sientes mal?

La niña ____ *(ihm)* dice al niño: – Oye, ¿ ____ *(mir)* regalas un chocolate? El niño ____ *(ihr)* responde que no. Y la niña dice: – Ándale, si ____ *(mir)* das un chocolate, ____ *(dir)* doy un beso. Y el niño dice: – No, ¡y con amenazas[2] menos!

– Mamá, mamá, ¿ ____ *(uns)* puedes dar cuatro euros para un pobre hombre que está gritando[3] en la calle?
– Niños, ¡qué corazones más grandes tenéis! Tened, ____ *(euch)* doy cinco euros. ¿Qué es lo que grita ese hombre? – Estooo… ¡Helados a dos euros!

1 Esel; 2 Drohung; 3 schreien, rufen

* Witze mit **Pepito** sind in Spanien und anderen spanischsprachigen Ländern Klassiker, in Deutschland entsprechen sie Witzen mit Klein-Fritzchen. Auch eine Entsprechung der Ostfriesenwitze gibt es, nur dass es in Spanien die Einwohner einer Stadt namens Lepe sind, die ausgelacht werden.

Wie lauten die direkten Objektpronomen?

me	**nos**
te	**os**
lo/la	**los/las**

Beachte:

- Bei der 3. Person wird zwischen **männlicher** und **weiblicher** Form unterschieden. Die weibliche Form der 3. Person Plural *(las)* wird nur verwendet, wenn **alle** zu ersetzenden Lebewesen oder Dinge **weiblich** sind.

  Beispiele: La cocina está bastante sucia. – Sí, no la hemos limpiado todavía.
  ¿Conoces a Lola y Victoria? – Claro, las conozco bien.

- Handelt es sich um ein **unbestimmtes** bzw. neutrales Objekt, wird ***lo*** verwendet.

  Beispiel: No lo sé.

Was muss bei den direkten Objektpronomen beachtet werden?
Bei **männlichen Personen** werden häufig anstatt der direkten Objektpronomen ***lo/los*** die indirekten Pronomen ***le/les*** verwendet. Dies gilt vor allem für Spanien. In Hispanoamerika hingegen wird *lo* favorisiert.

Beispiel: Has visto a Pedro esta mañana? – Lo siento, pero no lo/le conozco.

2 Señor Álvarez plant mit seiner Klasse eine Exkursion auf die mexikanische Halbinsel Yucatán. Einige Tage vor der Abreise verteilt er Aufgaben an die Schüler. Setze die passenden Objektpronomen ein (als Hilfestellung sind die zu ersetzenden Objekte **farbig** markiert).

a) ¿Quién de vosotros reserva **las habitaciones** en el albergue juvenil?
– Las reservo yo.

b) ¿Quiénes quieren comprar **la comida y las bebidas** para el viaje?
– __________ compramos nosotros.

c) ¿Quién puede preparar **el material de información**?
– __________ preparo yo.

d) ¿Quién compra **los billetes de tren**?
– __________ compro yo.

e) ¿Y quién busca en Internet **algunos mapas de la región**?
– __________ busco yo.

f) ¿Quién __________ ayuda a recoger **el dinero para los billetes**?
– __________ ayudo yo, Sr. Álvarez.

3* **Ejercicio mixto:** Setze in den Text, in dem Rafael vom Urlaub mit seinen Eltern in Mexiko berichtet, die fehlenden direkten oder indirekten Objektpronomen ein.

Nuestras últimas vacaciones _las_ pasamos en Cancún[1]. Esta ciudad está en la península Yucatán en México. Allí había mucha gente y las playas eran muy bonitas. __________ teníamos casi directamente delante de nuestro hotel. Estuvimos diez días en la playa y después hicimos algunas excursiones, por ejemplo a Chichén Itzá y Uxmal, dos antiguas ciudades de los mayas. Mis padres no ________ conocían todavía y yo tampoco ________ había visto, sólo ______ habían contado que merecía la pena ver________ .
Primero fuimos a Chichén Itzá. Este era un lugar para el culto religioso de los mayas que ______ construyeron en la segunda mitad del primer milenio[2]. Hasta finales del siglo XIX no _________ descubrieron en la selva[3] debido a que estaba completamente cubierto.
Cuando llegamos allí había una pirámide enorme y yo que había pensado que las pirámides solamente _______ había en Egipto. Arriba estaba el templo para el dios Kukulcán. Los mayas _______ presentaban allí los sacrificios religiosos. Para subir hay 91 peldaños[4]. Si _______ multiplicas por cuatro y añades el último peldaño para entrar al templo te das cuenta de que los mayas eran muy buenos matemáticos y astrónomos. Mis padres leyeron en la guía que esta pirámide es aún más interesante de lo que se piensa.

Die **Kukulcán-Pyramide** in der Maya-Stadt Chichén Itzá. Die **Mayas** waren eine präkolumbianische, d. h. schon vor Kolumbus existierende Hochkultur, deren Geschichte lange vor dem Beginn der Zeitrechnung begann und deren Blütezeit schon vor Ankunft der Spanier beendet war. Noch heute leben die Nachkommen der Mayas auf der mexikanischen Halbinsel Yucatán, in Belize, Guatemala und Honduras.

Los turistas también _____ conocen porque dos veces al año (el 21 de marzo y el 23 de septiembre cuando los días tienen una duración igual a la de las noches) el sol ilumina la pirámide de tal manera que se puede ver la sombra de una serpiente emplumada[5]. Además, en el interior de la pirámide hay una habitación que funciona como un altavoz[6]. Si hablas allí dentro, la gente fuera de la pirámide _____ oye a más de cien metros de distancia. Esto no _____ pudimos probar porque la pirámide estaba cerrada al público. Pero en general, la pirámide _____ gustó muchísimo y _____ recomiendo que _____ vayáis a ver también. Algo como Chichén Itzá no _____ había visto nunca en mi vida. Esta excursión no _____ voy a olvidar jamás.

1 Urlaubsort in Mexiko; 2 Jahrtausend; 3 Urwald, Dschungel; 4 Stufen; 5 gefiederte Schlange; 6 Lautsprecher

Wo im Satz stehen die Objektpronomen im Spanischen?

- In der Regel stehen die Objektpronomen unmittelbar **vor dem konjugierten Verb** (bei zusammengesetzten Formen wie Perfekt und Plusquamperfekt also vor dem Hilfsverb). In verneinten Sätzen stehen sie **nach dem ersten Verneinungselement**.

  Beispiele: Te digo que eso no sirve para nada.
  No me gusta la música de este grupo.
  Les he explicado mis ideas esta mañana.

- Bei ***perífrasis verbales*** mit Infinitiv oder Gerundium können die Objektpronomen im Allgemeinen auch an den **Infinitiv** bzw. das **Gerundium angehängt** werden.

  Beispiele: ¿Quieres ver la nueva película de Almodóvar? – Sí, la quiero ver/quiero verla.
  ¿Los compactos? Mi hermana los está comprando/está comprandolos.

- Beim **bejahten Imperativ** (siehe auch Kapitel 9.5) wird das Pronomen angehängt.

  Beispiel: ¡Dile que no quieres!

Beachte: Würde sich durch das angehängte Pronomen die **Betonung** verändern, so wird ein **grafischer Akzent** auf die ursprünglich betonte Silbe gesetzt.

Beispiele: Ayúdala con los deberes, por favor.
¿Ves a este chico que está mirándote?

4 **Ejercicio mixto:** Ersetze in den Sätzen des Reiseleiters in der Ruinenstadt Uxmal (Mexiko) die **farbigen** Satzteile durch das entsprechende direkte oder indirekte Objektpronomen. Gibt es mehrere Möglichkeiten zur Stellung des Pronomens, so notiere beide.

¡BIENVENIDOS A UXMAL, PATRIMONIO DE LA HUMANIDAD!

La ciudad de Uxmal es uno de los más importantes legados arqueológicos de la cultura maya.

En el plano pueden ver donde están localizados los diferentes edificios: la Pirámide de Adivino, el Palacio del Gobernador, etc.

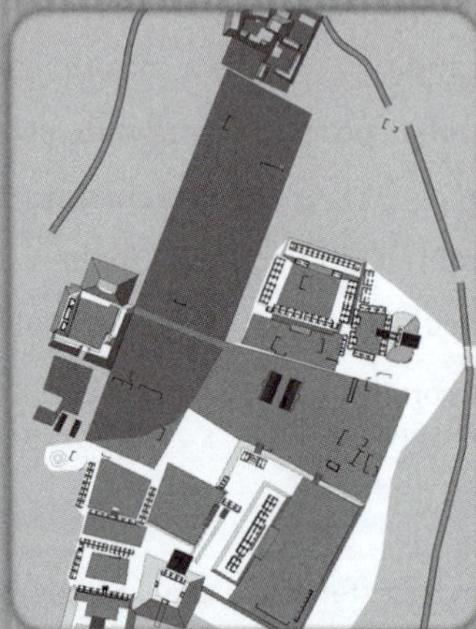

a) Los que no han visto **las ruinas de Uxmal** no conocen nada de la cultura maya.

Los que no las han visto no conocen nada de la cultura maya.

b) Hasta ahora, nadie ha podido averiguar con seguridad **el origen de Uxmal**.

____

____

c) Sólo se sabe que los mayas fundaron **la ciudad** antes del año 1 000.

____

____

d) También en estos momentos los arqueólogos están investigando **este problema**.

e) Ahora vamos a ver **el llamado Palacio del Gobernador, el edificio más grande en Uxmal**.

f) Además, quiero decir **a ustedes** que la pirámide tiene una longitud de 120 metros y su escalera una anchura de 40 metros.

g) Este lugar, aquí, servía **a los mayas** para jugar diferentes juegos con la pelota, es decir, se trata de un antiguo estadio.

h) Al final de nuestro recorrido visitamos todavía **la Pirámide del Adivino**.

i) Casi todos coinciden en que es la construcción más espectacular de Uxmal y yo también pienso **esto**.

j) Por supuesto, ahora tienen **la posibilidad de seguir recorriendo todo**.

k) Así, todos pueden ver lo que más interesa **a ustedes**.

l) Para terminar, quiero dar **a ustedes** las gracias por escucharme tan atentamente.

Wann muss und wann kann das Objektpronomen zusätzlich zum Nomen stehen?

- Steht das Objekt als Nomen **vor dem Verb**, so **muss** zusätzlich das entsprechende Pronomen genannt werden.

Beispiele: A Inés no la conozco.
A Inma le escribo un e-mail mañana.
Este filete no lo puedo comer/no puedo comerlo.

- Steht das Objekt als Nomen **hinter dem Verb**, so **kann** das Pronomen zusätzlich genannt werden, muss aber nicht.

  Beispiele: No la conozco a Inés./No conozco a Inés.
  Le escribo un e-mail a Inma./Escribo un e-mail a Inma.

Beachte: Objekt und Objektpronomen werden oft zusammen verwendet, wenn die Aussage besonders **betont** werden soll.

Beispiele: A ella le gusta el fútbol más que a nosotros.
¡Qué pena! A ellos no les interesa esta obra de teatro.

5 Bei wem und wie meldet sich Rafael aus seinem Mexiko-Urlaub? Bilde Sätze aus den Vorgaben und verwende je beide Möglichkeiten zur Stellung des Objekts.

enviar un e-mail	a Lucy	(le/les)
llamar por teléfono	a los abuelos	(lo/la/los/las)
escribir una carta	al tío Martín	
enviar una postal	a Isabel y Patricia	
dejar un mensaje en el ICQ	a Carlos	

A mis abuelos les envío una postal./(Les) envío una postal a mis abuelos.

6 **Ejercicio mixto:** Rafael erzählt seinem Freund Carlos von den Pyramiden in Mexiko, aber Carlos ist wenig beeindruckt und erzählt seinerseits von den „Pyramiden" auf Menorca. Schreibe den Text ab. Setze Objektpronomen ein, falls das Objekt als Nomen vor dem Verb steht, und ersetze wiederholte Nomen durch Pronomen (es ist hilfreich, wenn du dafür zunächst die wiederholten Nomen im Ausgangstext unterstreichst).

Auch in Spanien gibt es „Pyramiden". Auf der Baleareninsel Menorca stehen die sogenannten ***navetas***, die ebenfalls zur Bestattung der Toten dienten und im ersten Jahrhundert vor Christus entstanden sind. Am besten erhalten ist die *Naveta de Es Tudons* in der Nähe der Stadt Ciutadella.

Rafael: Así que no sólo en Egipto hay pirámides, sino que también hay pirámides en México.
Carlos: ¿No sabías que también hay pirámides en España?
Rafael: ¿Me quieres tomar el pelo *(auf den Arm nehmen)*?
Carlos: No, es cierto. Hace dos años estuve en Menorca y visitamos también los lugares prehistóricos de la isla. Visité los lugares prehistóricos con mi primo Jaime. Creo que conoces a Jaime, ¿verdad?
Como a Jaime encanta la arqueología, estaba estudiando los lugares prehistóricos. Estábamos cerca de Ciutadella y de repente vimos algo espectacular: la Naveta de Es Tudons. Jaime estaba flipando porque inmediatamente se dio cuenta de que se parecía a una pirámide. Dije a Jaime: «Estudia la pirámide y tómate el tiempo que necesites». Yo no estaba tan impresionado como él, pero también me gustó.
Rafael: Nunca he oído nada de esto. ¿No tienes una foto?
Carlos: No, pero podemos buscar alguna foto en Internet. Aquí tienes una foto. ¿Qué dices?
Rafael: Bueno, realmente se parece un poco.
Carlos: Lo interesante es que las pirámides de Egipto servían para enterrar a los muertos y las navetas de Menorca también servían para enterrar a los muertos.

Rafael: Así que no sólo en Egipto hay pirámides, sino que también las hay en México.

Wie lautet die Reihenfolge bei zwei Objektpronomen im Satz?

Im Spanischen steht zunächst das **indirekte** und danach das **direkte** Objektpronomen. Dies gilt auch dann, wenn die Pronomen an den Infinitiv, das Gerundium oder den bejahten Imperativ angehängt werden.

Beispiele: ¿Me puedes dar aquellos zapatos, por favor? – Ahora te los doy.
¿Te tomas tus pastillas? – Me las estoy tomando/estoy tomándomelas.

Beachte: *Le/les* kann **nicht** mit *lo/la/los/las* kombiniert werden. Wenn also beide Objektpronomen in der 3. Person Singular oder Plural stehen, so wird das indirekte Objektpronomen *le/les* zu ***se***.

Beispiele: ¿Podéis decir a mi madre que no tengo tiempo? – Claro, ahora se lo decimos.
¿Cuándo me trae Vd. los libros? – Se los voy a traer/voy a traérselos hoy.

7 Julián will seinen Mitschülern etwas über die Kanarischen Inseln erzählen, das sie bisher noch nicht wussten. Setze in seinem Vortrag die folgenden Pronomen in die passenden Lücken ein: *se los, os los, se lo* (2 ×), *se las* (3 ×), *me lo* (2 ×), *nos lo, se les.*

Rekonstruktion einer religiösen Kultstätte der *guanches* auf dem Berg Garajonay (La Gomera)

Los guanches

En mis últimas vacaciones en las Islas Canarias leí algo sobre los guanches, pero no tenía ni idea quiénes eran. Así que me informé un poco y ahora ___os los___ quiero presentar, porque me parecen bastante interesantes.

A mí ________________ explicaron en el ayuntamiento de Playa Santiago en La Gomera. Un señor de la oficina de turismo se tomó mucho tiempo contándo________________ todo.

La historia de los guanches ya comenzó antes del siglo V antes de Cristo. Desde el norte de África llegaron colonizadores a las Islas Canarias. Más tarde, a estos ______________ dio el nombre *los guanches*. Es difícil imaginár______________ , pero, en realidad, con el tiempo los guanches en cada una de las Islas Canarias se desarrollaron *(sich entwickeln)* de una manera específica, por ejemplo en cuanto a sus dialectos o lenguas. Los guanches también tenían animales domésticos (*Haustiere*) como cerdos, cabras o perros. ________________ habían traído de África, pero con esto contribuyeron a la extinción (*Ausrottung*) de algunos animales típicos de las islas, entre otros el lagarto (*Eidechse*) gigante y la rata gigante.

En 1476 España consiguió conquistar las Islas Canarias. Ya ____________ había propuesto desde principios del siglo XV, pero los guanches no estaban dispuestos a dár________________ sin luchar. Por eso, los españoles tardaron más de 70 años en quitár________________ .

Al final tenía todavía muchas preguntas más, pero no llegué a preguntár______ al señor que me había informado tan bien porque no tenía más tiempo. Así que sigo sin preguntár________________ todo, pero lo bueno es que ya sé qué voy a hacer la próxima vez que esté en las Islas Canarias.

8 Der Forscher und Abenteurer Thor Heyerdahl* machte in den 90er-Jahren des 20. Jahrhunderts durch seine Theorien die Pyramiden von Güímar auf der Kanareninsel Teneriffa bekannt. Ersetze in diesem fiktiven Interview mit Heyerdahl die **farbig** markierten Satzteile durch Objektpronomen, indem du den jeweiligen Satz neu schreibst.

PERIODISTA: Señor Heyerdahl, usted ha estudiado mucho el tema de las pirámides de Güímar. Para nuestros lectores algunos detalles acerca de su teoría todavía no están muy claros. ¿Me permite que pregunte **a usted estos detalles**?

¿Me permite que se los pregunte?

HEYERDAHL: Por supuesto que sí. También a mí me interesa mucho este tema.

PERIODISTA: Lleva años estudiando las pirámides y ha sacado algunas conclusiones. ¿Podría explicar **a nosotros estas conclusiones**?

____

HEYERDAHL: Hemos hecho investigaciones muy exhaustivas *(gründlich)*. Digo **esto a usted** claramente: estamos convencidos de que estas pirámides son obra de los guanches, el pueblo que vivió en las Islas Canarias antes de la conquista por España.

____

* Der Norweger **Thor Heyerdahl** (1914–2002) war Zoologe, Geologe, Ethnologe, Anthropologe und Botaniker. Durch seine Expedition mit dem Balsa-Floß Kon-Tiki bewies er, dass die Ureinwohner Südamerikas mit ihren Booten bis nach Polynesien gelangen konnten. Weitere Expeditionen führten ihn unter anderem auf die Galapagos-Inseln, die Osterinsel, die Malediven, Peru, Kolumbien und Bolivien. Seine letzten Lebensjahre verbrachte er hauptsächlich auf Teneriffa, um die Pyramiden von Güímar zu erforschen. Heyerdahls Theorien zu ihrer Entstehung sind unter anderen Forschern umstritten.

PERIODISTA: Todos los arqueólogos coinciden *(übereinstimmen)* en que son obra de los campesinos del lugar y que datan del siglo XIX. Encima, dicen que tienen pruebas documentadas que son de la segunda mitad del siglo XIX. Nuestros lectores quieren saber su opinión. ¿Puede explicar **esto a nuestros lectores**?

____

HEYERDAHL: Por supuesto que voy a explicar **el caso a usted**.

____

____

Todo lo que dicen mis colegas es sin duda correcto, pero lo que no mencionan es que debajo de las pirámides hay cuevas antiguas de los guanches y aquí está el origen de las pirámides. Además, las pirámides tienen una orientación astronómica. Si se tratara de piedras amontonadas por los campesinos, esto supondría mucha casualidad *(Zufall)*. Mis colegas ocultan **esto a ustedes**.

____

PERIODISTA: Aquí tengo todas las pruebas. Si quiere, doy **las pruebas a usted**.

____

HEYERDAHL: No hace falta porque ya lo conozco todo.

PERIODISTA: También los hay que dicen que es un truco *(Trick)* para atraer a turistas y sacar dinero.

HEYERDAHL: Ya me han dicho **esto** más de una vez.

____

____

Se puede discutir sobre estas dudas. Mis colegas constantemente me están echando en cara **estas dudas**.

____

____

____

PERIODISTA: Gracias por la entrevista, señor Heyerdahl.

1.2 Objektpronomen im Zusammenhang mit Präpositionen

Wie lauten die Objektpronomen im Zusammenhang mit Präpositionen?
Im Zusammenhang mit Präpositionen werden **betonte Objektpronomen** verwendet. Diese entsprechen den jeweiligen **Subjektpronomen**. Nur für die **1.** und **2. Person Singular** gibt es Sonderformen.

mí	**nosotros/as**
ti	**vosotros/as**
él/ella, usted	**ellos/as, ustedes**

Beispiele: No lo tienes que hacer por mí.
¿Los conoces a ellos?
Esta película no es para ti.

Beachte:

- Steht ein neutrales Objektpronomen im Zusammenhang mit einer Präposition, so wird ***ello*** verwendet.

  Beispiel: ¿Vas al teatro mañana? – No sé, todavía nadie me ha informado de ello.

- Stehen ***mí*** und ***ti*** in Verbindung mit der Präposition ***con***, so verschmelzen sie zu **conmigo** und **contigo**.

  Beispiele: ¿Bailas conmigo?
  Paula está contenta contigo.

9 Auf der Redaktionssitzung unterhalten sich die Kollegen über das Interview mit Thor Heyerdahl (siehe Aufgabe 8). Bilde aus der folgenden Tabelle 5 sinnvolle Sätze.

Bueno, no olvidemos a los otros expertos	está absolutamente convencido	a nosotros
Sus teorías, sin embargo,	a mí	de ello
El señor Heyerdahl	que el señor Heyerdahl se portó muy bien	para ellos
Se nota	porque esta teoría es demasiado fantástica	contigo
Tengo que decir que	no nos convencen	me parece una persona muy seria.

Bueno, no olvidemos a los otros expertos porque esta teoría es demasiado fantástica para ellos.

10 Übersetze das folgende Gespräch zwischen Sole und Nacho. In jeden Satz ist ein Objektpronomen in Zusammenhang mit einer Präposition einzubauen.

SOLE: Sie lade ich nicht zu meinem Geburtstag ein, denn sie hat mich beleidigt.

A ella no la invito a mi cumpleaños porque me ha insultado.

NACHO: Hast du etwas anderes von ihr erwartet?

SOLE: Bisher habe ich mich immer gut mit ihr verstanden.

NACHO: Ja, sie hat immer viel mit dir gemacht.

SOLE: Also *(Así que)* bist du auch von ihr enttäuscht *(decepcionado con)*?

NACHO: Mit mir hat sie nur wenig gesprochen, aber für dich ist es schon hart. Du musst deswegen aber nicht traurig sein.

SOLE: Du hast Recht! Ich muss mich damit abfinden *(conformarse con)*.

1.3 Indefinita (*alguien, alguno, otro, ninguno* etc.)

Manche Indefinita können **substantivisch** (als Indefinitpronomen) und **adjektivisch** (als Indefinitbegleiter) verwendet werden. Indefinita werden dann gebraucht, wenn eine Person oder Sache **unbestimmt** ist.

Welche Indefinita gibt es?
Die wichtigsten Indefinita sind:

alguien (jemand, irgendwer)
alguno/a (irgendeine/r)
ninguno/a (keine/r)
algo (etwas)
mucho/a (viel)
nadie (niemand)
algunos/as (einige, manche)
otro/a (andere/r/s)
nada (nichts)
poco/a (wenig)

Beispiele: ¿Alguien sabe cómo funciona este aparato?
Ninguno de estos chicos toca un instrumento.

Beachte: Vor *otro/a* steht **nie** der **unbestimmte** Artikel.

Beispiel: Necesito otra moto, la mía está rota.

11 Im folgenden Dialog zwischen Jorge und seiner Mutter fehlen die Indefinitpronomen. Setze sie ein und übersetze anschließend.

MAMÁ: ¿ *Alguien* me puede ayudar, por favor?
Kann mir bitte jemand helfen?

JORGE: Mamá, por favor, no. ¡Siempre quieres ________ de mí!

____

____

MAMÁ: Anda, Jorge, tengo ________ trabajo.

____

____

JORGE: Seguro que los ________ te pueden ayudar. Pregúntales a papá o a María Elena.

____

____

____

MAMÁ: Ahora mismo ______________ está en casa.

____

JORGE: Y yo no puedo. Tengo que hacer mis deberes. ______________ son bastante complicados, sabes.

____

____

____

____

MAMÁ: Si quieres que te lleve en coche a la casa de Pablo esta tarde, me vas a ayudar y ______________ de tus pretextos me va a convencer.

____

____

____

____

1.4 Interrogativa

Interrogativa sind **Fragewörter**.

Welche Arten von Interrogativa gibt es?

Es gibt:

- **Interrogativadverbien** wie *cómo, dónde* und *cuándo*, die **unveränderlich** sind.

  Beispiele: ¿Cómo te encuentras?
  ¿Cuándo tienes tiempo para preparar el regalo de Mónica?

- **Interrogativpronomen** wie *cuál/es* und *quién/es*, die im **Numerus** an das Bezugswort **angepasst** werden müssen.

  Beispiele: ¿Quién ha sido?
  ¿Cuáles de estos coches te gustan más?

- Interrogativa, die **adjektivisch** oder **pronominal** gebraucht werden können, wie *cuánto/a* und *qué. Cuánto* muss in **Genus** und **Numerus** an das Bezugswort **angepasst** werden, *qué* ist **unveränderlich**.

  Beispiele: ¿Qué regalo tenéis para vuestras madres?
  ¿Me puedes dejar algo de dinero? – ¿Cuánto te doy?
  ¿Cuántas hijas tiene el presidente Obama?

Was haben die Interrogativa gemeinsam?

- Die Interrogativa tragen einen **grafischen Akzent**.
- Mit Ausnahme von ***cómo*** können die Interrogativa mit einer **Präposition** verbunden werden.

Beispiele: ¿Por qué no te vas al médico?
¿De quién estás hablando?

12 Weil es auf dem Schulhof so laut ist, hörst du nicht alles, was dein Freund Alex dir über den Film „María, llena eres de gracia" erzählt, den er am Vortag gesehen hat, und musst die **farbig** markierten Stellen nachfragen. Finde das richtige Fragewort und formuliere Fragesätze.

a) Hombre, ¡esta película es interesante! Trata de **una joven que está embarazada y que quiere escapar de su vida en Colombia**.
¿De qué trata la película?

b) La joven se llama María y tiene **diecisiete** años.
____
____

c) María quiere ir a **los Estados Unidos**.
____
____

d) Gana dinero para ir al norte **transportando drogas en su cuerpo**.
____
____

e) María logra llegar a Estados Unidos, pero **su amiga Lucy** muere en el intento.
____
____

f) Otra amiga, que se llama Blanca, vuelve a Colombia, pero María se queda en Nueva York porque **sueña con un futuro mejor**.
____
____

Wann wird *cuál*, wann *qué* verwendet?
Cuál drückt im Gegensatz zu ***qué*** immer eine **Auswahl** aus einer **bestimmten Menge** aus.

Beispiele: ¿Qué compacto te has comprado?
¿Cuál de estos compactos te has comprado?

13 Setze *qué* oder *cuál/es* ein.

a) ¿Veis aquellos coches? ¿ *Cuál* os gusta más? ¿ __________ color tiene tu coche favorito?

b) ¿ __________ marca de coches prefieres?

c) Me han dicho que esta noche hay una película de Buñuel en la tele. ¿Tú sabes __________ es?

d) ¿ __________ películas te gustan? – A mí me gustan sobre todo películas de horror.

e) Shakira o Madonna, esta es la pregunta. ¿ __________ es la que más te convence?

f) ¿ __________ piensas sobre estas dos cantantes? Si te digo la verdad, a mí no me gusta la música de ninguna de las dos.

g) ¿ __________ periódico español* le parece el mejor? Hay muchos periódicos interesantes como, por ejemplo, El País, el ABC, La Vanguardia o El Mundo.

h) ¿ __________ de estos periódicos se ocupa mejor de la política internacional?

* Die meisten überregionalen **spanischen Tageszeitungen** erscheinen in Madrid (wie *El País* oder *El Mundo*). Auflagenstärkste Zeitungen sind *El País*, das den Sozialisten nahesteht, die eher konservativen Zeitungen *El Mundo* und *ABC* und die liberale *La Vanguardia* aus Barcelona.

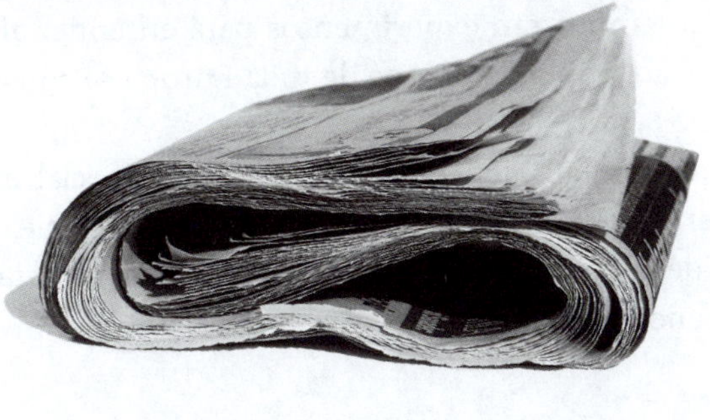

14* **Ejercicio mixto:** Lies den folgenden Text über Valencia und stelle im Anschluss daran 10 Fragen zum Text. Benutze bei den Fragen jeweils unterschiedliche Fragewörter und auch Fragewörter im Zusammenhang mit Präpositionen. Beantworte die Fragen anschließend.

Valencia es una ciudad de unos 800 000 habitantes situada en la costa mediterránea; es la tercera ciudad más grande de España. Fue fundada por los romanos con el nombre «Valentia» en el año 138 antes de Cristo. Durante 500 años los árabes ocuparon Valencia hasta que el héroe nacional, El Cid*, la conquistó para los cristianos.

En Valencia el pasado y el futuro se dan la mano. Por un lado, el visitante debería ir a la catedral, cuya construcción empezó en 1262 y, por otro lado, son interesantes las edificaciones de estilo moderno, sobre todo la llamada Ciudad de las Artes y de las Ciencias. Este parque se construyó entre 1991 y 2006 en el cauce *(Flussbett)* seco del río Turia. La ópera, un cine de 3-D en forma de un ojo, un museo de las ciencias en forma de un caracol *(Schnecke)* en el que muestran experimentos para entender algunas de las leyes naturales y el acuario más grande de toda Europa se consideran edificios espectaculares.

Para los más pequeños también hay una atracción especial en el cercano Parque de Gulliver. Este parque, que está abierto desde las diez de la mañana hasta las ocho de la tarde, es una zona de juegos con, por ejemplo, toboganes *(Rutschen)* enormes.

En la actualidad Valencia también se conoce bien en el mundo de los deportes. En el año 2008 tuvo lugar el primer Gran Premio de la Fórmula 1 en el nuevo circuito en el puerto de Valencia. Además, merece la pena mencionar al equipo de la Primera División de fútbol, el Valencia CF que, en los años 90, llegó dos veces a la final de la Liga de Campeones, pero las perdió. En el año 2001 perdió contra el Bayern Múnich en penaltis *(Elfmeter)*.

* Der spanische Nationalheld Rodrigo Díaz de Vivar (1043–1099) wurde für seinen entschiedenen Kampf gegen die Araber verehrt und auch von den Arabern geschätzt, die ihm den aus dem Arabischen stammenden Titel „**El Cid**" gaben.

Preguntas y contestas

¿Cuántos habitantes tiene Valencia? - Tiene aproximadamente 800 000 habitantes.

… rund ums Verb

2 Adverbien

Ein **Adverb** bezieht sich unmittelbar aufs **Verb**. Es bestimmt somit die Handlung näher. Adverbien sind **unveränderlich**.

2.1 Ursprüngliche Adverbien

Was sind ursprüngliche Adverbien?
Ursprüngliche Adverbien werden **nicht** von Adjektiven **abgeleitet**. Es gibt z. B.

- Adverbien der **Zeit** wie *ahora* (jetzt), *tarde* (spät), *temprano* (früh), *ayer* (gestern)

  Beispiel: Me he levantado temprano.

- Adverbien des **Ortes** wie *aquí* (hier), *cerca* (nahe), *lejos* (weit), *fuera* (draußen)

  Beispiel: Los niños juegan fuera.

- Adverbien der **Art und Weise** wie *así* (so), *bien* (gut), *rápido* (schnell)

  Beispiel: Este pintor trabaja bien.

- Adverbien der **Menge** wie *mucho* (sehr, viel), *muy* (sehr), *poco* (wenig), *demasiado* (zu viel)

  Beispiel: Esta chica habla demasiado.

  Beachte: *Mucho* wird in Verbindung mit **Verben** benutzt, *muy* in Verbindung mit **Adjektiven** oder anderen **Adverbien**.

  Beispiele: Laura estudia mucho.
  Estoy muy contento con mi nuevo ordenador. Funciona muy bien.
  Dalí me gusta mucho.

15 Die sogenannte Schweinegripppe *(la gripe A/la gripe porcina)* hat die Welt 2009 in Aufruhr versetzt. Setze die passenden Adverbien in den Artikel ein: *tanto, aquí, muy, rápido, ahora, pronto, tarde, así.*

Las consecuencias de la gripe A

MADRID, 30-09-2009.–
La gripe A es *ahora* uno de los temas más discutidos en todo el mundo. Los periódicos están llenos de noticias sobre esta nueva enfermedad para el hombre. Los expertos están __________ preocupados porque la gripe se extiende tan __________ por todos los continentes.

En Europa algunos políticos ya han pensado en recomendar a la gente quedarse __________, en casa, y no irse de vacaciones por el peligro de contagiarse. Hasta un superhéroe como Wolverine (Hugh Jackman), por ejemplo, tiene miedo de presentar su nueva película en la capital de México y prefiere hacerlo más __________. Mientras tanto, en Alemania el Gobierno ha decidido vacunar *(impfen)* a parte de la población (sobre todo a jóvenes y mujeres embarazadas). ________, se intenta proteger a los grupos de riesgo y evitar la extensión de la gripe.
Como siempre, hay muchas personas que quieren ganar con la miseria de otros. Por ejemplo, en EE UU empezaron __________ a vender una camiseta por Internet con el texto (en español): «Yo fui a México y sólo traje la gripe porcina.» Algunos se reirán de este texto, pero los afectados seguramente que no se reirán __________.

Wo im Satz stehen Adverbien?
Adverbien stehen meist am Satzanfang oder am Satzende. Die Satzstellung ist im Allgemeinen aber sehr frei.

Beispiele: Todavía no lo sé./No lo sé todavía.
Hoy he visto a Daniel./He visto a Daniel hoy.

16 Lies den folgenden Text über die weltweit sehr erfolgreiche mexikanische Rockgruppe Maná. Die Adverbien sollen jeweils in den Satz bzw. Satzteil davor eingesetzt werden. Überlege, wo man sie sinnvoll einfügen kann, und schreibe den Text dann neu.

MANÁ

Había una vez un grupo musical en Guadalajara con el nombre *The Green Hat Spies* que tocaba canciones de otros grupos **(primero)**. Se formó por el año 1978. Cambiaron y abreviaron el nombre a *Sombrero Verde* **(después)**. Con este nombre publicaron dos discos que no tuvieron éxito y se vendieron mal **(muy)**.

En los años 80 en Hispanoamérica y también en México surgió el movimiento *Rock en tu idioma* **(por supuesto)**. De nuevo el grupo cambió de nombre y empezó a llamarse *Maná* **(entonces)**. En 1987 salió a la venta el primer disco con este nombre. Fue aumentando la popularidad del grupo **(despacio)** y en 1992 publicaron el álbum *¿Dónde jugarán los niños?*, con el que empezó su fama.
Es uno de los grupos más famosos de Latinoamérica **(hoy)**. También actúan en EE UU y en Europa. Su música es una mezcla de rock duro y música pop. Pero no sólo se limitan al ámbito de la música, sino que también dan su opinión sobre temas sociales y políticos. Por ejemplo **(así)**, están a favor de una reforma de la educación sexual en México y del uso de anticonceptivos *(Verhütungsmittel)*, lo que la Iglesia católica ha criticado **(mucho)**. Aparte de esto, también apoyan a los movimientos **(mucho)** que luchan por la defensa del medio ambiente o a los que piden la independencia de Puerto Rico*.

* **Puerto Rico** ist ein mit den USA verbundener Inselstaat in der Karibik mit ca. 4 Mio. Einwohnern. Er ist kein Bundesstaat der USA, aber das Staatsoberhaupt ist dennoch der amerikanische Präsident und die Währung ist der Dollar. Die offiziellen Landessprachen sind Englisch und Spanisch.

Había una vez un grupo musical en Guadalajara con el nombre The Green Hat Spies que primero tocaba canciones de otros grupos.

2.2 Abgeleitete Adverbien

Was sind abgeleitete Adverbien?
Wie der Name besagt, werden diese Adverbien von Adjektiven abgeleitet:

- Bei Adjektiven, die eine männliche und eine weibliche Endung haben, geht man von der weiblichen Endung ***-a*** aus und **fügt** daran ***-mente*** **an**.

  Beispiel: claro → claramente

- Bei allen anderen Adjektiven wird die Endung ***-mente*** an den **letzten Buchstaben angehängt**.

  Beispiel: posible → posiblemente

Beachte:

- Trägt das Adjektiv einen **grafischen Akzent**, so bleibt dieser auch beim entsprechenden Adverb **erhalten**.

  Beispiel: fácil → fácilmente

- Adjektive, die man nicht auf Verben beziehen kann (z. B. *grande, pequeño, delgado, gordo*) lassen in der Regel **keine Adverbableitung** zu.

17 Leite vom Adjektiv das Adverb ab und setze dieses in die jeweilige Lücke ein.

Tortilla Española

tiempo: 35 minutos
raciones: 6 personas

ingredientes:
1 kilo de patatas
9 huevos
1 cebolla mediana
aceite de oliva
1 diente de ajo[1]
perejil[2] fresco

1. Pelamos[3] las patatas, las cortamos en rodajas[4] finas y les echamos sal.
2. Pelamos y cortamos la cebolla, el ajo y el perejil _finamente_ (fino).
3. Echamos las patatas, la cebolla, el ajo y el perejil ______________ (cuidadoso) en una sartén[5] con aceite de oliva caliente. Ahora removemos[6] ______________ (regular).
4. Cuando todo esté blando y ______________ (ligero) dorado, lo sacamos de la sartén.
5. Batimos[7] los huevos ______________ (rápido) hasta conseguir una buena mezcla.
6. Mezclamos todo con los huevos batidos.
7. Echamos la mezcla otra vez en la sartén con aceite caliente. Movemos la sartén ______________ (constante) con movimientos circulares para que la tortilla se mueva dentro de la sartén.
8. Después, damos la vuelta[8] a la tortilla poniendo un plato encima de la sartén. Luego, ponemos ______________ (lento) la tortilla de nuevo en la sartén.
9. Movemos la sartén y freímos la tortilla entre dos y tres minutos.
10. Servimos la tortilla con pan.

1 Knoblauchzehe 2 Petersilie 3 schälen 4 Scheiben
5 Bratpfanne 6 umrühren 7 schlagen 8 wenden

18* Übersetze den folgenden Text über die mexikanische Gruppe Molotov ins Spanische. Die angegebenen Adjektive helfen dir bei der Übersetzung der Adverbien im Text (du kannst sie davon ableiten). Die fehlenden Informationen (jeweils markiert durch ein **farbiges x**) zu Molotov findest du im Internet.

MOLOTOV

Molotov ist wahrscheinlich eine der bekanntesten lateinamerikanischen Bands. In ihrer Musik vermischen sie Elemente aus **x** im Stil der Band Rage against the Machine. Sie singen auf **x** und ihre Texte sind häufig provokativ.

Die Band wird **x** in México, D. F., gegründet. Im Jahr 1997 veröffentlicht Molotov das Album **x**, eine Parodie des Albums der mexikanischen Band Maná.

Sicherlich, aufgrund des Covers[1] der CD und der provokativen Texte, die politisch unkorrekt sind, wollen viele Läden die CD nicht verkaufen. Molotov verkauft sie nur auf der Straße. Die Gruppe wird berühmt[2]: Sie geben Konzerte in den Vereinigten Staaten und in Europa, wo die mexikanische Musik normalerweise nicht so viel Erfolg hat.

Im Jahr **x** kündigt die Band ihre Trennung[3] an, in Wahrheit aber nehmen sie eine CD auf[4]. Nachher sagen sie klar, dass die Trennung eine Lüge war.

Im Jahr **x** kommt das Album „Eternamiente" heraus[5]. Derzeit nehmen sie im Studio ein neues Album auf.

1 la portada; 2 hacerse famoso; 3 la separación; 4 grabar; 5 salir

2.3 Adverbiale Wendungen

Was sind adverbiale Wendungen?
Es gibt im Deutschen Adverbien, die im Spanischen durch bestimmte Wendungen wiedergegeben werden, z. B.

en seguida	(sofort)	*por todas partes*	(überall)
a menudo	(oft)	*a veces*	(manchmal)
sin duda	(zweifellos)	*de buena gana*	(gern)
a la izquierda	(links)	*por la mañana*	(morgens)
a la derecha	(rechts)		

Beispiele: A veces vamos a la piscina, pero preferimos el lago.
Sin duda esta carta es de la Sra. Aguirre.

19 In einem Internetforum zur mexikanischen Musik finden sich auch Aussagen zur Ska-Band Panteón Rococó. Bilde aus den vorgegebenen Satzteilen Sätze und unterstreiche jeweils die adverbiale Wendung.

estás aquí: música – música latinoamericana – México – ska

PANTEÓN ROCOCÓ

Esther: porque/su disco del año 2002, *Compañeros musicales*/yo escucho/me fascina su mezcla de ritmos y estilos/a menudo/de punk a salsa y reggae

Yo escucho a menudo su disco del año 2002, Compañeros musicales, porque me fascina su mezcla de ritmos y estilos de punk a salsa y reggae.

Antonio: que son espectaculares/de buena gana/porque/iría a uno de sus conciertos/me han dicho

Joaquín: por todas partes/es que/ves a la gente bailando/lo bonito en los conciertos de Panteón Rococó

Tere: para coger energía/pongo su música/por las mañanas/muchas veces/ nada más levantarme *(gleich nach dem Aufstehen)*

Laura: el ritmo te llega/en seguida/cuando los escuchas

Rándal: de la música mexicana actual/es/uno de los grupos más interesantes/ sin duda

Panteón Rococó existiert seit 1995. In Europa ist die Ska-Band vor allem in Deutschland bekannt und tritt häufig bei Festivals auf. Panteón Rococó unterstützt das EZLN (Ejército Zapatista de Liberación Nacional), eine Bewegung, die sich z. B. für die Rechte der indigenen Bevölkerung in Mexiko einsetzt.

20 **Ejercicio mixto:** Im Wortgitter verstecken sich horizontal, vertikal, vorwärts und rückwärts 10 Adverbien oder adverbiale Wendungen. Suche sie und schreibe sie unten mit ihrer deutschen Bedeutung auf.

F	R	G	E	N	U	I	B	I	N	J	D	G	U	W	B	W	G	O	A
X	W	C	Y	F	X	R	G	Z	L	D	X	A	S	O	D	I	P	Á	R
E	N	S	E	G	U	I	D	A	M	H	M	H	S	P	L	L	M	U	O
T	J	T	R	S	G	X	A	T	S	P	E	O	S	Q	E	J	D	U	I
X	V	P	I	Q	M	J	K	H	W	V	N	R	I	I	J	P	W	H	H
E	X	F	M	S	I	N	D	U	D	A	Y	A	R	Q	A	G	K	K	O
N	B	I	M	Z	Y	B	C	P	U	D	D	F	K	M	Y	U	V	H	E
V	L	U	Z	H	X	S	S	F	Í	S	I	C	A	M	E	N	T	E	T
J	Z	Q	G	J	W	K	J	C	I	E	H	B	G	Q	K	G	Y	B	N
T	O	T	A	L	M	E	N	T	E	S	E	U	K	R	J	L	T	A	E
E	Q	H	M	O	W	J	L	J	M	K	I	H	A	V	E	C	E	S	M
A	L	W	E	B	E	U	Y	L	V	T	N	S	Y	W	E	L	X	Y	A
B	U	B	N	D	L	A	Q	P	Í	N	X	X	J	F	M	A	D	J	T
W	Q	K	U	F	J	G	I	I	O	U	B	F	M	N	D	I	U	R	C
M	V	Q	D	Y	C	O	R	R	E	C	T	A	M	E	N	T	E	J	E
R	R	H	O	H	Q	N	U	D	K	R	M	F	V	C	Q	L	P	Z	F
K	T	S	I	J	M	C	K	J	U	O	N	N	K	U	J	E	J	F	R
B	X	A	F	X	S	O	L	E	O	I	O	W	Y	I	Y	Z	U	N	E
U	W	D	I	Y	P	O	R	T	O	D	A	S	P	A	R	T	E	S	P
N	H	A	B	E	Y	I	C	W	I	H	N	K	W	S	S	L	V	A	X

en seguida (sofort)

21* **Ejercicio mixto:** Übersetze den folgenden Text ins Spanische und achte dabei besonders auf die Adverbien.

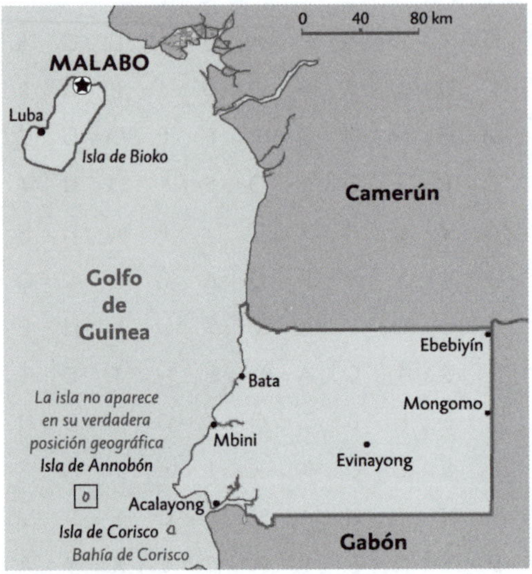

GUINEA ECUATORIAL

NOMBRE OFICIAL: REPÚBLICA DE GUINEA ECUATORIAL
CAPITAL: MALABO
SUPERFICIE: 28 051 KM^2
POBLACIÓN: 504 000 HABITANTES
DENSIDAD: 17,9 HABITANTES/KM^2
ESPERANZA DE VIDA: 43 AÑOS
LENGUA: ESPAÑOL Y FRANCÉS
RELIGIÓN: CATÓLICA
MONEDA: FRANCO CFA

Viele Menschen wissen, dass Spanisch fast überall in Lateinamerika gesprochen wird. Dies ist zweifellos richtig, aber man muss sagen, dass es auch ein Land in Afrika gibt, wo Spanisch die offizielle Sprache ist: Äquatorialguinea. Lange Zeit war Äquatorialguinea eine spanische Kolonie. 1968 erlangte das Land die Unabhängigkeit[1]. Diese aber half[2] den Bewohnern nicht viel, da sich bald ein Bürgerkrieg entwickelte[3], der in einer Diktatur endete[4].

Äquatorialguinea ist eines der kleinsten Länder Afrikas. Eigentlich ist das Land sehr reich, denn[5] es hat Bodenschätze[6] wie das Erdöl, aber die Bevölkerung ist sehr arm und lebt vor allem von der Landwirtschaft[7].

Die Regierung des Landes behauptet offiziell, dass es etwa eine Million Einwohner hat. Wenn man die Daten aber unabhängig betrachtet, sind es möglicherweise viel weniger.

1 conseguir la independencia; 2 servir; 3 desarrollarse una guerra civil; 4 terminar en; 5 ya que; 6 las materias primas; 7 la agricultura

3 Das Präsens

Wann wird das Präsens verwendet?
Wie im Deutschen wird das Präsens bei allen Beschreibungen und Handlungen der **Gegenwart** benötigt. Teilweise wird es auch für die **nähere Zukunft** verwendet.

Beispiele: Mi primo Jorge vive en Valladolid.
Esta noche cuido a mis hermanitas.

3.1 Regelmäßige Verben

Wie wird im Spanischen das Präsens der regelmäßigen Verben gebildet?
Um die Formen des Indikativ Präsens *(el presente de indicativo)* der regelmäßigen Verben zu bilden, werden an den **unveränderlichen Verbstamm** folgende **Endungen** angehängt:

Beispiele:	*Verben auf **-ar***	*Verben auf **-er***	*Verben auf **-ir***
	trabajar	comer	vivir
(yo)	trabajo	como	vivo
(tú)	trabajas	comes	vives
(él/ella, usted)	trabaja	come	vive
(nosotros/as)	trabajamos	comemos	vivimos
(vosotros/as)	trabajáis	coméis	vivís
(ellos/as, ustedes)	trabajan	comen	viven

Beachte: Die Subjektpronomen werden im Spanischen dann verwendet, wenn das **Verb fehlt** oder die **Person hervorgehoben** werden soll.

Beispiel: Él llama mucho a su abuela, ella no.

22 Setze die passenden Präsens-Formen in die Lücken ein.

El grupo Estopa lo forman (formar) los hermanos David (*1976) y José (*1978) Muñoz Calvo. Al principio, los hermanos ____________ (trabajar) en una fábrica de SEAT y todavía ____________ (tocar) canciones de otros músicos. Esto ____________ (cambiar) muy pronto y hoy sólo ____________ (cantar) canciones propias. En el año 2000 ____________ (publicar) su primer disco. En la actualidad Estopa es uno de los grupos más famosos de España.

23* **Una entrevista con Estopa.** Rekonstruiere das Interview mit der Gruppe Estopa, indem du ganze Sätze aus den Vorgaben bildest und die passenden Antworten (grau) zu den Fragen (farbig) findest.

¿grupo/desde cuándo/ existir/vuestro?

música muy variada/ intentar hacer. por ejemplo/flamenco, rumba y punk/mezclar/ elementos de.

ser famoso/también/ significar/que hay /te molestar/cosas que.

¿escuchar/y qué tipo de/en privado/música?

¿vuestro/definir/estilo/ cómo?

por ejemplo/seguro que te preguntar (ellos)/si entrar (tú)/por autógrafos/en un bar. pero/no grabar (tú) discos/si esto no te gustar.

a mí/grupos de rock/por ejemplo/como *Extremoduro*/ me gustar. a José/el grupo de flamenco *Pata Negra*/le encantar.

¿Qué/os molestar/cosas?

¿la fama/creer que/algo positivo/es?

existir/desde 1999/ el grupo.

¿Desde cuándo existe vuestro grupo? - El grupo existe desde 1999.

3.2 Gruppenverben

Gruppenverben weisen innerhalb ihrer Gruppe eine **einheitliche Änderung** im **Verbstamm** auf. Dies betrifft die **stammbetonten** Formen (1., 2. und 3. Person Singular sowie 3. Person Plural).

Welche Arten von Gruppenverben gibt es?

- Bei den **diphthongierenden** Verben werden in den stammbetonten Formen aus einem Vokal des Wortstammes zwei Vokale: ***e*** diphthongiert zu ***ie***, ***o*** zu ***ue*** und ***u*** ebenfalls zu ***ue***.

Beispiele:	***e>ie***	***o>ue***	***u>ue***
	entender	dormir	jugar
(yo)	entiendo	duermo	juego
(tú)	entiendes	duermes	juegas
(él/ella, usted)	entiende	duerme	juega
(nosotros/as)	entendemos	dormimos	jugamos
(vosotros/as)	entendéis	dormís	jugáis
(ellos/as, ustedes)	entienden	duermen	juegan

- Bei einer Reihe von Verben auf ***-ir*** findet in den stammbetonten Formen ein **Lautwechsel** von ***e*** auf ***i*** statt.

Beispiel:	***e>i***
	pedir
(yo)	pido
(tú)	pides
(él/ella, usted)	pide
(nosotros/as)	pedimos
(vosotros/as)	pedís
(ellos/as, ustedes)	piden

24 Vor einigen Jahren war einer der Sommerhits in Spanien das Lied „Besos" der Gruppe *El Canto del Loco*. Das Lied kritisiert die Oberflächlichkeit und die Bedeutung von Äußerlichkeiten zum Nachteil wirklicher Gefühle. Bei einigen Jugendzeitschriften gingen deshalb viele Leserbriefe ein. Wähle aus den angegebenen Verben das passende aus und setze es in der entsprechenden Form in die Lücken ein.

a) No <u>entiendo</u> (yo) a esta gente que ______________ a un novio o una novia que ______________ ropa de marca. (preferir, vestir, entender)

b) Qué hay de malo en jóvenes que __________ su interés por vestirse bien? (mostrar)

c) No __________ (vosotros) también que el maquillaje y el peinado __________ un papel demasiado importante? (pensar, jugar)

d) A mí me __________ ver a chicos que se __________ guapos, pero que se __________ a prepararse un poco. (doler, negar, sentir)

e) Las chicas siempre buscan y __________ algo malo en nosotros, los chicos, porque __________ con su príncipe azul. (soñar, encontrar)

f) Me __________ decirlo porque soy uno de ellos, pero __________ a los jóvenes que no gasten tanto dinero en cremas, gafas de sol, etc. (costar, recomendar)

g) (Yo) __________ a insistir en que es algo muy personal y que es mi decisión si lo __________ hacer o no. (querer, volver)

h) (Tú) __________ que tener en cuenta que la publicidad y los medios de comunicación __________ sus ideas en modas. (tener, convertir)

- Verben, die auf **-uir** enden, fügen in den stammbetonten Formen zwischen Stamm und Endung ein **y** ein.

Beispiel: construir

(yo)	construyo	(nosotros/as)	construimos
(tú)	construyes	(vosotros/as)	construís
(él/ella, usted)	construye	(ellos/as, ustedes)	construyen

- Eine Reihe von Verben, die im Infinitiv auf **-ucir, -acer, -ecer** oder **-ocer** enden, fügen in der 1. Person Singular ein **z** vor dem **c** am Stammende ein.

Beispiel: traducir

(yo)	traduzco	(nosotros/as)	traducimos
(tú)	traduces	(vosotros/as)	traducís
(él/ella, usted)	traduce	(ellos/as, ustedes)	traducen

25 Bilde die entsprechende Form des Verbs und schreibe dann mit dieser Verbform einen sinnvollen Satz zu dem angegebenen Thema.

conducir (yo) conduzco tema: **coche**	destruir (ellos) ________ tema: **naturaleza**	ofrecer (nosotros) ________ tema: **trabajo**
desaparecer (tú) ________ tema: **fiesta**	huir (él/ella) ________ tema: **policía**	crecer (ellos) ________ tema: **niños**
huir (vosotros) ________ tema: **responsabilidad**	conocer (yo) ________ tema: **Cuba**	construir (yo) ________ tema: **puente**

Conduzco un coche que gasta poca gasolina.

3.3 Unregelmäßige Verben

Welche Arten von unregelmäßigen Verben gibt es?

- Viele Verben sind im Indikativ Präsens nur in der **1. Person Singular unregelmäßig.** Der Rest der Konjugation ist regelmäßig. Zu diesen Verben zählen z. B.

tener (e>ie)	→	**tengo**	salir	→	**salgo**
traer	→	**traigo**	decir (e>i)	→	**digo**
dar	→	**doy**	poner	→	**pongo**
venir (e>ie)	→	**vengo**	ver	→	**veo**
hacer	→	**hago**	saber	→	**sé**

- Gänzlich unregelmäßig sind die Verben ***ser***, ***ir*** und ***estar***.

	ser	ir	estar
(yo)	soy	voy	estoy
(tú)	eres	vas	estás
(él/ella, usted)	es	va	está
(nosotros/as)	somos	vamos	estamos
(vosotros/as)	sois	vais	estáis
(ellos/as, ustedes)	son	van	están

26 Octavio ist Reiseführer in Puerto Limón* (Costa Rica) und berichtet von seiner Arbeit. Setze die Verben in der entsprechenden Form in seine Aussagen ein.

a) Les _digo_ (decir) siempre a los turistas que tengan cuidado con el calor, pero no todos hacen lo que les recomiendo.

b) A veces les ________________ (proponer) hacer una excursión por barco.

c) Por las noches ______________ (salir) con ellos para que vean como ______ (ser) la vida nocturna aquí en el Caribe.

d) Normalmente ______________ (ir) con ellos a uno de los parques nacionales que ______________ (estar) cerca de aquí.

e) Claro que también les ___________ (dar) consejos y les ____________ (decir) donde pueden ir a comer.

f) No ______ (saber) por qué, pero muchos turistas dicen que Puerto Limón no _____ (ser) demasiado interesante. Sin embargo, ______________________ (estar, nosotros) muy orgullosos de nuestra ciudad.

g) Por lo general no _________________ (tener) ningún tipo de problemas con los turistas, sólo algunos _________________ (ser) insoportables.

* **Puerto Limón** ist eine Hafenstadt in Costa Rica mit ca. 110 000 Einwohnern. Sie ist bekannt für ihre Feierlichkeiten im Gedenken an die Entdeckung Amerikas durch Kolumbus um den 12. 10. herum.

27 Ejercicio mixto: Pablo (I). Pablo macht eine Ausbildung in einem Hotel in Puerto Limón. Der Montag ist nie sein Lieblingstag, da er am Wochenende immer mit seinen Freunden ausgeht und dann entsprechend müde ist. Beschreibe aus der Sicht Pablos und unter Verwendung der angegebenen Verben und Bilder die für den Montag typischen Ereignisse im Präsens.

Todos los fines de semana…

yo salir con los amigos
nosotros ir a bailar, regresar a casa muy tarde

Todos los fines de semana salgo con mis amigos.

Todos los lunes…

yo estar muy cansado, desayunar tarde, correr al hotel
jefe esperar, estar enfadado
yo trabajar todo el día, irse a la cama temprano

Todos los lunes…

28 **Ejercicio mixto: Pablo (II).** Pablos Chef (siehe auch Aufgabe 27) kommt aus Spanien und hat Probleme mit der karibischen „Pünktlichkeit“. Vervollständige die Sätze im Präsens mithilfe der angegebenen Verben (manche können mehrere Male verwendet werden.)

LLEGAR TARDE – EXPLICAR – SABER – IR – SER – ESPERAR – PREGUNTAR – ESTAR

EL JEFE: Pablo, otra vez _llegas tarde_.

PABLO: Perdone, don Vicente, se lo ________.

EL JEFE: Un día ________ tu gato enfermo, otro día ________ el autobús. Pero los clientes ________ y ________ por qué no hay nadie.

PABLO: Ya lo ________. Pero el fin de semana siempre ________ tan corto y las noches ________ tan largas. ¡Y yo ________ tan cansado!

EL JEFE: ¡Los jóvenes de hoy! Bueno, ahora te ________ a la oficina. Allí te ________ tu trabajo.

PABLO: Por supuesto, don Vicente.

29 **Ejercicio mixto:** Vor der Entlassung des Trainers Bernd Schuster bei Real Madrid unterhalten sich Raquel und David über die Situation des Fußballvereins. Setze die Verben in der entsprechenden Form in die Lücken ein.

RAQUEL: ¿_Vas_ (ir) esta tarde al partido contra el FC Sevilla?

DAVID: No ________ (saber), porque últimamente los partidos no ________ (ser) tan interesantes.

RAQUEL: Yo tampoco ________ (estar) segura. Pronto ________ (escribir) un examen de inglés y ________ (necesitar) más tiempo para estudiar.

DAVID: ¿Qué ________ (opinar) sobre el juego del equipo en las últimas semanas?

RAQUEL: Bueno, ________ (ser) un buen equipo, pero ________ (perder) demasiado. ________ (tener, tú) una idea, ¿por qué?

DAVID: ________________ (conocer) a un periodista y él __________ (decir) que la culpa _______ (ser) del entrenador Schuster, pero yo _______ (creer) que los jugadores también _________ (ser) culpables.

RAQUEL: No lo ________________________ (entender), porque los jugadores ______________ (ganar) tanto dinero y luego no ________________ (jugar) muy bien.

DAVID: Sí, claro, pero _____________ (pensar) que algunos no se _________ (llevar) bien con Bernd Schuster. Estos jugadores __________ (decir) que no ________________ (poder) jugar en su posición favorita y así __________________ (salir) al campo con pocas ganas de jugar. Pero al fin y al cabo, el entrenador[1] _______________ (decidir) en qué posición ______________ (jugar) cada uno de ellos, ¿o no?

RAQUEL: Realmente _______________ (pensar) que también son otros los factores que _______________________ (contribuir) a esta crisis. Bernd Schuster _________________ (tener) un carácter fuerte. Muchas veces _______ (dar) la impresión de que ________ (ser) un poco arrogante y de que _________________ (querer) echar la culpa a otras personas, por ejemplo muchas veces _________________ (hablar) mal de los árbitros[2].

DAVID: De todas formas, si no __________________ (cambiar) la situación, los jugadores _________________ (tener) pronto otro entrenador, te lo _________________________ (garantizar).

RAQUEL: ¡Lo veremos más adelante[3]! Pero, ¿qué __________________________ (hacer) hoy? ¿____________________ (ir) al partido sí o no?

DAVID: ¿___________________________ (quedar) a las tres en el metro?

RAQUEL: Vale.

1 Trainer; 2 Schiedsrichter; 3 Das werden wir noch sehen.

Real Madrid, gegründet 1897, ist einer der berühmtesten und erfolgreichsten Fußballvereine der Welt. Der Verein spielt im Estadio Santiago Bernabeu, das über 80 000 Zuschauer fasst. **Bernd Schuster** (in den 80er-Jahren Spielmacher der deutschen Nationalmannschaft) war bereits als Spieler bei Real Madrid aktiv gewesen und trainierte Real Madrid von 2007 bis zum Dezember 2008, als er nach der Heimniederlage gegen den FC Sevilla entlassen wurde.

3.4 Verben mit orthografischer Besonderheit in der 1. Person Singular des Indikativ Präsens

Welche Verben haben in der 1. Person Singular eine orthografische Besonderheit?

- Bei Verben auf ***-ger*** oder ***-gir*** wird in der 1. Person Singular das ***g*** zu ***j***.

  Beispiel: coger → (yo) cojo

- Bei Verben auf ***-cer*** wird in der 1. Person Plural das **z** zu **c**.

  Beispiel: vencer → (yo) venzo

- Bei Verben auf ***-guir*** **entfällt** in der 1. Person Singular das ***u***.

  Beispiel: seguir → (yo) sigo

Grund dafür ist, dass die Form der 1. Person Singular als Einzige auf einen **dunklen Vokal**, nämlich **o**, endet.

30 Im folgenden Buchstabengitter sind 8 Formen von *coger, vencer, proteger* (2×), *seguir, dirigir, elegir* und *convencer* versteckt (horizontal, vertikal und diagonal, vorwärts und rückwärts gelesen). Finde und notiere sie.

G	L	S	V	E	B	A	Z	U	M	N	J	C	D	O	R	S	I	L	T
C	U	S	O	O	A	Q	H	T	U	H	I	F	D	E	Q	D	Q	P	W
J	N	Q	P	M	J	E	B	V	A	Y	C	U	E	L	I	C	C	S	S
Y	O	V	D	G	E	E	O	G	G	C	O	J	O	L	Z	O	K	M	O
E	L	U	I	R	M	E	T	I	W	L	Y	O	R	Y	M	N	X	W	M
X	N	G	R	H	R	I	N	O	S	L	L	I	K	Y	J	V	K	U	E
F	K	G	I	W	H	N	G	E	R	T	O	W	X	B	X	E	T	G	G
T	Z	Y	G	F	V	J	K	P	G	P	Y	J	L	S	Y	N	C	W	E
B	J	E	Í	U	H	C	U	X	D	O	S	G	I	H	M	Z	V	D	T
R	S	H	S	G	X	H	J	O	J	I	L	E	I	R	E	O	W	B	O
P	J	X	V	H	X	X	D	P	B	C	W	K	L	M	I	H	M	W	R
R	S	I	G	O	E	S	K	E	P	U	V	E	N	C	E	S	L	E	P
I	P	R	N	W	U	Z	B	V	Y	Í	Q	L	X	D	A	E	M	I	R

cojo,

31* **Ejercicio mixto:** Verwende die folgenden Angaben und Verben, um einen flüssigen Text über den spanischen Tennisprofi Rafael Nadal zu schreiben. Schreibe den Text auch an den Stellen, an denen es um die Vergangenheit geht, im Präsens (historisches Präsens).

03-06-1986	Manacor/Mallorca	nacer	
		ser	sobrino, Miguel Ángel Nadal, futbolista, FC Barcelona
1990		empezar	tenis
		preferir	tenis al fútbol y baloncesto
		pedir	raqueta, padres
1994		ganar	torneo
2001		tomar la decisión, ser	tenista profesional
		poder dedicarse	deporte favorito
		crecer	fama
2003		acabar	entre los 100 mejores jugadores
2005	París, Abierto de Francia	comenzar	grandes triunfos

2005	París, Abierto de Francia	convertirse	estrella
		derrotar	Roger Federer (número uno del mundo)
		seguir	éxitos
2008	Pekín, Juegos Olímpicos	conseguir	medalla de oro
		subir	trono del tenis
	París y Wimbledon	vencer	
		lograr	número uno del tenis mundial
	Oviedo	recibir	Premio Príncipe de Asturias de los Deportes*

* Der **Premio Príncipe de Asturias** ist ein bedeutender Preis, mit dem seit 1981 nationale und internationale Persönlichkeiten in unterschiedlichen Kategorien (Kunst, Musik, Wissenschaft, Sport) ausgezeichnet werden. Der Preis wird vom spanischen Thronfolger (derzeit: Felipe de Borbón) verliehen, der den Titel „Príncipe de Asturias" (Prinz von Asturien) trägt. Asturien ist eine Autonome Region im Norden Spaniens, Oviedo ihre Hauptstadt.

Rafael Nadal nace el tres de junio de 1986 en Manacor (Mallorca).

4 Reflexive Verben

Reflexive Verben setzen sich aus einem **Reflexivpronomen** und einem **Verb** zusammen. Manche Verben sind im Spanischen reflexiv, im Deutschen allerdings nicht, und umgekehrt.

Vergleiche: levantar<u>se</u> = aufstehen
cambiar = <u>sich</u> ändern

Wie lauten die Reflexivpronomen im Spanischen?
Die Reflexivpronomen (die zu den unbetonten Objektpronomen gehören) lauten:

me	**nos**
te	**os**
se	**se**

Beispiele: <u>Me</u> levanto a las siete de la mañana.
¿Usted <u>se</u> siente bien?

32 Setze das zugehörige Relativpronomen ein.

a) Abuela, ¿ te acuerdas de aquel día?
b) El perro ______ ha comido todo el pastel y no ______ he dado cuenta.
c) ¿Cuánto tiempo ______ quedáis aquí?
d) Señor, usted ______ ha equivocado de número, no soy la Sra. Sastre.
e) ¿Cómo ______ sientes?
f) ______ vamos algunos días al campo para descansar.
g) ¿Cuándo ______ han casado ustedes?
h) ______ he cortado el pelo esta mañana, pero no me gusta nada.
i) ¿ ______ despertáis siempre tan temprano?

Was muss bei der Stellung der reflexiven Pronomen beachtet werden?
Für die Reflexivpronomen gelten im Allgemeinen die gleichen Regeln wie für die Stellung der Objektpronomen (siehe dazu Kapitel 1).

- Das Reflexivpronomen steht in der Regel direkt **vor dem konjugierten Verb**. Im verneinten Satz steht es **nach dem ersten Verneinungselement**.

Beispiele: <u>Os</u> <u>decidís</u> pronto.
<u>Os</u> <u>habéis</u> decidido pronto.
<u>No</u> <u>os</u> decidís nunca pronto.

33 Du siehst hier einen Auszug aus einem Cartoon nach einer Idee des französischen Karikaturisten Jean-Marc Reiser. Beschreibe den Alltag der Frau, indem du die angegebenen Verben verwendest.

PONERSE A TRABAJAR, DESPERTARSE, VESTIR, LEVANTARSE, QUEDARSE, PREPARAR, LAVAR, VESTIRSE, MAQUILLARSE, LLEVAR, DESPEDIRSE, IR

A las seis de la mañana, la señora se despierta.

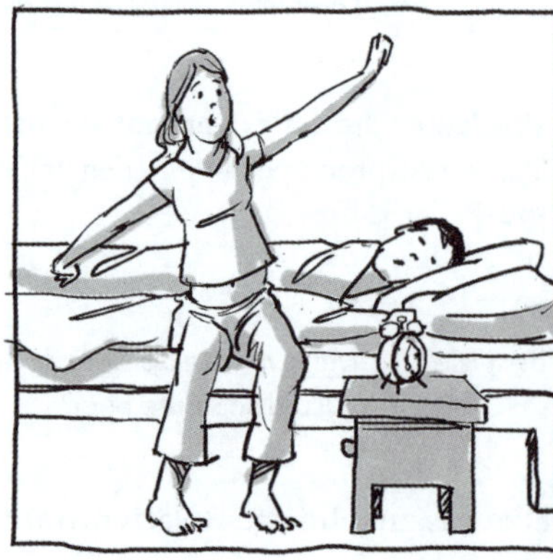

34 Ejercicio mixto: Kannst du dir vorstellen, wie der restliche Tag der Frau aus Aufgabe 33 weitergeht? Beschreibe in einem flüssigen Text, was sie nach der Arbeit macht.

- Bei ***perífrasis verbales*** mit Infinitiv oder Gerundium kann das Reflexivpronomen in der Regel **vor dem konjugierten Verb** stehen oder **an Infinitiv** bzw. **Gerundium angehängt** werden.

  Beispiele: Acabo de levantarme./Me acabo de levantar.
  Se están decidiendo./Están decidiéndose.

- Das Reflexivpronomen wird an den **bejahten Imperativ angehängt**.

  Beispiel: ¡Quédate aquí!

  Beachte: Beim Imperativ der 2. Person Plural **entfällt** das auslautende ***-d***, wenn das Reflexivpronomen *os* angehängt wird.

  Beispiel: ¡Acostaos!

Beachte: Falls sich die Betonung durch das Anhängen des Pronomens ändern würde, erhält die eigentlich betonte Silbe einen **grafischen Akzent**.

35 In diesen „Szenen einer Familie“ kommen verschiedene Familienmitglieder zu Wort. Bilde aus den Vorgaben sinnvolle Sätze.

MADRE: Jorge y María, ¡**levantarse** (imperativo) de una vez! ¿Dónde está vuestro padre?

Jorge y María, ¡levantaos de una vez! ¿Dónde está vuestro padre?

MARÍA: Creo que **ducharse** (estar + gerundio).

____

____

JORGE: Mamá, **hacerse** daño (acabar de + infinitivo). ¿Me traes una tirita *(Pflaster)*?

____

____

PADRE: Elena, necesito una toalla. **Darse** prisa (imperativo), por favor.

____

____

MADRE: Ya voy, ya voy. (Yo) **Vestirse** (estar + gerundio). ¿Dónde están los niños?

____

____

Padre: (Ellos) **Cepillarse** los dientes (estar + gerundio).

____

____

Madre: María, Jorge, **cepillarse** (imperativo) los dientes después del desayuno, ¡ahora es inútil!

____

____

____

Padre: Me voy a la oficina. (Nosotros) **verse** esta tarde (ir a + infinitivo). ¡Hasta luego!

____

____

36 Ejercicio mixto: Sabine ist 15 Jahre alt und wohnt in Frankfurt. Sie hat im Internet die 16-jährige Teresa aus Cáceres kennengelernt. Die beiden unterhalten sich über ihren Alltag in Deutschland und Spanien. Vervollständige den Text mit den angegebenen Verben und achte besonders auf die Stellung der Reflexivpronomen.

Chat

«Menudo día…»
enviado por Biene55 el 6 de mayo a 06:30

¡… me __________ (esperar) hoy! Los miércoles ____________________ (tener que levantarse/yo) siempre a las seis porque mis clases ____________________ (empezar) a las siete y media.
Y luego no ____________________ (terminar) hasta las cuatro de la tarde. Después ____________________ (venir) los deberes y el balonmano. ¿ ____________________ (poder imaginarse/tú) que ____________________ (acostarse/yo) ya a las nueve?

ver perfil
escribir e-mail
responder

Chat

«¡Vaya día!»

enviado por TereRoRo el 6 de mayo a 06:35

¿Y tus clases realmente ____________________ (empezar) tan pronto? Esto ________ (ser) impresionante. Mis miércoles ________ (ser) bastante más tranquilos.

Normalmente, ____________________ (despertarse/yo) sobre las ocho, pero no ____________________ (levantarse/yo) hasta las ocho y cuarto.

Después, ____________________ (tener que darse prisa/yo), ____________________ (desayunar/yo) rápido algo de bollería y ____________ (beber/yo) un cacao.

Hoy ____________________ (haberse despertado/yo) temprano por algún ruido; por eso, te ____________ (escribir/yo) :)

ver perfil

escribir e-mail

responder

Chat

«¿Desayuno?»

enviado por Biene55 el 6 de mayo a 06:41

¿ __________ (ser) típico de los jóvenes en España comer tan poco? Si yo ____________________ (comer) tan poco, no ____________________ (poder concentrarse). ____________ (necesitar) un panecillo con queso o con fiambre *(Wurst)* para empezar bien el día.

ver perfil

escribir e-mail

responder

Chat

«**¡Sí, es típico!**»
enviado por TereRoRo el 6 de mayo a 06:44

Los jóvenes ______________________ (desayunar) poco, pero a media mañana ____________ (coger), por ejemplo, un cruasán en el cole.

ver perfil · escribir e-mail · responder

Chat

«**Alemania y España**»
enviado por Biene55 el 6 de mayo a 06:46

¡Qué interesante estas diferencias! ¿Y qué __________________ (hacer) tú después de desayunar?

ver perfil · escribir e-mail · responder

Chat

«**decidirse**»
enviado por TereRoRo el 6 de mayo a 06:47

Bueno, después de desayunar, _________________________ (prepararse/ yo) en el baño. ___________________________ (maquillarse/yo) y ______________________ (peinarse/yo) el pelo. A las nueve menos cuarto ____________ (salir/yo) de casa y _________ (ir/yo) corriendo al cole.

Hmmm… ¿qué ___________________________________ (ir a ponerse/yo) hoy? ¿Mi falda negra o mi nueva falda azul? ¿Tú qué dices, Sabine?

ver perfil · escribir e-mail · responder

Chat

«**Yo digo:**»
enviado por Biene55 el 6 de mayo a 06:53

¡ ______________________ (decidirse/tú)! Y si no ____________ ______________________ (poder decidirse/tú), ¡ ____________ (ponerse/tú) unos vaqueros!

ver perfil
escribir e-mail
responder

Chat

«**¡Hasta luego!**»
enviado por TereRoRo el 6 de mayo a 06:56

______________________________ (acabar de ponerse/yo) la nueva falda azul. Oh, ¿ ______________________________ (haberse dado cuenta/tú) de que ya son casi las siete? ¡ ________ ____________________ (darse prisa), Sabine! ¡Hasta luego!

ver perfil
escribir e-mail
responder

5 Der Gebrauch von *ser, estar* und *hay*

Für das deutsche Verb **„sein“** gibt es im Spanischen drei Entsprechungen: ***ser, estar*** und ***hay***.

Wann wird *ser* verwendet?

- *Ser* wird in der Regel verwendet, wenn es sich um grundlegende **Eigenschaften** handelt, z. B. **Beruf, Charaktereigenschaften, Religion, Nationalität, Herkunft** oder **Erkennungsmerkmale** (Farbe, Haarfarbe, Größe etc.).

  Beispiele: Soy médica en un hospital de La Habana.
  Juanjo y Javier son muy simpáticos.
  Mi bicicleta es azul.

- Mit *ser* wird eine **Besitzangabe** bzw. eine **Zugehörigkeit** ausgedrückt.

  Beispiele: No conozco ese coche, pero me parece que es de Antonio.
  Aquella chica es mi hermana pequeña.

- *Ser* wird bei **Zeitangaben** (Jahreszeit, Tageszeit, Uhrzeit) und **Zahlen** verwendet.

  Beispiele: Ya es otoño y por eso llueve más.
  Son las cinco de la mañana.
  ¿Sois cinco o seis chicos? Sólo me quedan cinco entradas.

37 Übersetze die folgende Beschreibung vom Deutschen ins Spanische. Errätst du, um wen es sich hier handelt?

Sie ist Spanierin und sie ist sehr hübsch. Sie ist schlank und nicht sehr groß. Sie ist dunkelhaarig und ihre Augen sind braun[1]. Sie ist Tänzerin und Schauspielerin. Ihre Schwester Mónica ist Tänzerin, ihr Bruder Eduardo ist Sänger. Die „María Elena“ im Film „Vicky Cristina Barcelona“ von Woody Allen ist bisher die erfolgreichste Rolle[2] dieser Schauspielerin (sie hat einen Oskar bekommen). Derzeit ist ihr Freund der spanische Schauspieler Javier Bardem.

1 marrón/a; 2 el papel

Wann wird *estar* verwendet?

- *Estar* bezeichnet vor allem **kurzfristige** und **vorübergehende Zustände** (z. B. die Befindlichkeit oder den Gesundheitszustand).

  Beispiele: La puerta del balcón está abierta.
  Pedro no puede ir hoy al trabajo porque está enfermo.

- *Estar* wird verwendet, wenn es sich um vorübergehende oder dauerhafte **Zustände** handelt, **die das Ergebnis einer Handlung sind**.

  Beispiele: La videoconsola está rota.
  Mónica ya está jubilada.

- *Estar* wird für die **Angabe eines Ortes** verwendet („sich befinden").

  Beispiele: Los libros están en el escritorio.
  Caracas está en Venezuela.

38 **Ejercicio mixto: ¿Ser o estar?** Seit seinem zweiten Platz in der Talentshow *Operación Triunfo* im Jahr 2002 ist David Bisbal einer der erfolgreichsten Musiker in spanischer Sprache. Setze die entsprechende Form von *ser* oder *estar* ein und schreibe den Text vollständig in der richtigen Reihenfolge auf.

a) Todavía no ? casado, pero su novia, la diseñadora de moda y modelo Elena Tablada, ? embarazada de un niño.

b) Su primer disco tiene mucho éxito y David Bisbal ? completamente sorprendido.

c) David Bisbal nace en 1979.

d) En el año 2003 ? el ganador de un premio (Latin Grammy) y ya ? una estrella en Latinoamérica. A la gente le gusta mucho su ritmo y su forma de presentar las canciones en directo.

e) La casa de sus padres ? en Almería, en la costa mediterránea.

f) Hasta 2007 no ? muy conocido en Alemania, pero su actuación en el programa «Wetten, dass …?» en Mallorca ese mismo año ? tan espectacular que sus canciones como, por ejemplo, el single «Silencio» hoy también ? populares aquí.

g) Sin embargo, ? entre los últimos tres y al final queda segundo.

h) Algunos de los otros concursantes ? mejores porque él ? una persona algo tímida e insegura.

i) ? uno de los concursantes de la primera edición del programa «Operación Triunfo».

David Bisbal nace en 1979. La casa de sus padres está en Almería, en la costa mediterránea.

Wann wird *hay* verwendet?
Hay ist vom Verb *haber* abgeleitet und kann mit „es gibt" übersetzt werden. *Hay* ist **unveränderlich**.

Beispiele: En Honduras hay mucha gente pobre.
En nuestra habitación hay dos camas.

Wann wird *estar*, wann *hay* verwendet?
Estar (sich befinden) gibt an, wo sich **bestimmte** Lebewesen oder Sachen befinden.
Hay (es gibt) gibt an, dass es an einem Ort **unbestimmte** Lebewesen oder Sachen gibt.

	Signalwörter für ***estar***	Signalwörter für ***hay***
	• bestimmter Artikel • Demonstrativpronomen • Eigennamen	• unbestimmter/fehlender Artikel • Zahlen und unbestimmte Zahlwörter (*mucho, poco* etc.)
Beispiele:	El cine no está en el centro. Ese perro ya está cerca de ti. Toledo está al sur de Madrid.	En la frutería no hay naranjas. En la ciudad hay tres cines. Hay muchos bares por aquí.

39 Beschreibe das folgende Foto des Kapitols in der kubanischen Hauptstadt Havanna in mindestens 8 Sätzen und verwende dabei *estar* oder *hay*.

Das **Kapitol** (erbaut 1926) war bis zur Revolution 1959 Sitz der Legislative und beherbergte danach das Wissenschafts- und Umweltministerium. Heute wird es auch als Kongresszentrum genutzt.

40 **Ejercicio mixto:** Die bekannte Sängerin Shakira stammt aus dem kolumbianischen Barranquilla, hat aber arabische Wurzeln. Lies den folgenden Text über Barranquilla und Shakira und entscheide dich für den Gebrauch von *ser*, *estar* oder *hay* (alles im Präsens).

Barranquilla está en el norte de Colombia, en el Mar Caribe, y además, __________ junto al río Magdalena. Por eso, su puerto _______ el más importante en Colombia. Barranquilla ________ también una de las ciudades económicamente más importantes del país porque _________ un centro comercial y __________ mucha industria. Aparte de esto, ___________ una universidad que aporta mucha vida cultural a la ciudad. En Barranquilla ________ más de un millón de habitantes y por eso ______ la cuarta ciudad más grande *(viertgrößte Stadt)* de Colombia.

La ciudad _________ del siglo XVII y desde la segunda mitad del siglo XIX __________ importante por su economía. Desde finales del siglo XIX hasta los años 30 del siglo pasado, ______ el destino de un gran número de inmigrantes, entre ellos también ciudadanos del Líbano y de Siria. Muchos de ellos deciden quedarse en Barranquilla. Como _____ sabido, la cantante Shakira Isabel Mebarak Ripoll, que tiene raíces árabes, _______ de Barranquilla. Su padre William Mebarak Chadid _______ de Nueva York, pero de origen libanés y _________ casado con Nidia Ripoll Torrado que _________ de Colombia. El nombre de Shakira ______ árabe y significa «mujer llena de gracia *(Anmut)*». Shakira se interesa mucho por el mundo árabe. Por ejemplo, ______ una admiradora de la cantante libanesa Fairuz. Hasta en su familia la llaman frecuentemente «la pequeña Fairuz». Su interés por el mundo árabe se refleja en su forma de bailar y en su música. En sus conciertos y en sus videos ________ muchos momentos en los que baila la danza del vientre. ________ también una canción en la que no sólo baila al estilo árabe, sino que también utiliza ritmos árabes y versos cantados en árabe: «Ojos Así». Esta canción ________ en su álbum titulado «¿Dónde ________ los ladrones *(Diebe)*?» del año 1999. Sobre todo debido a esta canción, Shakira ganó un Latin Grammy en el año 2000.

Shakira también aprovecha su fama para ayudar a los niños de su ciudad natal. ________ la fundadora (en 1997) de la organización «Pies Descalzos» que está comprometida con dar una educación a los niños desfavorecidos de Barranquilla y Colombia.

41 **Ejercicio mixto:** Beantworte die Fragen zum Text der Aufgabe 40 und zum Video «Ojos Así». Achte auf die richtige Verwendung von *ser, estar* und *hay*.

a) ¿Por qué es Barranquilla una ciudad importante?
b) ¿Por qué encontramos influencia árabe en los conciertos, videos y canciones de Shakira?
c) ¿Qué elementos árabes hay en la música de Shakira?
d) ¿Qué tipo de relación hay entre Shakira y Barranquilla?
e) Mira y escucha en Internet la versión de la canción «Ojos Así» en directo. Describe el escenario y la actuación de Shakira.

Die Republik **Kolumbien** (der Name ist übrigens von Christoph Kolumbus abgeleitet) grenzt sowohl an die Karibik als auch an den pazifischen Ozean. Kolumbien ist die Heimat von Schriftstellern wie Gabriel García Márquez oder Fernando Vallejo, Musikern wie Juanes oder Carlos Vives und Künstlern wie Fernando Botero. Die Landschaft ist sehr abwechslungsreich: karibische Traumstrände, die Andenkette mit über 5 000 Meter hohen Vulkanen, Feuchtsavannen und dichte Regenwälder. Weite Teile des Landes sind nur dünn besiedelt, da Vegetation und Klima die Erschließung erschweren. In solch unzugänglichen Gebieten operieren Drogenmafia, paramilitärische Einheiten und Guerrilla-Truppen, die das Land leider immer wieder in die Schlagzeilen bringen.

42 **Ejercicio mixto:** Auf dem Foto siehst du einen Teil der berühmten Burganlage in Granada, der Alhambra; darunter findest du weitere Informationen. Schreibe einen Text im historischen Präsens zur Alhambra. Beschreibe dabei auch, was du auf dem Bild siehst, und achte besonders auf den Gebrauch von *ser*, *estar* und *hay*. Bei der Bildbeschreibung helfen dir folgende Ortsangaben: *en el primer plano, al fondo, en el centro, a la izquierda, a la derecha, detrás de, delante de.*

La Alhambra

- *siglos XIII y XIV*
- *en Granada, a las afueras de la ciudad*
- *no sólo una fortaleza, también una pequeña ciudad*
- *palacios árabes (los árabes hasta 1492), un palacio de Carlos V, un convento, etc.*
- *superficie: 13 hectáreas*
- *visitantes: 90 000 (enero)– 222 000 (agosto), entrada € 12, jardines + € 6*
- *montaña, torres, edificios, árboles*

6 Verbalperiphrasen

Unter Verbalperiphrasen *(perífrasis verbales)* versteht man die Verbindung zweier Verben.

6.1 Verbalperiphrasen mit Infinitiv

Wie werden Verbalperiphrasen mit Infinitiv gebildet?

Sie bestehen aus einem **konjugierten Hilfsverb** und dem unveränderlichen **Infinitiv**.

Beispiel: ¿Puede usted dar el boli a Pedro?

Welche Verbalperiphrasen mit Infinitiv gibt es beispielsweise?

- ***Soler*** *(e>ue)* + Infinitiv drückt aus, dass man **für gewöhnlich** etwas tut.

  Beispiel: Solemos visitar a los abuelos los domingos.

- ***Preferir*** *(e>ie)* + Infinitiv drückt aus, dass man etwas **vorzieht**.

  Beispiel: ¿Prefieres volver a casa?

- ***Poder*** *(o>ue)* + Infinitiv und ***saber*** + Infinitiv drücken aus, dass man etwas tun **kann**. *Saber* wird verwendet, wenn man etwas tun kann, weil man es **gelernt** hat. *Poder* wird verwendet, wenn man (physisch) dazu **in der Lage** ist, etwas zu tun.

  Beispiele: Rosario no puede traducir la carta al alemán. No tiene tiempo.
  Jorge no sabe traducir la carta al alemán. No habla alemán.

- ***Tener que*** *(e>ie)* + Infinitiv, ***deber*** + Infinitiv und ***hay que*** + Infinitiv drücken aus, dass man etwas tun **muss**. *Tener que* wird verwendet, wenn es sich um eine **objektiv gegebene Notwendigkeit** handelt, *deber* bei einer **inneren, moralischen Notwendigkeit** und *hay que* bei einer **allgemeinen Verpflichtung** („man muss").

  Beispiele: Tenéis que volver a casa a las ocho.
  Debo visitar a mis tíos más a menudo.
  Hay que ayudar a las víctimas de la catástrofe.

43 Erschließe aus dem Kontext, welches Hilfsverb du verwenden kannst, und setze es in der richtigen Form in die Lücken ein.

Cuando usted llega a San Sebastián, *puede* ir primero al mar. La ciudad está situada en una bahía que se llama Bahía de la Concha por su forma especial. Usted ________________, por ejemplo, caminar por la playa de La Concha o, si ________________ bañarse, ____________ hacerlo en el Mar Cantábrico cuando hace buen tiempo. Pero tenga cuidado: ¡el oleaje a veces es muy fuerte!

Si usted ______________ tener unas vistas hermosas sobre toda la Bahía, ______________ subir al Monte Urgull. En su parte más alta, también ______________ ver los restos de las fortificaciones que en otra época rodeaban toda la ciudad.

San Sebastián es una ciudad elegante, por lo que algunos la llaman «París del Sur». Ya en el siglo XIX es visitada por muchos veraneantes *(Sommerurlauber)*, incluida la reina María Cristina, que ______________ pasar el verano en el Palacio de Miramar. Hoy usted ______________ visitar los jardines del Palacio y disfrutar de la vista espectacular.
Por la tarde, los vascos ______________ tomar tapas, que aquí se llaman *pintxos*. ¡ ______________ probarlos! Aún cuando usted no ______________ hablar ni vasco ni español, no habrá ningún problema: en los bares ______________ ver los diferentes pintxos expuestos y puede escoger los que le apetecen.
San Sebastián es una ciudad muy bella y si usted nunca ha estado allí, ¡ ______________ visitarla! Por cierto, el grupo «La oreja de van Gogh», que es muy conocido en España y Latinoamérica, es también de San Sebastián, así como el escultor Eduardo Chillida y el escritor Pio Baroja.

6.2 Verbalperiphrasen mit Gerundium

Wie werden Verbalperiphrasen mit Gerundium gebildet?
Sie bestehen aus einem **konjugierten Hilfsverb** und dem unveränderlichen **Gerundium**.

Beispiel: Manuela y su hermana van ordenando el caos en sus habitaciones.

Wie wird das Gerundium gebildet?
Um das Gerundium (*el gerundio*) zu bilden, werden an den **Verbstamm** folgende **Endungen** angehängt:

- ***-ando*** bei Verben auf ***-ar***

  Beispiel: practicar → practicando

- ***-iendo*** bei Verben auf ***-er*** und ***-ir***

  Beispiele: volver → volviendo
  abrir → abriendo

Beachte: Einige Verben haben **unregelmäßige** Gerundiumsformen. Dazu zählen z. B.

venir → **viniendo**
seguir → **siguiendo**
servir → **sirviendo**
pedir → **pidiendo**
morir → **muriendo**
poder → **pudiendo**
decir → **diciendo**
creer → **creyendo**
oír → **oyendo**
leer → **leyendo**
sentir → **sintiendo**
divertir → **divirtiendo**
ver → **viendo**
repetir → **repitiendo**
dormir → **durmiendo**
caer → **cayendo**
ir → **yendo**
traer → **trayendo**
construir → **construyendo**
huir → **huyendo**

44 Setze das Gerundium der jeweiligen Verben ein.

seguir	siguiendo	beber	
existir		oír	
poder		morir	
aprender		contar	
estudiar		perder	
ir		pedir	
volver		ver	

sentir	______	leer	______
montar	______	construir	______
venir	______	recibir	______

Welche Verbalperiphrasen mit Gerundium gibt es beispielsweise?

- ***Estar*** + Gerundium drückt aus, dass eine Handlung **gerade in diesem Moment abläuft** (*forma continua* = Verlaufsform).

  Beispiel: En un momento voy, estoy escribiendo una carta.

- ***Llevar*** + Gerundium drückt aus, dass eine Handlung **seit Längerem andauert**.

  Beispiel: Gabriel lleva nueve meses renovando esta casa.

- ***Seguir/continuar*** + Gerundium drückt aus, dass eine Handlung **weiterhin** oder **immer noch andauert**.

  Beispiel: Seguid leyendo, voy a volver pronto.

- ***Ir*** + Gerundium drückt aus, dass eine Handlung **allmählich geschieht**.

  Beispiel: Esta parte de la ciudad va creciendo desde los años 90.

45 Wandle die folgenden Sätze über den aus San Sebastián stammenden spanischen Bildhauer Eduardo Chillida (1924–2002) um, indem du eine passende Verbalperiphrase verwendest. Die **farbig** markierten Verben sollen dabei im Gerundium stehen.

a) Eduardo Chillida **es** todavía uno de los escultores españoles más importantes del siglo XX.

Eduardo Chillida sigue siendo uno de los escultores españoles más importantes del siglo XX.

b) En algunos países **descubren** poco a poco su arte.

______

______

c) En otros países **estudian** su obra ya desde hace mucho tiempo.

d) Ahora **presentan** una exposición de Chillida en Düsseldorf y Colonia.

e) A pesar de que una mayoría está a favor de su escultura situada delante de la Cancillería Federal en Berlín, hay también personas que **critican** esta obra desde hace mucho tiempo.

f) Sin embargo, hasta los críticos poco a poco **entienden** las ideas de Eduardo Chillida.

g) Por lo general, la gente **disfruta** todavía de las obras monumentales del escultor vasco (p. ej. «El elogio del horizonte» en Gijón, en el norte de España).

6.3 Die Stellung von Objektpronomen

Wie lautet die Stellung von Objektpronomen bei Verbalperiphrasen?
Die Objektpronomen können in der Regel an **Infinitiv** bzw. **Gerundium angehängt** werden oder **vor dem konjugierten Verb** stehen (siehe auch Kapitel 1).

Beispiele: ¿Ya tienes los deberes para mañana? – No, pero quiero hacerlos todavía.
– No, pero los quiero hacer todavía.

Nunca tenéis tiempo para ir al cine. Lleváis diciéndomelo desde el verano.
Me lo lleváis diciendo desde el verano.

Beachte: Würde sich die Betonung des Infinitivs oder Gerundiums durch das Anhängen von Pronomen verändern, erhält die eigentlich betonte Silbe einen **grafischen Akzent**.

Beispiel: haciendo → haciéndolo

46 Armando und Víctor spielen Handball bei ihrem Verein FC Barcelona und erzählen von ihrem Hobby. Bilde Sätze aus den folgenden Wörtern und verwende dabei die entsprechenden Verbalperiphrasen.

a) (vosotros) no poder imaginarse/cantidad de gente/interesarse por/balonmano.

b) Nos gustar pertenecer a/club/porque/tener/éxito.

c) (nosotros) tener que entrenar/tres veces a la semana/lunes – miércoles – viernes.

d) hay que esforzarse/en el entrenamiento/porque/domingos/todos/querer jugar.

e) algunos/incluso/entrenar/más/tiempo/porque/querer pertenecer/equipo/domingos.

f) si/(nosotros) tener tiempo/seguir entrenar/lunes y viernes/después de terminar el entrenamiento oficial.

g) entrenador/ser duro/por eso/todos/tener que ser puntual.

h) si/compañeros/seguir llegar tarde/no poder jugar/próximo partido.

i) (nosotros) llevar jugar a/balonmano/cinco años/y (nosotros) ver que/continuar matricularse/cada vez más jóvenes.

j) Por ejemplo/acabar de incorporarse a /otros doce jóvenes /equipo.

a) No os podeís imaginar la cantidad de gente que se interesa por el balonmano.

47 **Ejercicio mixto:** Hatice soll im Spanischunterricht das baskische Pelotaspiel *(la pelota vasca)* vorstellen. Sie recherchiert im Internet und schreibt für ihr Referat zunächst einen deutschen Text. Übersetze Hatices Referat ins Spanische und verwende dabei – wo es möglich ist – Verbalperiphrasen.

Das Pelotaspiel[1] ist ein Sport, der für das Baskenland typisch ist. Dennoch kann man diese Tradition auch in anderen Gegenden Nordspaniens wie Navarra, La Rioja, Castilla y León und Aragón finden. Wegen der spanischen Einwanderer wird das Pelotaspiel seit Langem auch in verschiedenen Ländern des amerikanischen Kontinents ausgeübt.

Es müssen mindestens zwei Spieler teilnehmen, aber es gibt auch Teams mit (je) zwei Personen. Wie in vergangenen Jahrhunderten spielt man weiterhin entweder mit der Hand oder mit einer Art Schläger[2], den man *cesta-punta* nennt. Das Spielfeld[3], auf dem für gewöhnlich die Spiele stattfinden, heißt *frontón*. Es ist ähnlich dem Spielfeld für Squash, mit dem Unterschied, dass der *frontón* nur zwei Wände hat.

Der Ball wird in manchen Fällen noch immer von Hand hergestellt[4]. Er ist normalerweise aus Holz, Latex[5], Wolle[6] und Leder[7]. Einige ziehen es aber vor, Gummi oder Plastik zu verwenden. Die Regeln sind ziemlich ähnlich wie[8] beim Squash. Der Spieler oder das Team, das zuerst 22 Punkte erreicht, gewinnt das Spiel.

Diejenigen, die[9] ein Spiel im Fernsehen sehen wollen, können dies freitags abends auf dem baskischen Fernsehkanal ETB tun oder auch im Internet.

1 la pelota vasca 2 la raqueta 3 la cancha 4 fabricar a mano 5 el látex
6 la lana 7 el cuero 8 semejante a 9 los que

7 Die Vergangenheitszeiten

Im Spanischen drücken zwei Zeiten die Vergangenheit aus: ***imperfecto*** und ***indefinido***. Zudem gibt es wie im Deutschen das ***pluscuamperfecto***, die Vorvergangenheit.

7.1 Die Bildung des *imperfecto*

Wie wird das *imperfecto* gebildet?

- Bei Verben auf ***-ar*** werden an den Verbstamm folgende Endungen angefügt: ***-aba, -abas, -aba, -ábamos, -abais, -aban***. Die Formen der 1. und 3. Person Singular sind identisch.

Beispiel:

	trabajar
(yo)	trabajaba
(tú)	trabajabas
(él/ella, usted)	trabajaba
(nosotros/as)	trabajábamos
(vosotros/as)	trabajabais
(ellos/as, ustedes)	trabajaban

48 Setze die Verben im folgenden Text in die passende Form des *imperfecto*.

Cuando (yo) *visitaba* a mis abuelos, siempre me	VISITAR
________ temprano por la mañana. Después	LEVANTAR
de desayunar, ________ juntos.	PASEAR
Por la tarde, la abuela ________ en el jardín y el abue-	ESTAR
lo se ________ de las vides *(Weinstöcke)*,	OCUPAR
mientras yo ________ con Nemo, el perro.	JUGAR
A los abuelos les ________ mucho la música	GUSTAR
para bailar. Cuando la abuela la ________ en	ESCUCHAR
la radio, siempre le ________ al abuelo:	PREGUNTAR
– Gustavo, ¿todavía te acuerdas cómo tú y tu hermano	
________ en aquel grupo?	TOCAR
Y mi abuelo siempre le ________ :	CONTESTAR
– Por supuesto, Sofía, ¡y me acuerdo muy bien que tú	
________ toda la noche mientras	BAILAR
(nosotros) ________ !	TOCAR

- Bei Verben auf *-er* und *-ir* werden an den Verbstamm folgende Endungen angefügt: ***-ía, -ías, -ía, -íamos, -íais, -ían***. Die Formen der 1. und 3. Person Singular sind identisch.

Beispiele:		**hacer**	**decir**
	(yo)	hacía	decía
	(tú)	hacías	decías
	(él/ella, usted)	hacía	decía
	(nosotros/as)	hacíamos	decíamos
	(vosotros/as)	hacíais	decíais
	(ellos/as, ustedes)	hacían	decían

49 Bilde die richtige Imperfektform der folgenden Verben. Die grau hinterlegten Buchstaben ergeben jeweils spanische Wörter (bei den Lösungen findest du Erklärungen zu diesen Wörtern).

enrojecer (3. Person Plural)	E N R O J E C Í A N
construir (1. Person Plural)	_ _ _ _ _ _ _ _ _ _ _ _
llover (3. Person Singular)	_ _ _ _ _ _
describir (2. Person Plural)	_ _ _ _ _ _ _ _ _ _ _ _
poner (3. Person Plural)	_ _ _ _ _ _ _
perder (1. Person Singular)	_ _ _ _ _ _
saber (2. Person Singular)	_ _ _ _ _ _ _
Lösung: J _ _ _ _ _ _	

meter (3. Person Plural)	_ _ _ _ _ _
abrir (2. Person Singular)	_ _ _ _ _ _ _
envejecer (1. Person Singular)	_ _ _ _ _ _ _ _ _ _
creer (1. Person Plural)	_ _ _ _ _ _ _ _ _
Lösung: _ _ _ _	

tener (3. Person Singular)	_ _ _ _ _
producir (2. Person Plural)	_ _ _ _ _ _ _ _ _ _ _
conocer (1. Person Plural)	_ _ _ _ _ _ _ _ _ _ _
Lösung: _ _ _	

- Bei drei Verben wird das *imperfecto* **unregelmäßig** gebildet: ***ir, ser*** und ***ver***.

	ir	**ser**	**ver**
(yo)	iba	era	veía
(tú)	ibas	eras	veías
(él/ella, usted)	iba	era	veía
(nosotros/as)	íbamos	éramos	veíamos
(vosotros/as)	ibais	erais	veíais
(ellos/as, ustedes)	iban	eran	veían

50 Señor Cruz findet ein altes Foto von seiner großen Liebe Clara wieder und sinniert über seine damalige Schüchternheit. Sein Enkelsohn hört ihm zu. Setze die **farbig** markierten Verben in der Erinnerung von Señor Cruz ins *imperfecto*.

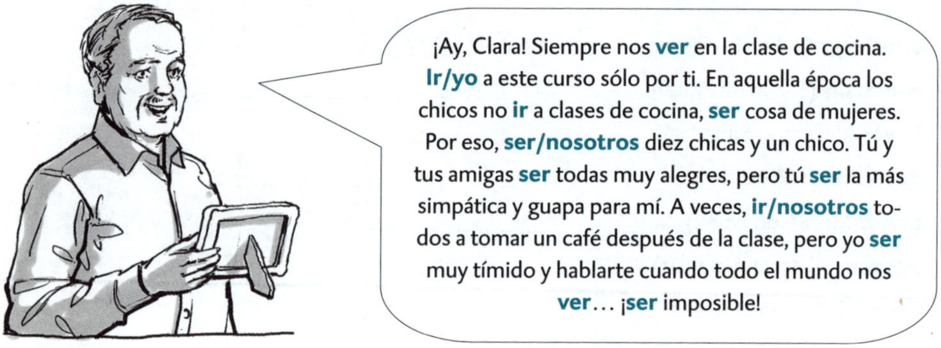

51 **Ejercicio mixto:** Im Jahr 2065 soll Rodrigo einen Text darüber verfassen, wie das Leben wohl zu Beginn des 21. Jahrhunderts für Jugendliche aus seiner Heimatstadt Ávila* war. Vervollständige Rodrigos Text mit den Verben in Klammern und setze diese in die richtige Person des *imperfecto*. Was meinst du, entsprechen Rodrigos Vorstellungen der Wirklichkeit?

* **Ávila** befindet sich in Zentralspanien und ist Hauptstadt der gleichnamigen Provinz. Die Stadt liegt über 1 100 Meter hoch und hat ca. 50 000 Einwohner. Berühmt ist die intakte, mittelalterliche Stadtmauer.

A principios del siglo XXI la vida de los jóvenes _era_ (ser) bastante diferente. En aquella época ______________ (ir) al colegio todos los días. En invierno los alumnos ______________ (pasar) frío en el camino porque ______________ (hacer) todavía mucho frío. En verano no se ______________ (poder) estar en las clases porque no ______________ (haber) aire acondicionado. Las clases ______________ (empezar) ya a las seis de la mañana y no ______________ (terminar) hasta las seis de la tarde. Por lo general el colegio ________ (ser) muy aburrido porque no ______________ (haber) ordenadores y los alumnos sólo ______________ (escuchar) lo que ______________ (decir) el maestro. Todas las clases las ______________ (dar) el mismo maestro.
En su tiempo libre los jóvenes tampoco ______________ (hacer) gran cosa. ______________ (reunirse) en algún lugar donde ______________ (charlar) y ______________ (jugar). No ______________ (conocer) las citas virtuales y ______________ (tener que) salir a la calle. Si ______________ (querer) llamar a un amigo, ______________ (buscar) una cabina telefónica que muchas veces no ______________

(funcionar). __________ (ser) un auténtico rollo. Hasta en la tele sólo __________ (haber) dos o tres canales en los que sobre todo ____________________________ (transmitir) documentales o programas culturales y políticos. ___________ (ser) pocos los jóvenes que _____________ (tener) una videoconsola y encima ___________ (ser) muy primitivas. Es cierto que _______________ (haber) algunos que todavía ____________________ (leer) libros de papel o que _________________________ (escuchar) discos para no aburrirse. Aparte de esto, los jóvenes _____________________ (verse) obligados a esperar hasta cumplir los 21 años para sacar el carnet de conducir y encima __________ (ser) vehículos que __________________________ (necesitar) gasolina, es decir, ________________ (oler) mal y ____________________________ (contaminar) el medio ambiente. Por eso, los jóvenes __________________________ (utilizar) mucho el autobús o el tranvía, un servicio que _________ (ser) bastante fiable.

52 Rodrigos Lehrer ist von der Richtigkeit der Aussagen (siehe Aufgabe 51) nicht überzeugt. Rodrigo soll nun seine Großmutter befragen, die im Jahr 2009 15 Jahre alt war. Vervollständige die Fragen und schreibe ihre Antworten.

RODRIGO: Abuela, ¿tienes unos minutos para hablar sobre aquellos tiempos cuando _tenías_ (tener) quince años? Lo necesito para escribir una redacción en el colegio.

ABUELA: Claro que sí. ¿Qué quieres saber?

RODRIGO: ¿Qué días de la semana _ibas_ (ir/tú) al colegio?

ABUELA: _Iba al cole de lunes a viernes._

RODRIGO: ¿Cómo ______________ (ser) el clima en invierno y en verano?

ABUELA: ____

____

____

RODRIGO: ¿Qué ______________ (hacer/vosotros) todo el día en el colegio sin ordenadores?

ABUELA: ____

____

____

RODRIGO: ¿Y ______________ (tener/vosotros) siempre con el mismo profesor?

ABUELA: ¡Qué va! ______________________________________

____

____

RODRIGO: ¿Dónde ______________ (quedar) con tus amigos en tu tiempo libre?

ABUELA: ____

____

____

RODRIGO: ¿No te ______________ (parecer) un rollo?

ABUELA: ____

____

____

RODRIGO: ¿Y cómo ______________________ (comunicarse/tú) con tus amigos y amigas si ______________________ (depender/vosotros) de las cabinas telefónicas?

ABUELA: ¡Vaya, qué ideas tienes, Rodrigo! ______________________

____

____

____

RODRIGO: ¿Qué ______________ (ver/vosotros) en la tele? He oído decir que sólo ______________ (haber) tres canales.

ABUELA: ____

____

____

RODRIGO: ¿____________ (Ser/tú) de los pocos que ____________ (tener) una videoconsola o también __________ (leer/tú) libros de papel?

ABUELA: ____

____

____

RODRIGO: Sólo tengo una cosa más. ¿A qué edad ______________________ (sacarse) el carnet de conducir?

ABUELA: ____

____

RODRIGO: Tampoco suena todo tan mal. Parece que tengo que cambiar bastante mi texto.

53 Schreibe nun einen kurzen Text über das Leben von Jugendlichen vor 40 Jahren. Du kannst dabei wie Rodrigo in Aufgabe 51 auf folgende Themen eingehen: Klima, Schule, Freunde, Telefon, Fernsehen, Freizeitbeschäftigungen, Bücher, Führerschein. Wenn du nicht sicher bist, frage deine Eltern oder Großeltern. Folgende Wendungen helfen dir, den Text flüssig zu schreiben: *por eso, además, aparte de esto, sin embargo, es decir, sin duda, así que, por otro lado, aunque, debido a.*

7.2 Die Bildung des *indefinido*

Wie wird das *indefinido* gebildet?

- Bei den Verben auf *-ar* werden an den Verbstamm folgende Endungen angefügt: ***-é, -aste, -ó, -amos, -asteis, -aron***.

Beispiel:

	mirar
(yo)	miré
(tú)	miraste
(él/ella, usted)	miró
(nosotros/as)	miramos
(vosotros/as)	mirasteis
(ellos/as, ustedes)	miraron

Beachte: Die Formen des Indikativ Präsens und des *indefinido* sind in der 1. Person Plural **identisch**.

54 Setze die Verben in die richtige Form des *indefinido*.

a) ¿Qué te contaron ?	CONTAR, ELLOS
b) La abuela ______ a la nieta.	ABRAZAR
c) ¿ ______ tu cuarto de azul?	PINTAR
d) ______ por el bosque.	CAMINAR, NOSOTROS
e) Me ______ con Carlos ayer.	ENCONTRAR
f) ¿ ______ a los Vázquez?	LLAMAR, VOSOTROS
g) ¿ ______ por Patagonia?	VIAJAR, ELLAS
h) La reunión ______ más de cinco horas.	DURAR

- Bei den Verben auf *-er* und *-ir* werden an den Verbstamm folgende Endungen angefügt: ***-í, -iste, -ió, -imos, -isteis, -ieron***.

Beispiele:

	comprender	**abrir**
(yo)	comprendí	abrí
(tú)	comprendiste	abriste
(él/ella, usted)	comprendió	abrió
(nosotros/as)	comprendimos	abrimos
(vosotros/as)	comprendisteis	abristeis
(ellos/as, ustedes)	comprendieron	abrieron

Beachte: Bei den Verben auf *-ir* sind die Formen des Indikativ Präsens und des *indefinido* in der 1. Person Plural identisch.

55 Nach einer anstrengenden Exkursion schreibt Kathrin ihren Freunden in Spanien eine E-Mail und berichtet ihnen, wie es war. Setze die **farbig** markierten Verben in Kathrins Nachricht vom Infinitiv in die korrekte Form des *indefinido*.

Unbenannt - Nachricht (Rich-Text)

Datei Bearbeiten Ansicht Einfügen Format Extras Aktionen ?

Senden Optionen...

An... GaLoSa@enp.es; Maen@redsur.es; Paco1995@redsur.es; Becky_16@isa.com

Cc...

Betreff: de vuelta

¡Hola!

Acabo de volver de mi excursión y todavía estoy muerta de sueño… El primer día, **aprender/yo** a sobrevivir en la naturaleza. **Recoger/nosotros** nueces *(Walnüsse)* y moras *(Brombeeren)*. **Encender/nosotros** un fuego. El segundo día, los profesores nos **dividir** en tres grupos. Cada grupo **recibir** una brújula *(Kompass)* para encontrar el camino por el bosque y claro que mi grupo **perder** la orientación por completo. Finalmente, algunos **subir** a una colina para ver dónde terminaba el dichoso *(verflixt)* bosque. Después **describir** el camino a los otros, sin pena ni gloria. **Volver/nosotros** al campamento bastante tarde y los otros grupos nos **recibir** con silbidos *(Pfiffe)*. Os podría contar mucho más, pero primero tengo que dormir…

@ Gabriel: ¿**Sobrevivir** tu examen de historia el lunes?
@ Maen y Paco: ¿**Aprender** a escalar en Gran Canaria?
@ Rebeca: ¿**Perder** tu móvil otra vez? No puedo localizarte.

Saludos
Kathrin

¡Hola! Acabo de volver de mi excursión y todavía estoy muerta de sueño… El primer día, aprendí a sobrevivir en la naturaleza.

56 **Ejercicio mixto:** Im Spanischkurs sollen sich die Schüler gegenseitig erzählen, was sie am vorherigen Tag gemacht haben. Setze die Verben in Klammern in die entsprechende Form des *indefinido*.

ANNA: Ayer por la noche canté (cantar) con mi grupo en un bar. Creo que a los oyentes les ________ (gustar) nuestra música.

FATIH: Ayer ________ (levantarse) muy tarde, sobre las 12:30. Por la tarde ________ (intentar) arreglar mi ordenador.

KEVIN: Yo ________ (comer) en una pizzería con unos amigos y cuatro de ellos ________ (comer) la misma pizza.

SARAH: Me ________ (pasar) casi lo mismo que a Kevin. Mis amigos y yo ________ (beber) algo en un bar y muchos de los clientes allí presentes ________ (tomar) un vaso de leche caliente.

PHILLIP: ¡Qué raro, Sarah! Yo ________ ________ (quedarse) toda la tarde en casa, ________ (escribir) el texto para la clase de alemán.

SEDA: Phillip, ¿es verdad que sólo ______________ (dedicarse) a escribir el texto? ¡Qué rollo! Yo ______________ (terminar) el texto rápido y después ______________ (quedar) con una amiga.

MARIE: Mi hermana y yo ______________ (acompañar) a nuestros padres al aeropuerto. Después, yo ______________ (regresar) a casa; mi hermana ______________ (salir) con su novio.

57 **Ejercicio mixto:** Stell dir vor, du wärst der/die Spanischlehrer/in und dir sind die Aussagen aus Aufgabe 56 noch nicht klar genug. Formuliere zu jeder Aussage die Fragen im *indefinido* und verwende *por qué* oder *qué*.

a) Anna, ¿qué tipo de canciones cantaste ayer?

b) Fatih, ______________

c) Kevin, ______________

d) Sarah, ______________

e) Phillip, ______________

f) Seda, ______________

g) Marie, ¿por qué tu hermana y tú ______________

Welche Besonderheiten sind bei der Bildung des *indefinido* zu beachten?

- Bei Verben auf **-ir**, die zu den **Gruppenverben** mit einem Lautwechsel von ***e>ie*** und von ***e>i*** gehören (z. B. *convertir, divertirse, preferir, sentir, pedir, reírse*), wird in der **3. Person Singular** und **Plural** der Stammvokal ***e*** zu ***i***.

Beispiele:

	sentir (e>ie)	**pedir** (e>i)
(yo)	sentí	pedí
(tú)	sentiste	pediste
(él/ella, usted)	sintió	pidió
(nosotros/as)	sentimos	pedimos
(vosotros/as)	sentisteis	pedisteis
(ellos/as, ustedes)	sintieron	pidieron

Beachte: Bei *reír(se)* **entfällt** in der 3. Person Singular und Plural zudem das ***i*** der Endungen *-ió* und *-ieron*, da es sich sonst doppeln würde.

	reír (e>i)
(yo)	reí
(tú)	reíste
(él/ella, usted)	rió
(nosotros/as)	reímos
(vosotros/as)	reísteis
(ellos/as, ustedes)	rieron

- Bei Verben auf **-ir**, die zu den **Gruppenverben** mit einem Lautwechsel von ***o>ue*** gehören (z. B. *dormir, morir*), wird in der **3. Person Singular** und **Plural** der Stammvokal ***o*** zu ***u***.

Beispiel:

	morir (o>ue)
(yo)	morí
(tú)	moriste
(él/ella, usted)	murió
(nosotros/as)	morimos
(vosotros/as)	moristeis
(ellos/as, ustedes)	murieron

Beachte: Diese Änderungen gelten immer auch für **zusammengesetzte** Verben (z. B. *presentir, sonreír* etc.).

58 Ergänze die passende Form des *indefinido*.

a) convertirse: ellos se convirtieron
b) pedir: él ____________
c) preferir: yo ____________
d) sentir: vosotros ____________
e) reírse: tú te ____________
f) dormir: nosotras ____________
g) morir: ellos ____________
h) divertirse: él se ____________

i) sentirse: él se ____________________ j) elegir: yo ____________________

k) dormir: ellas ____________________ l) pedir: tú ____________________

59 In der Buchstabensuppe finden sich zehn Formen des *indefinido* der folgenden Verben: *divertir, reír, vestir, dormir, elegir, pedir* und *convertir*. Findest du sie? Schreibe die Formen auf und füge das jeweilige Subjektpronomen hinzu.

O	E	G	C	O	N	V	E	R	T	I	S	T	E	I	S	H	K	R	S
M	H	U	W	G	M	E	J	F	R	C	Y	O	T	B	G	J	Y	V	I
M	L	V	M	T	X	D	N	X	P	X	B	K	R	K	V	P	L	U	S
O	W	P	D	U	R	O	A	U	F	V	N	I	E	N	E	W	U	U	I
T	L	F	U	W	L	X	Z	U	O	S	B	O	Í	R	D	S	W	X	U
U	Z	H	R	F	N	M	Z	U	V	N	S	M	L	B	V	H	G	I	I
C	Y	K	M	B	V	Ó	X	U	V	F	O	Q	N	B	I	S	M	Y	L
H	S	D	I	U	E	I	D	J	O	L	A	O	E	Z	S	J	I	B	N
H	E	C	Ó	Q	U	G	V	R	O	N	N	D	U	L	T	D	U	H	A
Q	L	N	H	V	M	I	K	N	V	O	R	I	X	O	I	R	I	E	R
P	Z	H	U	R	F	L	F	V	X	R	Q	C	V	J	Ó	T	Y	A	Ó
W	N	V	S	R	P	E	G	S	H	E	C	U	C	J	C	N	C	H	I
M	F	B	W	B	B	T	V	G	V	I	U	B	R	K	G	Y	D	S	R
G	I	N	L	G	F	F	K	J	V	T	O	W	X	M	N	P	Q	P	U
L	Q	S	O	M	I	D	E	P	P	R	W	Í	Q	O	R	V	N	L	M
S	T	R	V	Z	B	G	P	N	S	I	D	L	B	M	L	Y	Y	V	B
Y	Q	D	L	V	K	Q	M	X	R	V	O	X	M	J	E	W	Y	U	J
E	P	S	I	V	I	Ñ	M	E	I	I	U	L	C	H	S	L	B	L	L
Y	C	C	K	Z	Y	I	É	I	P	D	Q	V	E	S	T	I	S	T	E
S	R	I	E	R	O	N	N	R	F	O	W	L	V	I	J	A	Z	E	E

1. (vosotros) convertisteis
2. ____________________
3. ____________________
4. ____________________
5. ____________________
6. ____________________
7. ____________________
8. ____________________
9. ____________________
10. ____________________

- Bei Verben auf **-uir** (z. B. *construir, huir*) und weiteren Verben (z. B. *oír, caer, leer, creer*), bei denen das **i** der Endungen *-ió* und *-ieron* unbetont zwischen zwei Vokalen stehen würde, wird **i** zu **y**.

Beispiele:

	construir	**leer**	**oír**
(yo)	construí	leí	oí
(tú)	construiste	leíste	oíste
(él/ella, usted)	construyó	leyó	oyó
(nosotros/as)	construimos	leímos	oímos
(vosotros/as)	construisteis	leísteis	oísteis
(ellos/as, ustedes)	construyeron	leyeron	oyeron

- Bei Verben auf **-gar** (z. B. *jugar, llegar*) wird in der **1. Person Singular** nach dem **g** ein ***u* eingefügt**, um die Aussprache beizubehalten.

Beispiel: **jugar**

(yo)	jugué	(nosotros/as)	jugamos
(tú)	jugaste	(vosotros/as)	jugasteis
(él/ella, usted)	jugó	(ellos/as, ustedes)	jugaron

- Bei Verben auf **-car** (z. B. *buscar, sacar, marcar*) wird in der **1. Person Singular** aus dem *c* ein **qu**, um die Aussprache beizubehalten.

Beispiel: **buscar**

(yo)	busqué	(nosotros/as)	buscamos
(tú)	buscaste	(vosotros/as)	buscasteis
(él/ella, usted)	buscó	(ellos/as, ustedes)	buscaron

- Bei Verben auf **-zar** (z. B. *empezar, comenzar*) wird in der **1. Person Singular** aus dem **z** ein **c**, da nach den Regeln der spanischen Rechtschreibung vor *e* und *i* kein z steht.

Beispiel: **empezar**

(yo)	empecé	(nosotros/as)	empezamos
(tú)	empezaste	(vosotros/as)	empezasteis
(él/ella, usted)	empezó	(ellos/as, ustedes)	empezaron

- Bei Verben auf **-ducir** (z. B. *producir, traducir, conducir*) wird das **c** zu **j**. Die grafischen **Akzente entfallen**, ebenso das **i** der Endungen *-ió* und *-ieron*.

Beispiel: **producir**

(yo)	produje	(nosotros/as)	produjimos
(tú)	produjiste	(vosotros/as)	produjisteis
(él/ella, usted)	produjo	(ellos/as, ustedes)	produjeron

60 Joan erzählt seiner Cousine Maite am Telefon von der vergangenen Woche. Setze die Verben ins *indefinido* und bilde vollständige Sätze aus den Vorgaben.

a) El lunes pasado/(yo) empezar curso de informática

El lunes pasado empecé un curso de informática.

b) El martes / Marisa y yo traducir texto, latín

c) Por la noche/(yo) llegar a casa tarde/pero padres no oírme

d) El miércoles/profesor leernos carta de Ainoa, ex-compañera de clase

e) Después/(yo) sacar cuaderno/buscar traducción/no encontrar

f) El jueves/vecinos construir garaje/hermano caerse en las obras *(Baustelle)*/llegar a casa, sangre, rodilla

g) El viernes/producirse accidente, coche, bicicleta, delante, casa

61 Ejercicio mixto: Setze die *indefinido*-Formen in das Kreuzworträtsel ein.

horizontal

1 **sacar:** segunda persona singular
3 **huir:** segunda persona singular
5 **trabajar:** tercera persona plural
10 **llegar:** tercera persona plural
11 **contar:** tercera persona plural
12 **vivir:** segunda persona plural
13 **beber:** tercera persona singular
15 **aprender:** primera persona plural
17 **comenzar:** primera persona singular
18 **tomar:** primera persona singular

vertical

2 **entender:** primera persona plural
4 **traducir:** tercera persona singular
6 **volver:** segunda persona plural
7 **abrir:** segunda persona singular
8 **permitir:** tercera persona plural
9 **marcar:** primera persona singular
14 **llegar:** primera persona singular
16 **caer:** tercera persona singular

Welche Verben weisen unregelmäßige *indefinido*-Formen auf?
Zu den häufig gebrauchten Verben, bei denen sich im *indefinido* der **Wortstamm** verändert, gehören u. a.

	tener	**dar**	**ver**	**ser/ir**
(yo)	tuve	di	vi	fui
(tú)	tuviste	diste	viste	fuiste
(él/ella, usted)	tuvo	dio	vio	fue
(nosotros/as)	tuvimos	dimos	vimos	fuimos
(vosotros/as)	tuvisteis	disteis	visteis	fuisteis
(ellos/as, ustedes)	tuvieron	dieron	vieron	fueron
	traer	**decir**	**hacer**	**haber**
(yo)	traje	dije	hice	
(tú)	trajiste	dijiste	hiciste	
(él/ella, usted)	trajo	dijo	hizo	hubo
(nosotros/as)	trajimos	dijimos	hicimos	
(vosotros/as)	trajisteis	dijisteis	hicisteis	
(ellos/as, ustedes)	trajeron	dijeron	hicieron	

Beachte:
- Bei diesen Verben **entfallen** die **grafischen Akzente** der 1. und 3. Person Singular.
- Die Formen von *ser* und *ir* sind **identisch**.

62 Gerade hat in Spanien das dreiwöchige Radrennen Vuelta a España stattgefunden. Neben dem Giro d'Italia und der Tour de France gehört es zu den großen Radrennen und wird seit 1935 ausgetragen. Setze die folgenden Sätze vom Präsens ins *indefinido*.

a) Los periodistas **dicen** poco sobre el escándalo de la red de dopaje.
Los periodistas dijeron poco sobre el escándalo de la red de dopaje.

b) ¿**Veis** la Vuelta en la televisión?

____

c) El año pasado **hacen** un recorrido difícil.

____

____

d) Los ciclistas **tienen** que subir muchas montañas.

e) **Veo** un accidente en el sprint multitudinario *(Massensprint)* de la décima etapa.

f) El ciclista **tiene** mucha suerte y no se **hace** daño.

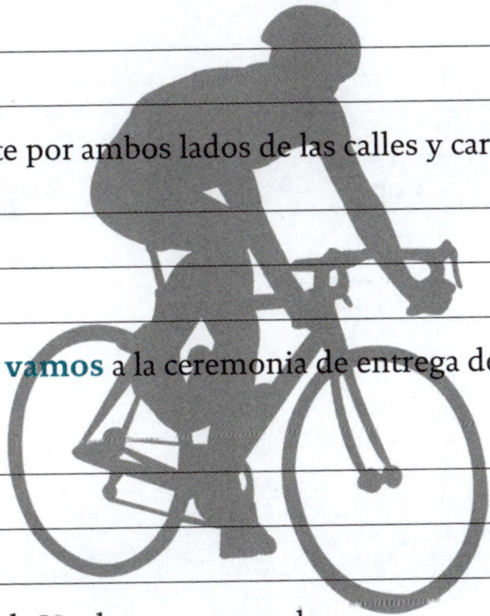

g) **Hay** mucha gente por ambos lados de las calles y carreteras.

h) Mis amigos y yo **vamos** a la ceremonia de entrega de premios *(Siegerehrung)*.

i) La fiesta final de la Vuelta **es** estupenda.

j) ¿Te **doy** mis fotos de la Vuelta o no?

k) ¿Por qué no me **traes** el video de la etapa final?

63 Vervollständige die folgende Tabelle weiterer Verben, die im *indefinido* einen unregelmäßigen Stamm aufweisen. Du musst dazu die *indefinido*-Endungen an diesen Stamm anhängen (die grafischen Akzente sowie das *i* der Endung der 3. Person Singular entfallen bei diesen Verben).

saber	poder	querer
supe	pude	quise
supiste		
supo		

estar	poner	venir
estuve	puse	vine

64 **Ejercicio mixto: La leyenda de El Dorado (I).** Füge die vorgegebenen Formen des *indefinido* in den folgenden Text ein.

añadió *(er fügte hinzu)* – buscaron – creyeron – cubrió – describió – dijo – dijo – empezaron – encontraron – encontré – encontró – fue – intentaron – llegó – logró – logró – mató – mencionó – navegaron – navegó – sacó – secó – siguió – tuvo – vendió – volvió – se convirtió – se dieron cuenta *(sie bemerkten)* – se incluyó – se rompió – se vieron

Viele glauben, dass sich die sagenhaften Goldschätze von **El Dorado** in der **Lagune von Guatavita** in Kolumbien befinden. Über Jahrhunderte hinweg suchten Abenteurer danach.

Cristóbal Colón _fue_ el primer europeo que ____________ en su diario la existencia de oro tras su llegada a América. Los indígenas ____________ de la fascinación de los europeos por el oro y ____________ a contar historias de paisajes y ciudades dorados para alejar[1] a los españoles de sus poblaciones. Aventureros ____________ en vano[2] El Dorado en diferentes países latinoamericanos y hasta ____________ por el Amazonas y el Orinoco.

En 1636 el cronista Juan Rodríguez Freyle ____________ la ceremonia de El Dorado que los indios muiscas[3] del lago de Guatavita (Colombia) hacían.

Muchos europeos, locos por el oro, ____________ vaciar[4] la laguna.

En 1545 el conquistador Hernán Pérez de Quesada, utilizando esclavos, ____________ reducir el nivel del agua después de tres meses de trabajo, y ____________ del lago unos 18 kilos de oro. Le ____________ un rico comerciante español 40 años más tarde. Este ____________ reducir el nivel en 20 metros a base de hacer una brecha[5] en la orilla[6]. La brecha ____________ y el agua ____________ a cientos de indígenas. No se sabe cuánto oro ____________ el comerciante.

En 1911 ____________ una empresa inglesa que ____________ la laguna con un sistema de túneles, pero rápidamente el fondo ____________ en cemento y la lluvia la ____________ de nuevo. La empresa ____________ los pocos objetos de oro de Guatavita en la casa Sotheby's de Londres.

El poeta y aventurero Sir Walter Raleigh, quien en 1595 ____________ por el Orinoco, también ____________ ____________ entre los exploradores que ____________ en el mito de El Dorado. El inglés ____________ que enfrentarse al hambre, a las enfermedades y a indios con flechas venenosas[7].

Raleigh ________ a Inglaterra sin haber encontrado gran cantidad de oro. Sin embargo, ________: «No ________ El Dorado en mi último viaje, pero estoy convencido de que hay ciudades más ricas y hermosas que las que ________ Cortés en México y Pizarro en Perú.» Carl Langebaek, arqueólogo y autor de la Universidad de los Andes en Bogotá, ________ que El Dorado era el resultado de la imaginación de los descubridores, muchos de los cuales ________ forzados a comer sus caballos y sus perros para sobrevivir. ________: «Nunca se encontrará El Dorado. Siempre habrá gente buscando oro en los lugares más insólitos[8]. No importa si se encuentra un castillo dorado, siempre habrá otro El Dorado porque la gente necesita mitos».

1 fernhalten; 2 umsonst; 3 Muisca-Indianer; 4 leeren; 5 Lücke, Bresche; 6 Ufer; 7 Giftpfeile; 8 ungewöhnlich

65* **Ejercicio combinado: La leyenda de El Dorado (II).** Vervollständige die folgenden Fragen zum Text aus Aufgabe 64 mit den entsprechenden Formen des *indefinido* und beantworte sie ebenfalls im *indefinido*.

¿Qué _hicieron_ (hacer) los indígenas para proteger a sus pueblos de los europeos?

Los indígenas les contaron a los europeos historias sobre paisajes y ciudades dorados.

¿Qué ________ (querer) hacer Hernán Pérez de Quesada en 1545?

____

____

____

¿Por qué el comerciante no ________ (poder) secar la laguna en 1595?

¿Quién ________ (ser) a América este mismo año para encontrar El Dorado?

¿Qué ________ (conseguir) hacer una empresa inglesa en 1911?

¿Qué ________ (tener) que hacer muchos europeos para sobrevivir?

66* **Ejercicio mixto: La leyenda de El Dorado (III).** Im 17. Jh. berichtete der Spanier Juan Rodríguez Freyle über einen indianischen Ritus, der zur Entstehung der Legende von El Dorado beitrug. Freyle kannte den Ritus vermutlich nur aus Erzählungen. Lies die Beschreibung auf Deutsch und stell dir vor, er hätte ihn selbst gesehen. Schreibe seinen Bericht auf Spanisch im *indefinido*.

Jeder neue Cacique (Herrscher) musste dem Sonnengott ein Opfer bringen. Daraufhin wurde er von seinen Indios als neuer Herrscher anerkannt. Sie bauten also ein großes Floß und schmückten es. Dann zogen sie den jungen Herrscher aus und bedeckten seinen Körper mit Goldstaub. Das Floß füllten sie mit Gold und Edelsteinen. Anschließend bestieg der Cacique das Floß. Er warf Gold und Edelsteine ins Wasser und sprang hinein, während die Indios tanzten und sangen.

Das **Goldfloß von El Dorado,** 1969 entdeckt, gilt vielen als Beweis für die Existenz von El Dorado.

Die folgenden Ausdrücke helfen dir beim Verfassen deines Textes:

adverbios: además, al final, al principio, ayer, después, más tarde, mientras tanto

verbos: adornar, bailar, cantar, construir, cubrir, desaparecer, desnudar, dirigirse, hacer, ir, llenar, sacrificar, saltar, subirse a, tirar, ver, volver

sustantivos: balsa, ceremonia, dios del Sol, emperador joven, joyas, lago de Guatavita, objetos de oro, oro en polvo, sacrificio

Ayer fui al lago de Guatavita y allí vi una ceremonia bastante extraña. El emperador joven quiso hacer un sacrificio al dios del Sol.

7.3 Der kontrastive Gebrauch von *imperfecto* und *indefinido*

Spricht man im Spanischen über **Vergangenes**, werden in der Regel ***imperfecto*** oder ***indefinido*** verwendet. Das *perfecto compuesto (pretérito perfecto)* hingegen ist keine echte Vergangenheitsform, da es Handlungen ausdrückt, die in die Gegenwart hineinreichen.

Wann wird das *imperfecto* verwendet?
Das *imperfecto* wird benötigt für Handlungen und Zustände in der Vergangenheit, bei denen **Anfang und Ende keine Rolle spielen**. Dazu gehören

- **Hintergrundinformationen**,

  Beispiele: El coche era rojo.
  Manuel estaba muy cansado.
- Handlungen und Zustände, die sich **regelmäßig wiederholt** haben,

  Beispiel: Antes íbamos siempre a la piscina con nuestros padres.
- Handlungen, die **gleichzeitig** stattgefunden haben.

  Beispiel: Mientras mi tío conducía, nunca hablaba por teléfono.

67 Übersetze den Text ins Spanische. Er handelt von der Spanierin Inés Suárez, der Frau an der Seite von Pedro Valdivia, dem Eroberer Chiles. Ihre Geschichte wurde u. a. von Isabel Allende zu dem Roman „Ines meines Herzens“ verarbeitet. Wie die Geschichte weitergeht, erfährst du in Aufgabe 68.

Inés Suárez (1507–1580) war Spanierin, aus der Stadt Plasencia. Da sie nicht aus einer reichen Familie stammte *(provenir)*, musste sie als Näherin *(costurera)* arbeiten. Inés war verheiratet mit dem Abenteurer *(aventurero)* Juan de Málaga, hatte aber keine Kinder. Während ihr Mann in Amerika sein Glück suchte *(probar fortuna)*, wartete Inés in Spanien auf ihn.

Wann wird das *indefinido* verwendet?
Das *indefinido* wird benötigt für Handlungen und Zustände, die in der **Vergangenheit abgeschlossen** wurden. Dazu gehören

- **einmalige** Handlungen,

  Beispiel: Ayer vi a un chico muy majo.
- **aufeinanderfolgende** Handlungen (Handlungskette),

  Beispiel: El lunes pasado me levanté temprano, me duché rápido y fui al aeropuerto.
- **neu einsetzende** Handlungen (während eine andere Handlung bereits andauert),

  Beispiel: Mientras abríamos la puerta, nuestra madre gritó algo desde el salón.

- Handlungen, die zu einem **bestimmten Zeitpunkt** oder innerhalb eines **bestimmten Zeitraums** abgelaufen sind.

Beispiele: En 1986 España entró en la Unión Europea.
El último verano fuimos a la piscina cinco veces a la semana.

68 Übersetze das Ende der Geschichte aus Aufgabe 67 ins Spanische.

Inés beschloss, ihrem Mann nach Amerika zu folgen. Dort jedoch erzählten sie ihr vom Tod ihres Mannes. Inés ging nach Cuzco und lernte Pedro de Valdivia kennen. Sie begleitete ihn auf seiner Expedition nach Chile, wo sie Santiago de Nueva Extremadura (heute die Hauptstadt Chiles) gründeten. Die Indios dieser Gegend (die Mapuche) griffen die Stadt an und um sie zu verteidigen, köpfte *(decapitar)* Inés Suárez sieben Caciques und warf *(arrojar)* die Köpfe unter die Indios. Der Plan funktionierte, die Mapuche flüchteten. Die Spanierin heiratete schließlich Rodrigo de Quiroga und führte ein ruhiges Leben in Santiago.

Überblick: Wann wird das *imperfecto*, wann das *indefinido* verwendet?

***imperfecto*:** „Wie war es damals?"
Signalwörter: *en aquel entonces, en aquella época, antes, mientras, cuando* etc.

- Hintergrundinformationen
- wiederholte Handlungen
- gleichzeitige Handlungen
- unbestimmter Zeitpunkt/Zeitraum

***indefinido*:** „Was geschah?"
Signalwörter: *primero, después, entonces, ayer, el lunes, la semana pasada, en 1934* etc.

- neu einsetzende Handlungen
- einmalige Handlungen
- aufeinanderfolgende Handlungen
- bestimmter Zeitpunkt/Zeitraum

69 **Ejercicio mixto:** Setze den folgenden Text in die Vergangenheit. Er handelt von einer Legende der Tolteken und Azteken im Amerika vor der Eroberung durch die Europäer.

Ometecuhtli y Omecihuatl tienen cuatro hijos. Para los pueblos indígenas, su hijo Huitzilopochtli es el dios de la guerra y Tezcatlipoca es el dios de la noche. Sin embargo, su hijo Quetzalcóatl es el inventor de las artes y es enormemente sabio; tiene la piel blanca y una barba. Los padres les dan a los hermanos la tarea de crear el mundo y la raza humana. Los primeros hombres que crean los cuatro hermanos son devorados por los tigres. En el segundo intento los hombres se convierten en monos *(Affen)*; en el tercer intento se transforman en pájaros y en el cuarto se convierten en peces.

Según la leyenda, Quetzalcóatl se pone en camino al infierno y una vez allí roba una pequeña parte de un hueso de una persona muerta. Con la ayuda de este trozo de hueso (Knochenstück) vuelve a crear el mundo. Quetzalcóatl quiere mucho a los hombres y por eso sólo permite sacrificar animales en su nombre.

Ometecuhtli y Omecihuatl tenían cuatro hijos.

70 **Ejercicio mixto:** Quetzalcóatl, die gefiederte Schlange, war einer der wichtigsten Götter Zentralmexikos. Von den vielen Legenden über ihn gibt es auch eine, die ihn mit der Verbreitung des Kakaos in Verbindung bringt. Lies den folgenden Text dazu und setze die passende Verbform im *imperfecto* oder im *indefinido* ein.

Cuenta la leyenda que los toltecas, pueblo mexicano anterior a los aztecas, tenían (tener) su paraíso situado en Tula al noreste de México. En este paraíso _______________ (haber) muchas plantas, pero entre todas estas plantas, la favorita _________ (ser) el árbol del cacao, un regalo de Quetzalcóatl.

Quetzalcóatl _____________________ (nacer) de una virgen y después _______________________ (hacerse) hombre con poderes divinos[1]. Su aspecto _________ (ser) de piel blanca y con barba, lo que resulta extraño ya que los mexicanos no _______________ (tener) ni barba ni piel blanca.

Quetzalcóatl ___________________________ (tener que) irse y su mujer _________________________ (quedarse) para proteger los tesoros de la ciudad. En esta situación sus enemigos ___________________ (atacar) a su mujer y ella __________ (morir). Su sangre[2] ________ (caer) sobre la tierra y justo en aquel lugar ______________ (brotar[3]) entonces árboles de cacao. Debido a la muerte de su mujer, el dios ____________ (decidir) abandonar[4] la ciudad. ____________ (prometer) volver un día. La leyenda azteca __________ (decir) que vendría del Este y por mar. A esto los astrólogos ____________ (añadir) que vendría sobre el año 1519.

Exactamente ese año ______________ (llegar) Hernán Cortés, y como ____________________ (cumplir) las características físicas de la leyenda, le ____________________ (recibir) como a un dios. En el primer gran recibimiento los aztecas le ______________ (ofrecer) a Hernán Cortés un vaso de oro con su bebida más apreciada. Seguramente Cortés __________________ (preferir) el vaso de oro a la bebida, porque en aquel entonces el chocolate no ____________ (saber[5]) precisamente delicioso, debido a que ____________ (ser) una mezcla de cacao, maíz, pimienta[6], especias[7] y afrodisíacos.

Dos cosas les ____________________ (impresionar) a Hernán Cortés y a sus hombres. Primero, la energía que __________________ (proporcionar) el chocolate, ya que les __________ (dar) fuerzas para estar todo un día caminando sin comer ni beber. Otra cosa que les ________ (llamar) la atención fue que los aztecas ____________ (utilizar) las semillas de cacao como monedas. Entonces Cortés se lo ________ (traer) a España y una vez aquí se le ______________ (añadir) azúcar o a veces leche. Así ______________ (empezar) a tener éxito en Europa.

El chocolate es el legado[8] de aquel gran imperio que ya no existe: Cortés lo ________________ (destruir) e ________________ (imponer) la religión católica en lugar de la religión azteca.

1 göttliche Kräfte | 2 Blut | 3 wachsen | 4 verlassen
5 schmecken | 6 Pfeffer | 7 Gewürze | 8 Erbe

Quelle (adaptiert): www.cocinoteca.com

71* **Ejercicio mixto:** In der Religion der Inkas, einer amerikanischen Hochkultur, die im heutigen Peru lebte, gab es den Schöpfergott Viracocha. Lies den Text über die Erschaffung der Welt sowie des Menschen und übersetze ihn. Achte dabei auf den korrekten Gebrauch des *imperfecto* und des *indefinido*.

La leyenda de Viracocha

Am Anfang gab es nur Viracocha. Er war weder groß noch klein und hatte eine helle Haut. Eines Tages entschloss er sich, die Welt zu erschaffen. Die Welt war dunkel, ohne Sonne, Mond und Sterne.
Dann schuf er ein Volk von Riesen, aber da sie ihm nicht gefielen, schuf er den Menschen. Diese Leute mussten in der Dunkelheit leben und die Gesetze Viracochas befolgen. Der Gott sagte: „Ich vernichte euch, wenn ihr meine Regeln nicht befolgt." Das funktionierte eine Zeit, aber schließlich begannen die Leute, die Regeln zu vergessen. Viracocha war sehr wütend und deshalb regnete es 60 Tage und Nächte und alle starben in der Sintflut. Viracocha rettete nur drei Menschen. Mit diesen Überlebenden schuf er den Menschen noch einmal, aber dieses Mal wollte er ihm Licht geben. So ging er auf eine Insel im Titicacasee und ließ Sonne, Mond und Sterne aus dem See aufsteigen. Im Anschluss daran ging er durch das ganze Land und beobachtete die Menschen. Er war sehr weise und lehrte sie viele nützliche Dinge.
Schließlich kam er aber an die Küste und wollte seine Völker verlassen. Er sagte: „Eines Tages werde ich zurückkehren" und dann verschwand er. Einige Jahre später behauptete ein Mann: „Ich bin Viracocha!" Aber die Leute glaubten ihm nicht und lachten ihn aus. Noch heute warten die Peruaner auf die Rückkehr ihres Gottes.

ni… ni
la piel clara
crear, oscuro/a
el pueblo, los gigantes
el hombre
la oscuridad, las leyes
seguir, destruir
una temporada
enfadado/a
el diluvio
salvar, los supervivientes
por lo tanto
dejar subir a
a continuación
observar
sabio/a
finalmente
abandonar
afirmar
reírse de
el regreso

7.4 Das *pluscuamperfecto*

Wie wird das *pluscuamperfecto* gebildet?
Das *pluscuamperfecto* setzt sich zusammen aus dem ***imperfecto*** von ***haber*** und dem ***participio perfecto***.

Wie wird das *participio perfecto* gebildet?
Das unveränderliche Partizip wird in der Regel dadurch gebildet, dass an den Verbstamm eine Endung angehängt wird:

- Verben auf ***-ar:*** Stamm + Endung ***-ado***

  Beispiel: trabajado

- Verben auf ***-er*** und ***-ir:*** Stamm + Endung ***-ido***

  Beispiele: comido
  vivido

Beachte: Einige Verben haben **unregelmäßige** Partizipien. Dazu zählen u. a.

abrir	→	**abierto**	escribir	→	**escrito**
cubrir	→	**cubierto**	decir	→	**dicho**
hacer	→	**hecho**	morir	→	**muerto**
poner	→	**puesto**	romper	→	**roto**
ver	→	**visto**	volver	→	**vuelto**

72 Setze das Partizip Perfekt der angegebenen Verben ein.

a)	contar	contado	b)	existir	______
c)	ir	______	d)	volver	______
e)	perder	______	f)	hacer	______
g)	estar	______	h)	escribir	______
i)	decir	______	j)	decidir	______
k)	atacar	______	l)	poner	______

Wie lauten die Formen von *haber* im *imperfecto*?

(yo)	había
(tú)	habías
(él/ella, usted)	había
(nosotros/as)	habíamos
(vosotros/as)	habíais
(ellos/as, ustedes)	habían

Wann wird das *pluscuamperfecto* verwendet?
Ähnlich wie im Deutschen wird mit dem *pluscuamperfecto* die **Vorzeitigkeit** (die Vergangenheit der Vergangenheit) ausgedrückt.

Beispiele: Ayer fui al cine porque no había visto ninguna película en tres meses.
Nos sirvió algunos platos que nunca antes habíamos probado.

73 Kombiniere die Satzhälften und setze das dazu passende Verb ins Plusquamperfekt.

Ayer no fui a clase porque	romperse	con Ana para ir a tomar algo?
José comió con dificultad porque	ser	todavía la película.
Manu fue a casa para cambiarse de ropa porque	pedir	sus pantalones en la clase de deporte.
¿No teníais tiempo ayer porque	perder	un café solo.
Nos invitaron al cine porque	quedar	un accidente.
Me trajo un café con leche aunque	no ver	su mejor amiga.
Te conté la historia de Marga porque	tener	un diente el día anterior.

Ayer no fui a clase porque había tenido un accidente.

74* **Ejercicio mixto:** Die Aussagen aus Aufgabe 73 sind noch unklar. Denk dir Antworten zu den Fragen aus und verwende auch das *pluscuamperfecto*.

a) ¿Qué pasó en la clase de deporte?
Manu tuvo que hacer flexiones de piernas y se había puesto los pantalones más estrechos que tenía. Por eso, se le rompieron.

b) ¿Por qué no fuisteis antes a ver la película?

c) ¿Por qué no fuisteis antes a tomar algo con Ana?

d) ¿Cómo pasó el accidente?

e) ¿Por qué no te trajo el camarero lo que habías pedido?

f) ¿Por qué Marga dejó de ser tu mejor amiga?

g) ¿Por qué le pasó lo del diente a José?

75* **Ejercicio mixto:** In Peru gibt es Vögel, die «Ayamamanes» genannt werden, weil sie einen Laut ausstoßen, der wie «ayamamán» klingt. Das heißt «tote Mutter» in Quechua, der Sprache der Inkas und ihrer Nachfahren. Erzähle mithilfe der Wortgerüste die alte Legende, die die Existenz dieser Vögel erklären soll. Verwende dabei *imperfecto, indefinido* und *pluscuamperfecto.*

Los ayamamanes
– Leyenda del Perú –

- hace muchos años/selva/haber/niña y niño/perder/madre
- niños/vivir/solo/padre – ser/feliz – pero/padre/casarse/otra vez
- madrastra *(Stiefmutter)*/odiar/niños – tratarlos mal – tener que trabajar/ todo el día
- más tarde/madrastra/tener/hijo – situación/empeorar/para hijastros *(Stiefkinder)* – porque/madrastra/querer echarlos/casa

- padre/no estar de acuerdo – pero/al final/cambiar de/opinión
- un día/padre/llevar/niños/bosque – dejarlos/solos
- sin embargo/niño/llenarse/bolsillos/granos de maíz – dejar/caerlos/camino – así/poder encontrar/camino de regreso/casa
- madrastra/enfadarse/discutir/padre
- día siguiente/padre/llevar/de nuevo/niños/bosque – pero/esta vez/abandonarlos/más lejos
- niños/andar perdidos por/bosque – ver/animales peligrosos/tigres – sin embargo/no atacar/niños – monos *(Affen)*/tirarles/fruta para comer
- noche/quedar dormidos/árbol/soñar con/hada *(Fee)* – por la mañana/transformarse en/pájaros/y/saber volar
- después/volver/casa – sentarse/tejado – padre/reconocerlos/en seguida
- niños/querer hablar/padre – pero/sólo/saber cantar/«ayamamán»
- finalmente/irse/selva/para siempre

Hace muchos años en la selva había una niña y un niño que habían perdido a su madre.

76* Die Legende aus Aufgabe 75 weist starke Ähnlichkeit mit dem Märchen von Hänsel und Gretel auf. Schreibe mithilfe der Bilder eine kurze Fassung dieses Märchens auf Spanisch und verwende dabei die Vergangenheitszeiten.

Diese Wörter helfen dir:

migas (f.) de pan	Brotkrumen	*jaula (f.)*	Käfig
casita (f.) de chocolate	Lebkuchenhaus	*horno (m.)*	Ofen
encerrar (e>ie)	einsperren	*empujar*	stoßen
bruja (f.)	Hexe	*liberar*	befreien

Im Spanischen beginnen Märchen mit *érase una vez* (es war einmal) und enden mit *colorín, colorado, este cuento se ha acabado.*

Érase una vez un niño y una niña que se llamaban Hansel y Gretel. Vivían con su padre y eran muy felices hasta que el padre se casó otra vez.

8 Das Futur

Um Handlungen oder Ereignisse auszudrücken, die in der **Zukunft** liegen, gibt es zwei Möglichkeiten:
- das **periphrastische Futur** (*el futuro perifrástico*)
- das **(synthetische) Futur** (*el futuro sintético*)

Wie wird das periphrastische Futur gebildet?
Dieses Futur setzt sich zusammen aus dem konjugierten Verb ***ir* + *a* + Infinitiv** (zur Konjugation von *ir* siehe Kapitel 3, Das Präsens).

Beispiel: La próxima semana Manu Chao va a viajar a San Sebastián.

Beachte: Objektpronomen stehen entweder unmittelbar **vor** dem **konjugierten Verb *ir*** oder werden **an den Infinitiv angehängt** (siehe auch Kapitel 1, Pronomen, und Kapitel 6, Verbalperiphrasen).

Beispiel: La semana que viene la vas a conocer/vas a conocerla.

Wann wird das periphrastische Futur verwendet?
Das periphrastische Futur wird im Allgemeinen dann verwendet, wenn eine Handlung oder ein Ereignis **zeitnah** stattfinden wird.

Beispiel: ¿Vas a ayudar a Angélica esta tarde?

77 Juanjo wohnt in Madrid und wird nun einige Tage bei seinen Großeltern in Huesca* verbringen. Was werden er und seine Großeltern während dieser Zeit machen? Bilde mithilfe der Vorgaben sinnvolle Sätze und verwende dabei das periphrastische Futur.

Mi abuelo y yo	hablar	al Castillo de Loarre
Mis amigos en Huesca y yo	pescar	en el río
(Yo)	hacer	por la noche
Mi abuela	acostarse	sobre su niñez (*Kindheit*)
Mis abuelos	jugar	una moto
	salir	tortilla
	ir	al baloncesto
	comprarse	tarde

Mi abuela va a hacer tortilla.

* **Huesca** ist eine nordspanische Provinzhauptstadt in der Autonomen Region Aragón, am Fuße der Pyrenäen. Sie hat ca. 50 000 Einwohner.

Wie wird das synthetische Futur gebildet?
Zur Bildung des synthetischen Futurs (*el futuro sintético*) werden an den **Infinitiv** des Verbs die Endungen ***-é, -ás, -á, -emos, -éis, -án*** angehängt.

Beispiele:	**pensar**	**aprender**	**abrir**
	pensaré	aprenderé	abriré
	pensarás	aprenderás	abrirás
	pensará	aprenderá	abrirá
	pensaremos	aprenderemos	abriremos
	pensaréis	aprenderéis	abriréis
	pensarán	aprenderán	abrirán

78 Einige Tage bevor Juanjo (siehe Aufgabe 77) mit seinem Großvater zum Castillo de Loarre fährt, erzählt dieser ihm einiges über den gemeinsamen Ausflug. Setze die Verben in die jeweils korrekte Form des synthetischen Futurs.

Die eindrucksvolle **Burganlage von Loarre** liegt ca. 35 km von der Provinzhauptstadt Huesca entfernt. Sie wurde im 11. Jahrhundert erbaut und ist eine der besterhaltenen romanischen Festungen Europas.

Abuelo: Sé que te interesa la Edad Media y creo que te *gustará* (gustar) mucho el Castillo de Loarre. ________________ (ir/nosotros) en mi nueva moto a la sierra de Loarre. Ya desde lejos ____________ (ver/tú) el castillo que se encuentra en una colina desde la que tienes unas vistas maravillosas sobre la llanura de la Hoya. Seguramente te ________________________ (impresionar) el buen estado del castillo. Cuenta entre los castillos románicos mejor conservados de Europa. Estas murallas nos ____________________ (sobrevivir) muchos siglos. Si quieres, ______________________ (participar/nosotros) también en una visita guiada. Dentro del castillo, los guías te ______________________ (explicar) su estructura y sus orígenes.

ABUELA: ______________________ (volver/vosotros) hacia las siete, ¿verdad? Entonces, ______________________ (preparar/yo) la cena y después de cenar ______________________ (ver/nosotros) juntos «El reino de los cielos». ¿Sabías que el Castillo de Loarre se puede ver en varias escenas de esta película, Juanjo?

Welche Verben weisen im synthetischen Futur unregelmäßige Formen auf?
Zu den häufig gebrauchten Verben, bei denen sich im Futur der **Wortstamm** ändert (nicht aber die Endungen), zählen u. a.

venir	→	**vendré**	haber	→	**habré**	hacer	→	**haré**
poner	→	**pondré**	decir	→	**diré**	saber	→	**sabré**
salir	→	**saldré**	querer	→	**querré**	tener	→	**tendré**
poder	→	**podré**						

Beispiele:	**hacer**	**decir**
	haré	diré
	harás	dirás
	hará	dirá
	haremos	diremos
	haréis	diréis
	harán	dirán

Beachte:
- Diese **Unregelmäßigkeit** im Stamm gilt auch für die Futur-Formen **zusammengesetzter Verben** (z. B. *detener* → *detendré* und *proponer* → *propondré*).
- Die Stammänderungen im Futur sind identisch mit denen im **Konditional** (siehe Kapitel 9, Modi).

79 **Ejercicio mixto:** Der folgende Text basiert auf einer Fabel des spanischen Fabeldichters Félix María de Samaniego (1745–1801). Bringe die Textteile in die richtige Reihenfolge und setze die fehlenden Verben in die entsprechende Form des synthetischen Futurs.

La lechera

a) La lechera *(Milchmädchen)* no tenía necesidad de más compañía que sus pensamientos y se decía a sí misma: « Venderé (Vender/yo) esta leche en el mercado y me ______ (dar) bastante dinero.»

b) No sólo pensó en sus vecinos, sino también en sus amigas: « ______ (Poder/vosotros) alegraros porque os ______ (poder/yo) ayudar en situaciones difíciles.»

c) No anheles (*streben*) impaciente (*ungeduldig*) el bien futuro; mira que ni el presente está seguro.

d) «El dinero que ______ (ganar/yo) al vender el cerdo me ______ (hacer) posible comprar una vaca y un ternero *(Kalb)* que ______ (saltar) y ______ (correr) por el monte.»

e) Una lechera iba al mercado y llevaba en la cabeza un cántaro con leche (*Milchkrug*). En el camino pensó: «Estoy contenta con mi vida, pero en el futuro ______ (venir) mejores tiempos porque ______ (tener/yo) bastante más dinero.»

f) « ______ (Ir/yo) otra vez al mercado y ______ (recibir/yo) tanto dinero como para comprar un cerdo.»

g) «Con este dinero ______ (saber/yo) hacer mucho más porque me ______ (comprar/yo) una cesta entera de huevos.»

h) También estaba pensando en sus vecinos: «No ______ (querer) aceptar que yo tenga más suerte que ellos, pero al final ______ (tener) que hacerlo. Les ______ (decir/yo) que siempre ______ (haber) unos que tienen más suerte que otros.»

i) «Al cerdo le ______ (cebar/yo) (*mästen*) con bellotas (*Eicheln*) y castañas y así ______ (engordar) rápido.»

j) De tanta alegría la lechera brincó (*hüpfen*) y el cántaro *(Krug)* cayó.

k) ¡Pobre lechera! Adiós leche, dinero, huevos, pollos, cerdo, vaca y ternero. ¡Oh loca fantasía! ¡Qué palacios fabricas en el viento!

l) «De estos huevos ______________________ (salir) cien pollos que en verano ya _______________ (ser) lo suficientemente grandes para venderlos.»

Secuencia correcta: e, ____

Wann wird das synthetische Futur verwendet?

- In erster Linie wird das Futur verwendet, um **zukünftige Handlungen** oder **Ereignisse** auszudrücken.

  Beispiele: Para el Real Madrid el próximo año será mejor que este.
  ¿Tendrás mañana una hora para hablar sobre el examen de matemáticas?

- Mit dem Futur kann auch eine **Vermutung** über die **Gegenwart** ausgedrückt werden.

  Beispiele: ¿Dónde está Carmen? – Estará en el centro comercial.
  ¿Cuántos años tiene Antonio? – No sé, pero tendrá ochenta años.

80 Elena liest ihr Horoskop in einer Zeitschrift und ist überrascht davon, was es vorhersagt. Da ist wohl etwas durcheinandergeraten! Kombiniere die Satzhälften sinnvoll und setze dabei die Verben in das synthetische Futur.

finanzas	★★★☆☆
amor	★★★★★
aventuras	★★★★☆

Tienes mucho talento porque tus gastos te (arruinar).
(Ver) un perro pequeño y muy bonito que (enamorarse) de ti en seguida.
(Conocer) a un chico majo y guapo y las dependientas te lo (regalar).
Una buena amiga te (ayudar) y te (pagar) un viaje a París.
Juega mucho a la lotería y después (vosotras, sacar) buenas notas en los exámenes.
Tu madre (estar) de buen humor y por eso (ganar) el casting para participar en Operación Triunfo.
(Tener) que tener cuidado con el dinero porque (poder) ganar un millón en las siguientes semanas.

Tienes mucho talento y por eso ganarás el casting para participar en Operación Triunfo.

81 Merche liegt auf dem Sofa und denkt daran, was sie alles in den Sommerferien machen möchte. Bilde Sätze auf der Grundlage der Zeichnungen und verwende das (synthetische) Futur. Du kannst die Sätze z. B. so anfangen: *en las vacaciones de verano, al principio, además, también, aparte de esto, por supuesto, por fin.*

a) **mis amigas y yo**
En las vacaciones de verano mis amigas y yo jugaremos mucho al baloncesto.

b) **yo**

___

___

c) **mi amiga Julia**

___

___

d) **yo**

___

___

e) **mi hermana y yo**

___

___

f) **yo**

___

___

82* In den Ferien hat Merche viel über den Klimawandel und seine Folgen gelesen und hat sich entschieden, einen Leserbrief an die Zeitung *El País*[1] zu schreiben. Vorher notiert sie die Themen, die sie ansprechen möchte. Verfasse Merches Brief und verwende dabei – wo es sinnvoll ist – das (synthetische) Futur

- los desiertos extenderse/por eso/menos agricultura/más hambre
- el hielo de los polos disminiuir/el nivel del mar subir/como consecuencia/inundaciones
- animales y plantas desaparecer
- catástrofes naturales/debido a esto/países pobres tener más problemas
- camino: tener que ahorrar energía/reducir emisiones de CO^2/cuidar medio ambiente

1 ***El País*** ist eine der wichtigsten spanischen Tageszeitungen. Sie wurde 1976 nach dem Ende der Franco-Diktatur gegründet und hat eine Auflage von ca. 425 000 Stück.

Vigo, el 25 de septiembre

Señor director:

En mis vacaciones he leído mucho sobre el cambio climático y estoy muy preocupada.

En los próximos años, los desiertos se extenderán.

Atentamente

Merche Rodríguez Marín (14 años)

9 Modi

Der **Modus** eines Verbs sagt etwas über die Intention des Sprechers aus. Im Spanischen gibt es **vier Modi:**

- *indicativo* → Tatsachen
- *imperativo* → Befehle
- *subjuntivo* → Befehle, Wünsche, Empfindungen
- *condicional* → Höfliche Bitten, Möglichkeiten

9.1 Die Bildung des *presente de subjuntivo*

Den *subjuntivo* gibt es in der Gegenwart, der Zukunft und der Vergangenheit.

Wie wird das *presente de subjuntivo* gebildet?

Dazu werden an den **Verbstamm** folgende **Endungen** angefügt:

- bei Verben auf ***-ar:*** Endungen ***-e, -es, -e, -emos, -éis, -en***

Beispiel:

	mirar
(yo)	mire
(tú)	mires
(él/ella, usted)	mire
(nosotros/as)	miremos
(vosotros/as)	miréis
(ellos/as, ustedes)	miren

83 El Sr. Muñoz (I). Setze die entsprechende Form des *presente de subjuntivo* in die Mahnungen des geplagten Lehrers Sr. Muñoz ein.

Quiero que toda la clase se concentre (concentrar).

Belén, quiero que __________ (prestar) atención.

Rubén, Andrés, no me gusta que __________ (hablar) todo el tiempo.

Es necesario que todos se __________ (fijar) en el texto.

Es importante que __________ (tratar/nosotros) este tema.

Si queréis que os __________ (ayudar/yo), tenéis que callaros.

- bei Verben auf *-er* und *-ir:* Endungen *-a, -as, -a, -amos, -áis, -an*

Beispiele:	**meter**	**abrir**
(yo)	meta	abra
(tú)	metas	abras
(él/ella, usted)	meta	abra
(nosotros/as)	metamos	abramos
(vosotros/as)	metáis	abráis
(ellos/as, ustedes)	metan	abran

84 Setze die korrekte Form des *presente de subjuntivo* ein.

a) Es importante que corramos (correr/nosotros) a casa porque nuestros padres ya nos esperan.

b) Es necesario que ____________ (escribir/tú) la carta a tu abuela todavía hoy.

c) No es probable que ____________ (leer/él) este libro hoy.

d) No es bueno que ____________ (vivir/vosotros) en un barrio tan ruidoso.

e) No creo que mi madre ____________ (beber/ella) más de una taza.

f) Es importante que lo ____________ (comprender/ nosotros).

g) Es posible que ____________ (comer/ellos) churros con chocolate* por la mañana.

* **Churros** sind ein Gebäck, das frittiert und dann mit Zucker bestreut oder in heiße, dickflüssige Schokolade getaucht wird. Sie werden häufig zum Frühstück gegessen (auch am frühen Morgen, z. B. auf dem Heimweg von der Disko). Churros kauft man in den sogenannten Churrerías.

Was ist beim *presente de subjuntivo* der Gruppenverben zu beachten?

- Bei Gruppenverben mit *e>ie, o>ue* und *u>ue* bleibt der **Lautwechsel** beim Stammvokal mit **Ausnahme** der 1. und 2. Person Plural erhalten.

Beispiele:	**despertar** (e>ie)	**poder** (o>ue)
(yo)	despierte	pueda
(tú)	despiertes	puedas
(él/ella, usted)	despierte	pueda
(nosotros/as)	despertemos	podamos
(vosotros/as)	despertéis	podáis
(ellos/as, ustedes)	despierten	puedan

Beachte: Enden diese Gruppenverben auf ***-entir, -erir*** oder ***-ertir*** (z. B. *sentir, preferir*), wird der Stammvokal in der **1.** und. **2. Person Plural** zu ***i*** bzw. bei ***dormir/morir*** zu ***u***.

Beispiele:	**sentir** (e>ie)	**dormir** (o>ue)
(yo)	sienta	duerma
(tú)	sientas	duermas
(él/ella, usted)	sienta	duerma
(nosotros/as)	sintamos	durmamos
(vosotros/as)	sintáis	durmáis
(ellos/as, ustedes)	sientan	duerman

- Die anderen Gruppenverben bilden das *presente de subjuntivo* auf der Basis des **Stammes** der **1. Person Singular Indikativ Präsens.**

Beispiele:	**pedir** (e>i) → pido	**conocer** (c>zc) → conozco	**construir** (-y-) → construyo
(yo)	pida	conozca	construya
(tú)	pidas	conozcas	construyas
(él/ella, usted)	pida	conozca	construya
(nosotros/as)	pidamos	conozcamos	construyamos
(vosotros/as)	pidáis	conozcáis	construyáis
(ellos/as, ustedes)	pidan	conozcan	construyan

85 Setze die jeweilige Form des *presente de subjuntivo* ein. Notiere dann je den angegebenen Buchstaben der Lösungen in der rechten Spalte und du erhältst …?

a)	**desaparecer:** que yo desaparezca	5 P
b)	**huir:** que él ______	4 ______
c)	**sentarse:** que tú te ______	4 ______
d)	**advertir:** que vosotros ______	1 ______
e)	**morir:** que ella ______	1 ______
f)	**sentarse:** que vosotros os ______	2 ______
g)	**dormir:** que nosotros ______	3 ______
h)	**huir:** que vosotros ______	5 ______
i)	**producir:** que ellos ______	7 ______
j)	**vestirse:** que ellos se ______	5 ______
k)	**contar:** que nosotros ______	3 ______
l)	**sentir:** que él ______	6 ______

Das Lösungswort ist eine Route, die vom Norden des amerikanischen Kontinents bis fast zu seinem südlichsten Punkt verläuft. Sie durchquert Wüsten, Regenwälder, fruchtbare Täler und karge Hochebenen. Von Panama nach Kolumbien muss man das Schiff oder Flugzeug nehmen, hier gibt es noch keine Straße.

86 Ejercicio mixto: El Sr. Muñoz (II). Carmen und Belén sind Klassensprecherinnen. Sie und auch andere in der Klasse haben große Probleme mit ihrem Mathematiklehrer. Sie sprechen mit ihm über ihre Klagen. Kannst du die Verben in die entsprechende Form des *presente de subjuntivo* setzen?

CARMEN: Usted siempre pide que toda la clase _entienda_ (entender) todo a la primera.

SR. MUÑOZ: Esto no es correcto. No pienso que ________ (pedir) esto, pero si no preguntáis…

BELÉN: Además, siempre quiere que ________ (aprender/nosotros) las reglas de memoria.

SR. MUÑOZ: Pero bueno. Yo quiero que ________ (estudiar/vosotros) las reglas porque sin ellas no se puede trabajar.

CARMEN: No creemos que todos ________ (poder) solucionar los problemas en tan poco tiempo.

SR. MUÑOZ: Si esto es así, os doy más tiempo para que ________ (poder) solucionar los problemas.

BELÉN: Tampoco nos gusta que usted nunca ________ (acordarse) de que tenemos más asignaturas, porque siempre nos da muchos deberes.

SR. MUÑOZ: Dentro de poco vais a tener el examen final y es imprescindible que ________ (aprender) la materia prevista por el currículo. Me parece que siempre estáis cansados, pero es posible que ________ (depender) de que nuestra clase siempre es la última.

BELÉN: Es necesario que todos ________ (pensar) cómo podemos cambiar la situación y que lo ________ (apuntar).

SR. MUÑOZ: Me parece buena idea. Entonces mañana hablamos otra vez.

Welche Besonderheiten sind des Weiteren beim *presente de subjuntivo* zu beachten?

Bei der Bildung des *presente de subjuntivo* gibt es einige **orthografische Besonderheiten:**

- Bei Verben auf *-zar* wird *z* durch *c* ersetzt (vor dem Buchstaben *e* steht nach den Regeln der spanischen Rechtschreibung kein z).

Beispiel:

	empezar (e>ie)
(yo)	empiece
(tú)	empieces
(él/ella, usted)	empiece
(nosotros/as)	empecemos
(vosotros/as)	empecéis
(ellos/as, ustedes)	empiecen

- Bei Verben auf *-gar* wird nach *g* ein **u eingefügt** und bei Verben auf *-car* wird *c* durch ***qu* ersetzt**, um die Aussprache beizubehalten.

Beispiele:

	jugar (u>ue)	**buscar**
(yo)	juegue	busque
(tú)	juegues	busques
(él/ella, usted)	juegue	busque
(nosotros/as)	juguemos	busquemos
(vosotros/as)	juguéis	busquéis
(ellos/as, ustedes)	jueguen	busquen

- Bei Verben auf *-ger* und *-gir* wird *g* durch ***j* ersetzt**, um die Aussprache beizubehalten.

Beispiele:

	coger	**dirigir**
(yo)	coja	dirija
(tú)	cojas	dirijas
(él/ella, usted)	coja	dirija
(nosotros/as)	cojamos	dirijamos
(vosotros/as)	cojáis	dirijáis
(ellos/as, ustedes)	cojan	dirijan

- Bei einigen Verben muss beachtet werden, dass manche Formen einen **grafischen Akzent** tragen.

Beispiele:

	estar	**dar**	**reír** (e>i)
(yo)	esté	dé	ría
(tú)	estés	des	rías
(él/ella, usted)	esté	dé	ría
(nosotros/as)	estemos	demos	riamos
(vosotros/as)	estéis	deis	riais
(ellos/as, ustedes)	estén	den	rían

87 Gesucht wird die entsprechende Form im *presente de subjuntivo*. Kreuze sie an.

a) **reír:** que yo	☐ río	☒ ría	☐ reí
b) **elegir:** que vosotros	☐ elegís	☐ elijáis	☐ elegid
c) **estar:** que él	☐ esté	☐ está	☐ este
d) **abrazar:** que nosotros	☐ abrazamos	☐ abracemos	☐ abrazemos
e) **entregar:** que tú	☐ entregas	☐ entregues	☐ entreges
f) **dar:** que nosotros	☐ dimos	☐ damos	☐ demos
g) **atacar:** que yo	☐ ataqué	☐ ataque	☐ ataco
h) **llegar:** que ellos	☐ lleguen	☐ llegan	☐ llegaron
i) **empezar:** que ella	☐ empieza	☐ empiece	☐ empecé
j) **proteger:** que ella	☐ protega	☐ protege	☐ proteja

88 **Ejercicio mixto:** Buchstabensuppe: Welche Formen des *presente de subjuntivo* der Verben *preferir, reír, dirigir, estar, sacar* und *practicar* verstecken sich hier?

a)

dirijáis

b)

____

c)

____

d)

____

e)

____

f)

____

Bei welchen Verben sind die Formen des *presente de subjuntivo* unregelmäßig?
Bei vielen unregelmäßigen Verben wird der *subjuntivo* von der 1. Person Singular des Indikativ Präsens abgeleitet. Die Stammänderung bleibt in der gesamten Konjugation erhalten. Dazu gehören z. B. tener → tenga, salir → salga, decir → diga, hacer → haga und venir → venga.

	decir		
(yo)	diga	(nosotros/as)	digamos
(tú)	digas	(vosotros/as)	digáis
(él/ella, usted)	diga	(ellos/as, ustedes)	digan

Weitere unregelmäßige Verben sind:

	ir	**haber**	**saber**	**ser**
(yo)	vaya	haya	sepa	sea
(tú)	vayas	hayas	sepas	seas
(él/ella, usted)	vaya	haya	sepa	sea
(nosotros/as)	vayamos	hayamos	sepamos	seamos
(vosotros/as)	vayáis	hayáis	sepáis	seáis
(ellos/as, ustedes)	vayan	hayan	sepan	sean

89 Finde im folgenden Wortsalat acht Formen des *presente de subjuntivo*.

vistevayaestudiarásseguíamosvuelvesaqué
seamospodéispongosabéisdigáishace
abristéishayamossonríenpermitescome
seáissuponesalgoconocéishagacantas
habladigascriticosepamossubentratan

vaya ____________
____
____
____
____
____
____

90 **Ejercicio mixto:** Die Sprachschule Antonio de Nebrija* in Mojácar sucht eine Deutschlehrerin/einen Deutschlehrer. Die beiden Inhaber unterhalten sich darüber, welche Qualifikationen ein Bewerber mitbringen muss. Setze die folgenden Verben in der entsprechenden Form des *presente de subjuntivo* in die Lücken ein: *tener (2×), aprender, saber, ser (2×), trabajar, hablar, informar, entender, haber, escribir (3×).*

* **Antonio de Nebrija** (1444–1522) hat 1492 die erste Grammatik der spanischen Sprache geschrieben und veröffentlicht.

Mojácar hat etwa 6 500 Einwohner und liegt auf einer Anhöhe der Sierra Cabrera zwei Kilometer von der Küste entfernt in der Provinz Almería (Andalusien). Die Architektur des Dorfes ist stark maurisch geprägt.

FRANCISCO: Montse, tenemos que hablar sobre el anuncio que vamos a publicar.

MONTSE: Ah, claro. Pero ¿qué conocimientos crees que son importantes para ocupar esta plaza vacante?

FRANCISCO: Es importante que _sea_ alemán o alemana y que ________ y ________ el español sin problemas. Sin embargo, pienso que es necesario que ________ hablar también inglés para que ________ a otros turistas sobre nuestras ofertas.

MONTSE: También quiero que ________ conocimientos de ordenador para que ________ con nuestros ordenadores.

FRANCISCO: ¿Crees que tiene que ser de una región específica de Alemania?

MONTSE: No creo que ________ necesario, aunque tiene que hablar un alemán sin mucho acento.

FRANCISCO: ¿Quieres que también ________ bien el español?

MONTSE: Para mí no es muy importante que ________________ bien, pero es posible que ________________ que escribir algunas cartas de recomendación para nuestros estudiantes y por eso prefiero una persona que ________________ de forma aceptable. Pero, de todas formas, es posible que ________________ a escribir aquí.

FRANCISCO: Vale. Creo que tengo suficiente información para escribir el anuncio. No pienso que ______________ problemas para encontrar un buen profesor.

91* **Ejercicio mixto:** Pilar hat in letzter Zeit nicht viel Glück in der Liebe. Sie entscheidet sich, eine Kontaktanzeige aufzugeben, um ihren Traummann zu finden. Formuliere Pilars Vorstellungen mithilfe passender Verben im *presente de subjuntivo*.

a)

Quiero que el hombre de mis sueños

tenga entre 22 y 28 años.

Es necesario que ________________

____

b)

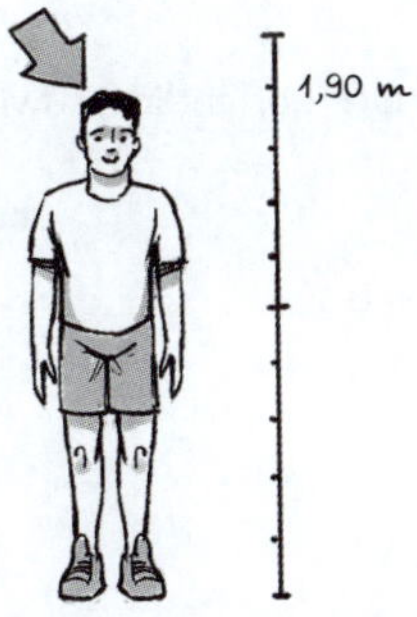

Es indispensable que ________________

____

Deseo además que ________________

____

c)

Prefiero un hombre que

Es importante que

d)

No quiero que

9.2 Die Verwendung des *presente de subjuntivo*

Mit dem *subjuntivo*, für den es im Deutschen keine Entsprechung gibt, werden Handlungen, Ereignisse und Zustände aus der Sicht des jeweiligen Sprechers betrachtet. Ausgelöst wird er in der Regel durch bestimmte **Schlüsselwörter**.

Wann wird der *subjuntivo* im Hauptsatz verwendet?
Der *subjuntivo* wird in Wunschsätzen mit ***ojalá*** oder ***ojalá que*** (hoffentlich) sowie in **Aufforderungssätzen** mit *que* benötigt.

Beispiele: ¡Ojalá (que) no llueva durante el partido!
(Hoffentlich regnet es nicht während des Spiels!)

¡Que me lo digan a mí!
(Sie sollen es mir sagen!)

92 Im Urlaub hat jeder seine eigenen Wünsche und Vorstellungen. Formuliere Wunschsätze mit *ojalá/ojalá que* und verwende dabei das *presente de subjuntivo*.

a) *buen tiempo:* ¡Ojalá que haga buen tiempo en la montaña!

b) *curso de buceo no costar mucho:* ______________________

c) *viento fuerte, agua no fría:* ______________________

d) *excursión en camello:* ______________________

e) *mucha nieve:* ______________________

f) *ver flamencos:* ______________________

Wann wird der *subjuntivo* im Nebensatz verwendet?
Der *subjuntivo* wird im Nebensatz nach bestimmten **unpersönlichen Ausdrücken**, nach bestimmten **Verben** und **Konjunktionen** verwendet.

Welche unpersönlichen Ausdrücke lösen den *subjuntivo* aus?

es (im)posible que	es ist (un)möglich, dass
es bueno/malo que	es ist gut/schlecht, dass
es difícil/fácil que	es ist schwer/leicht, dass
es fundamental que	es ist wesentlich, dass
es imprescindible que	es ist unumgänglich, dass
es importante que	es ist wichtig, dass
es mejor que	es ist besser, dass
es normal que	es ist normal, dass
es necesario que	es ist nötig, dass
es estupendo que	es ist super, dass
es (im)probable que	es ist (un)wahrscheinlich, dass

Beispiele: Es mejor que primero termines con tus deberes.
Es probable que no tenga tiempo a esa hora.

93 El Molino ist ein Stadtteil im argentinischen San Rafael mit vielen Problemen. Eine Reihe von jungen Anwohnern hat einen runden Tisch gegründet, um Wege aus der Krise zu finden. Überlege dir zu jeder Feststellung einen Satz mit einem unpersönlichen Ausdruck. Verwende das *presente de subjuntivo.*

a) El ayuntamiento no encuentra una solución para El Molino.
Es necesario que los políticos intenten encontrar una solución para nuestro barrio.

b) Hay mucha violencia, asesinatos y robos.

c) Los jóvenes de El Molino muchas veces no consiguen un trabajo por ser de este barrio.

d) Algunas calles están en tan mal estado que ya no se puede pasar con coche.

e) Muchos niños no van al colegio.

f) Las calles están llenas de basura.

g) Después de las ocho de la tarde ya no circulan autobuses ni taxis en El Molino.

Welche Verben und Ausdrücke lösen den *subjuntivo* aus?

- Verben und Ausdrücke, die einen **Ratschlag** beinhalten, z. B.

  aconsejar que (raten, dass) *recomendar que* (empfehlen, dass)

  Beispiele: Te aconsejo que dejes de fumar.
  Os recomendamos que vayáis pronto a la agencia de viajes.

- Verben und Ausdrücke, die **Wünsche, Erwartungen** oder **Möglichkeiten** ausdrücken, z. B.

  querer que (wollen, dass)
  desear que (sich wünschen, dass)
  preferir que (vorziehen, dass)
  esperar que (hoffen, dass)
  puede ser que (es ist möglich, dass)

  Beispiele: Pedro desea que no llegues tarde.
  Espero que no te enfades conmigo.
  Puede ser que vaya todavía a la fiesta, pero no lo sé.

- Verben und Ausdrücke, die **Gefallen** oder **Missfallen** ausdrücken, z. B.

  me gusta que (es gefällt mir, dass)
  me encanta que (es gefällt mir sehr, dass)
  me molesta que (es stört mich, dass)
  me fastidia que (es ärgert mich, dass)

  Beispiele: No me gusta que vengas siempre tarde.
  Me molesta que Rafael se comporte así.

- Verben und Ausdrücke, die Gefühle wie **Angst, Bedauern** oder **Freude** ausdrücken, z. B.

alegrarse de que (sich freuen, dass)
sentir que (bedauern, dass)
tener miedo de que (Angst haben, dass)
es una pena que (es ist schade, dass)
es una lástima que (es ist schade, dass)

Beispiele: Tengo miedo de que Carmen no me crea.
Es una pena que no podamos ir a la fiesta de Inés.

Beachte: Verben des **Meinens** und **Glaubens** verlangen die Verwendung des *subjuntivo* nur, wenn sie **verneint** werden.

Beispiele: No creemos que nuestros padres sepan bailar tango.
No parece que Iñaki tenga muchas ganas de ir a cenar.

94 Kevin hat sich bei der Touristeninformation in Madrid für ein Praktikum beworben und ist zu einem Auswahlgespräch eingeladen. Er spricht mit seinen spanischen Freunden Iñaki und Alejandro darüber. Setze vor die Form des *subjuntivo* jeweils einen der folgenden Auslöser (in der korrekten Verbform).

SER UNA LÁSTIMA QUE – RECOMENDAR QUE – NO CREER QUE – SER UNA PENA QUE – ALEGRARSE DE QUE – MOLESTAR QUE – PUEDE SER QUE – ESPERAR QUE (2×) –ACONSEJAR QUE – GUSTAR QUE – PREFERIR QUE – QUERER QUE

KEVIN: Iñaki, Alejandro, *puede ser que* me **quede** más tiempo en Madrid porque acabo de recibir una carta de la oficina de turismo y me han invitado a hablar con el jefe.

IÑAKI: ____________ te **salga** bien la entrevista, Kevin. Así te quedas más tiempo aquí en Madrid.

ALEJANDRO: ____________ **tengas** esta oportunidad porque ____________ **estés** todavía aquí en verano, ya que tenemos todavía muchas cosas pendientes *(unerledigt)*.

KEVIN: Pero ____________ **sea** tan fácil conseguir el puesto de prácticas. ____________ todavía no **hable** mejor el español.

ALEJANDRO: Te ____________ no te **pongas** nervioso. Tu español es bastante bueno y no me ____________ siempre te **critiques** tanto.

Kevin: Ya veo que los dos __________ **esté** tranquilo, pero __________ algunas veces todavía me **falten** las palabras.

Iñaki: Te __________ **prepares** un poco los temas más importantes y así __________ no **tengas** que tener miedo a esta entrevista.

Kevin: __________ no **podáis** ir conmigo a la entrevista. Así no tendría ningún problema.

Nach welchen Konjunktionen muss der *subjuntivo* verwendet werden?
Der *subjuntivo* steht nach bestimmten Konjunktionen wie *para que* (um zu, damit), *sin que* (ohne dass) und *en caso de que* (gesetzt den Fall, dass).

Beispiele: Hablan con el alcalde para que les ayude con sus problemas.
En caso de que Antonio venga, se lo diré.

Wann wird der *subjuntivo* noch verwendet?
Der *subjuntivo* wird in einigen **feststehenden Ausdrücken** verwendet, z. B. *sea como sea* (wie dem auch sei), *pase lo que pase* (was immer auch geschieht) oder *hagas lo que hagas* (egal, was man tut).

Beispiele: Sea como sea, voy a ver la nueva película de Brad Pitt.
Hagas lo que hagas, la gente te critica.

95 Ejercicio mixto: El Señor Muñoz (III). Die Schüler haben ein Problem mit ihrem Mathematiklehrer Sr. Muñoz. Um die Situation zu verändern, notieren sie, wie die Zusammenarbeit zwischen Lehrer und Klasse verbessert werden könnte. Bilde vollständige Sätze und verwende dabei das *presente de subjuntivo.*

el Sr. Muñoz:

- Es imprescindible que el Sr. Muñoz **darnos** más tiempo para que **entender** sus explicaciones.
- Es importante que **poder** hacer una pregunta sin que el Sr. Muñoz **enfadarse**.
- Queremos que el Sr. Muñoz no **darnos** tantos deberes para que **tener** más tiempo para las otras asignaturas.

Nosotros:

- Es mejor que fijarse (nosotros) para que el Sr. Muñoz no tener que explicar todo tres veces.
- Es necesario que el Sr. Muñoz poder darnos deberes sin que protestar.
- Ser como ser, es importante que cada uno de nosotros esforzarse para que las clases ser más agradables.

Es imprescindible que el Sr. Muñoz nos dé más tiempo para que entendamos sus explicaciones.

96 **Ejercicio mixto:** Nach einem Gespräch mit Che Guevara* schreibt ein Journalist einen Text über dessen Vorstellungen. Lies den Text, kennzeichne die Formen des *presente de subjuntivo*, unterstreiche die entsprechenden Auslöser und trage beides in die Tabelle ein.

La primera impresión de Che Guevara es positiva. Se trata de una persona sencilla y simpática. No me parece que **sea** arrogante como se ha dicho en algunas ocasiones. Para él es importante dar buena impresión a la persona con la que habla. Sin embargo, no le gusta que le pregunten sobre la muerte de sus enemigos políticos. En estos casos se altera *(aufregen)* rápido.
Quiere que el Estado ofrezca a todo el pueblo el mismo nivel de vida y que dé las mismas oportunidades a todos. Tampoco cree que las diferencias entre ricos y pobres sean una ley natural. Espera que el nuevo Gobierno cubano pueda convencer también a los ricos para que luchen por el futuro de Cuba, porque dice que todos los cubanos son importantes. Les recomienda que trabajen en las instituciones de Cuba para que, por ejemplo, los niños reciban una educación. Dice que es una pena que a Cuba le falte el dinero necesario para llevar a cabo todos los proyectos que tiene.
Sin embargo, le fastidia que existan gobiernos que no están de acuerdo con la política cubana. A pesar de todo, se alegra de que el mundo siga los pasos de la Revolución Cubana, pero le molesta que haya tantos artículos sobre su persona.

* **Ernesto Guevara de la Serna** (Che Guevara) wurde 1928 in Argentinien geboren und starb 1967 bei dem Versuch, in Bolivien einen revolutionären Umsturz herbeizuführen. Er wirkte zusammen mit Fidel Castro maßgeblich an der Kubanischen Revolution (1959) mit. Nach seinem Tod erreichte er vor allem bei gesellschaftskritischen, politisch interessierten Jugendlichen nahezu Kultstatus. Kritiker verweisen allerdings darauf, dass er für die Unterdrückung und Ermordung von politischen Gegnern verantwortlich war.

Auslöser, Signalwort	Subjunktivform	Infinitiv
no me parece que	*sea*	*ser*

97* **Ejercicio mixto:** Im Folgenden wurden Sätze aus einem Interview mit einem Kubaner, der für die kubanische Politik ist, und einem Exilkubaner, der ein erklärter Gegner der kubanischen Politik ist, gemischt. Deine Aufgabe ist es nun, die spanischen Satzhälften zu verbinden. Setze das Verb vom Infinitiv in die passende Form des *subjuntivo*. Ordne die Sätze einem der beiden Interviewten zu (die allgemeine Information über Kuba kann dir dabei helfen).

> Seit der Revolution im Jahr 1959, bei der der Diktator Fulgencio Batista gestürzt wurde, ist **Kuba** ein sozialistischer Staat. Fidel Castro (geboren 1926) war von 1959 bis 2008 Regierungschef Kubas, mittlerweile regiert – aus Alters- und Gesundheitsgründen – sein Bruder Raúl. Kuba leidet seit vielen Jahren stark unter von den USA verhängten wirtschaftlichen Sanktionen und fallenden Zuckerpreisen. Der Tourismus bringt wichtige Devisen ins Land.
> Das sozialistische Regime richtete einerseits ein im Vergleich mit anderen lateinamerikanischen Ländern außergewöhnlich gutes Bildungs- und Gesundheitssystem ein und garantiert seinen Bürgern eine Versorgung mit dem Lebensnotwendigen. Andererseits fliehen jährlich Tausende von Kubanern auf Booten ins benachbarte Florida, um politischen Repressalien und wirtschaftlicher Armut zu entkommen.

Kuba hat viele Gesichter: Links die berühmte Uferpromenade (el Malecón) in der Hauptstadt **Havanna**, rechts das **Valle de Viñales**, wo der Tabak-Anbau eine wichtige Rolle spielt.

Tenemos que entendernos mejor con EE UU para que	(venir) más turistas a nuestra isla.
No creo que	el sistema político de Cuba (sobrevivir) mucho a Fidel Castro.
Sobre todo me molesta que	el precio del azúcar (estar) tan bajo, porque de esto vivimos.
Espero que	el Gobierno (hacer) reformas para mejorar nuestra situación.
Para mí es absolutamente necesario que	(cambiar) el Gobierno en Cuba.
Es importante que	nuestro nuevo líder (empezar) con unas reformas necesarias.
Sinceramente no me gusta que	el Gobierno no (permitir) elecciones democráticas.
Realmente quiero que	todos los cubanos, dentro y fuera de Cuba, (poder) vivir en libertad.
El problema es que nuestro Gobierno siempre nos aconseja que	(luchar) por nuestra Revolución, pero los políticos no hacen nada en concreto.
Es una pena que	mucha gente (tener que) salir del país para vivir bien.

Glasklares Wasser und schöne Strände locken viele Touristen nach Kuba. Es gibt aber viel mehr zu sehen, zum Beispiel die zahlreichen Oldtimer (Mitte), die aus der Not heraus – der Import von Neuwägen ist viel zu teuer für die meisten Kubaner – liebevoll gehegt und gepflegt werden, oder auch die alte Kolonialstadt **Trinidad** (rechts).

Kubaner	Exilkubaner
Tenemos que entendernos mejor con EE UU para que vengan más turistas a nuestra isla.	*No creo que el sistema político de Cuba sobreviva mucho a Fidel Castro.*

9.3 Indikativ oder *subjuntivo*?

Nach bestimmten Auslösern (siehe Kapitel 9.2) **muss** der *subjuntivo* verwendet werden. Es gibt im Spanischen allerdings auch Fälle, wo es vom Kontext abhängt, ob Indikativ oder *subjuntivo* benötigt werden, z. B.

- in **Relativsätzen** und
- nach bestimmten **Konjunktionen**.

Wann wird im Relativsatz der Indikativ, wann der *subjuntivo* benötigt?

- Ist die im Relativsatz ausgedrückte Handlung oder Eigenschaft eine **Tatsache**, so steht der **Indikativ**.

  Beispiele: Tengo un amigo que se llama Pedro.
  (→ Ich habe einen Freund namens Pedro.)

  Hacemos lo que dice Juan.
  (→ Wir wissen, was Juan sagt, und tun genau das.)

  Buscan a la profesora que habla alemán.
  (→ Die gesuchte Lehrerin spricht Deutsch.)

- Ist die im Relativsatz ausgedrückte Handlung oder Eigenschaft **nicht existent** (keine Tatsache) oder wird im Relativsatz ein **Wunsch** ausgedrückt, so steht der ***subjuntivo***.

  Beispiele: No tengo ningún amigo que se llame Pedro.
  (→ Es existiert kein Freund namens Pedro.)

  Hacemos lo que diga Juan.
  (→ Wir wissen nicht, was Juan sagt/sagen wird, aber wir machen es.)

  Buscan a una profesora que hable alemán.
  (→ Gesucht wird eine Lehrerin, die Deutsch sprechen kann.)

98 Schau dir die folgenden Relativsätze an. Bestimme, ob es sich um einen Indikativ oder einen Subjunktiv handelt und begründe dann die jeweilige Verwendung.

a) El marido hace todo lo que dice su mujer.

indicativo — *Der Mann macht genau das, was seine Frau ihm sagt.*

b) El marido hace todo lo que diga su mujer.

subjuntivo — *Der Mann weiß noch nicht, was seine Frau sagt/sagen wird, aber er wird es machen.*

c) ¿Es verdad que no conocéis a nadie que cante en español?

______________ ______________________________

____

d) Buscan a una persona que tenga conocimientos de chino.

______________ ______________________________

____

e) Ya han encontrado a un chico que tiene conocimientos de chino.

______________ ______________________________

____

f) Esta chica hace todo lo posible por conseguir un buen trabajo.

______________ ______________________________

____

g) Hago lo que sea necesario para conseguir este trabajo.

______________ ______________________________

____

99 Indikativ oder *subjuntivo*? Streiche die falsche Form.

a) Deseo tener un perro que **~~es~~/sea** un buen compañero.
b) A lo mejor es difícil, pero buscamos un coche que **gasta/gaste** menos de cinco litros por 100 kilómetros.
c) Juan tiene una abuela que **sabe/sepa** patinar sobre hielo.
d) No hay ningún país que me **interesa/interese** más que Perú.
e) Perú es un país que me **interesa/interese** mucho.
f) Mi vecina tiene un papagayo que **habla/hable** todo el día.
g) ¿Buscáis un piso que **tiene/tenga** más de 110 m^2 *(metros cuadrados)*?
h) Me gusta la idea de tener un amigo que **sabe/sepa** bailar como Michael Jackson.

Nach welchen Konjunktionen sind Indikativ oder Subjunktiv möglich?

- Hat *mientras* die Bedeutung von **während**, wird der **Indikativ** verwendet.
  Hat *mientras* die Bedeutung von **solange**, wird der ***subjuntivo*** verwendet.

  Beispiele: Mientras hace sus deberes, escucha música.
  Tienes que hacerlo mientras tengas tiempo.

- Hat *cuando* die Bedeutung von **(immer) wenn** oder **als**, wird der **Indikativ** verwendet.
  Hat *cuando* die Bedeutung von **sobald** oder **wenn**, wird der ***subjuntivo*** verwendet.

  Beispiele: Juega al balonmano cuando quiere.
  Cuando veas a Martín, verás como ha cambiado.

- Hat *aunque* die Bedeutung von **obwohl**, wird der **Indikativ** verwendet.
  Hat aunque die Bedeutung von **selbst wenn**, wird der ***subjuntivo*** verwendet.

  Beispiele: Sale todavía de casa aunque ya son las once de la noche.
  Aunque lo digan, no están de acuerdo.

- Bei *hasta que* (bis) ist zu unterscheiden:
  Das Ende einer Handlung liegt in der **Vergangenheit** → Indikativ
  Das Ende einer Handlung liegt noch in der **Zukunft** → *subjuntivo*

  Beispiele: Se quedó en su pueblo hasta que empezó a estudiar.
  Se queda en su pueblo hasta que empiece a estudiar.

100 Übersetze und entscheide dich dabei für Indikativ oder *subjuntivo*.

a) Immer wenn du hereinkommst, ist der ganze Boden dreckig.

____

____

b) Sobald du deine Hausaufgaben fertigmachst *(terminar con)*, gehen wir einkaufen.

____

____

c) Wir fangen nicht mit dem Mittagessen an, bis ihr kommt.

____

____

d) Selbst wenn es regnet, gehen wir an den Strand.

____

____

e) Ihr geht in das Konzert, obwohl es sehr teuer ist.

____

____

f) Während wir in der Bar einen Kaffee trinken, ruft Daniel uns dreimal an.

____

____

g) Solange sie kann, hört Chenoa laut Musik *(escuchar música a tope)*.

____

____

h) Immer wenn ich Zeit habe, telefoniere ich mit meinen Freunden.

____

____

101 **Ejercicio mixto:** Jordi und seine Freundin Cristina sprechen über ihre Eltern, die Schule und Berufsaussichten. In ihrem Dialog fehlen fast alle Verben. Entscheide dich jeweils für den Indikativ oder den Subjunktiv. Falls du unsicher bist, schau dir noch einmal die entsprechende Regel an.

JORDI: No _me encuentro_ (encontrarse) bien.

CRISTINA: ¿Qué __________ (pasar), Jordi? ¡Cuéntame!

JORDI: He tenido una discusión con mis padres porque __________ (querer/ellos) que __________ (estudiar) más y que __________ (sacar) mejores notas. Para ellos ______ (ser) importante que __________ (hacer) la carrera de medicina. El problema ______ (ser) que cuando se __________ (poner/ellos) así, __________ (enfadarse/yo) y al final siempre __________ (salir/yo) gritando.

CRISTINA: Bueno, siempre ________ (ser) mejor que ________________ (tener) buenas notas, pero lo que importa es: ¿ ________________________ (querer) tú ser médico?

JORDI: No lo ________ (saber) todavía. Hasta que __________________ (terminar) el bachillerato, me ____________________ (quedar) todavía mucho tiempo.

CRISTINA: A lo mejor ya ____________________ (poder) decirles eso, que no lo ____________________ (decidir) hasta que no lo __________________ (pensar) con más tranquilidad.

JORDI: _______ (Ser) difícil que ____________________ (aceptar/ellos) esto porque ellos _________ (ser) de ideas muy fijas. __________________ (Querer) que su hijo _________ (ser) más que ellos.

CRISTINA: Claro, pero _______ (ser) fundamental que ____________________ (entender) tu posición. ¡Ojalá que ________________________ (arreglarse) todo otra vez!

JORDI: Por supuesto, pero tus padres _________ (ser) diferentes en este aspecto.

CRISTINA: Sí, de momento no tengo problemas en casa. Mientras ___________ (seguir) sacando buenas notas, no ___________ (haber) discusiones, pero ellos también ____________________ (preferir) que _________ (ir) a la universidad.

JORDI: ¿Ya ______________ (saber) si _________________ (querer) estudiar?

CRISTINA: _____________ (Creer) que sí, pero no __________________ (pensar) que __________________________ (elegir) la carrera de medicina. Me _______________________ (interesar) más los idiomas.

JORDI: No ____________________________________ (sorprenderse) porque ________________ (ser/tú) la mejor en alemán e inglés. A lo mejor __________________________ (tener que) hablar con la señora Fuertes para que te ___________________________ (recomendar) alguna carrera que __________________ (poder) ser interesante para ti.

CRISTINA: Pero Jordi, no __________ (haber) nadie que ______________ (saber) mejor que yo lo que me ______________________ (convenir) hacer.

JORDI: No lo ________________ (dudar). Pero es posible que te __________ (dar) alguna idea que hasta ahora no se te había ocurrido.

102* **Ejercicio mixto:** Auf die Initiative von Jordi hin schreibt Kathrin, die deutsche Assistenzlehrerin an Jordis und Cristinas Schule, einen Brief an Cristina. Da Jordi kein Deutsch versteht, muss Cristina ihm den Brief übertragen. Achte dabei besonders auf die Verwendung von Indikativ und Subjunktiv.

Liebe Cristina,

ich habe von Jordi gehört, dass du noch nicht genau weißt, was du nach dem Abitur machen willst. Ich glaube, dass deine Stärke die Sprachen sind. Zumindest in Deutsch ist es sicher, dass du die Beste im Kurs bist. Es ist schade, dass du nicht noch den Italienischkurs bei Frau Visconti machst, denn auch dort bin ich sicher, dass du das schaffst.
Vielleicht stört dich an einem Sprachenstudium, dass man hinterher sehr oft auf den Lehrerberuf festgelegt wird, aber es stimmt nicht, dass das der einzige Weg ist. In vielen Teilen der Wirtschaft ist es unabdingbar, dass man Sprachen beherrscht. Viele Firmen bevorzugen, dass ihre Mitarbeiter neben Englisch auch noch eine oder zwei weitere Sprachen sprechen.
Wenn deine Eltern wollen, dass du Medizin studierst, dann musst du ihnen unbedingt sagen, dass man immer erfolgreicher in einem Beruf ist, der einem Spaß macht.
Ich hoffe, dass du eine für dich richtige Entscheidung triffst, aber ich kann dir nur empfehlen, dass du deinen Interessen folgst.

Liebe Grüße und bis nächste Woche

Kathrin Polster

Escucha, Jordi. Escribe: Me he enterado por Jordi que todavía no sabes exactamente lo que vas a hacer después del bachillerato.

9.3 Die Bildung und Verwendung des *condicional simple*

Wie wird das *condicional simple* gebildet?

Zur Bildung des Konditionals werden an den **Infinitiv** die **Endungen *-ía, -ías, -ía, -íamos, -íais, -ían*** angehängt.

Beispiele:

	pensar	**aprender**	**abrir**
(yo)	pensaría	aprendería	abriría
(tú)	pensarías	aprenderías	abrirías
(él/ella, usted)	pensaría	aprendería	abriría
(nosotros/as)	pensaríamos	aprenderíamos	abriríamos
(vosotros/as)	pensaríais	aprenderíais	abriríais
(ellos/as, ustedes)	pensarían	aprenderían	abrirían

103 Setze die Verben in die korrekte Form des Konditionals.

decidir	yo *decidiría*
cantar	nosotros ______
volver	tú ______
cerrar	vosotras ______
pedir	ellas ______
marcar	tú ______
encontrar	yo ______
existir	él ______
entender	ellos ______
sufrir	vosotros ______

Welche Verben weisen im *condicional simple* unregelmäßige Formen auf?

Zu den häufig gebrauchten Verben, bei denen sich im Konditional der **Wortstamm** ändert (nicht aber die Endungen), zählen u. a.

venir →	yo **vendría**	haber →	yo **habría**	hacer →	yo **haría**
poner →	yo **pondría**	decir →	yo **diría**	saber →	yo **sabría**
salir →	yo **saldría**	querer →	yo **querría**	tener →	yo **tendría**
poder →	yo **podría**				

Beachte:
- Diese **Unregelmäßigkeit** im Stamm gilt auch für **zusammengesetzte Verben** (z. B. *detener* → *detendría, proponer* → *propondría).*
- Die Stammänderungen im *condicional simple* sind identisch mit denen im synthetischen **Futur** (siehe Kapitel 8, Das Futur).

104 Setze die Verben in die korrekte Form des Konditionals.

haber	él *habría*
querer	nosotros ______
proponer	tú ______
tener	ellos ______
hacer	vosotros ______
saber	tú ______
salir	yo ______
poder	ella ______
venir	yo ______
mantener	nosotras ______

Wann wird das *condicional simple* verwendet?
Der *condicional* drückt eine **mögliche Handlung** oder einen **möglichen Zustand** aus. Er wird z. B. verwendet, um
- einen **unerfüllbaren Bedingungssatz** zu bilden;
- das deutsche ***würde* + Infinitiv** auszudrücken;
- eine **höfliche Bitte** zu formulieren.

Beispiele: ¿Has hablado ya con tus padres? Yo se lo contaría en seguida.
¿Me podrías dar la mantequilla, por favor?

105 Im Grenzgebiet zu Costa Rica befindet sich das Zentrum der panamaischen Bananenproduktion. Es gibt dort sowohl multinationale Unternehmen als auch kleine Bananenbauern. Für die Bauern ist es nicht leicht, ihren Lebensunterhalt zu bestreiten. Im folgenden Gespräch äußern die Bauern, europäische Kunden sowie Repräsentanten von Fair-Trade- und Umweltorganisationen ihre Wünsche. Setze die Verben in die entsprechende Form des Konditionals.

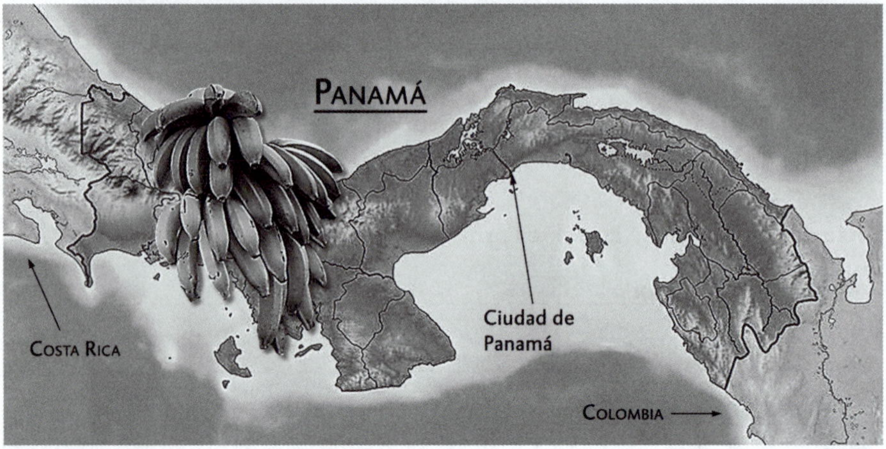

los campesinos

a) Necesitaríamos (necesitar/nosotros) precios más altos para vivir mejor.

b) ______ (ir/yo) a la capital para buscar trabajo, pero allí tampoco __________ (tener) muchas perspectivas.

c) Mi vecino y yo ______________________________ (cultivar) también otros productos, pero los precios en general son muy bajos.

d) No ________________ (saber) qué hacer sin mi finca de plátanos, porque esto __________________ (suponer) el final de una tradición familiar.

e) ________________________________ (Tener que/nosotros) trabajar juntos para ganar más dinero.

f) ¿______________ (Hacer/tú) una huelga *(Streik)* para llamar la atención?

g) _________ (Decir/yo) que con una huelga no ____________________ (conseguir/nosotros) nada, porque las grandes empresas ______________ (seguir) produciendo mientras que nosotros ________________________ (perder) clientes.

representantes de clientes europeos

a) Creo que los europeos ________________ (estar) dispuestos *(bereit)* a pagar más por los plátanos.

b) La única condición ______________ (ser) tener una garantía para que mejore la situación de los campesinos.

c) La subida de los precios ____________ (poder) tener como consecuencia que muchas familias ____________________________ (comprar) menos plátanos.

d) ____ (Tener que/nosotros) mirar más de dónde son los plátanos.

representantes de empresas que están a favor de un comercio justo

a) ¿ __________________________ (Gastar/vosotros) más dinero para comprar productos producidos por campesinos con pequeñas plantaciones?

b) Muchos clientes ____________________________________ (decidirse) sin duda por los productos más baratos.

c) Para nosotros ya ________________ (ser) un éxito subir la producción de los campesinos a un 5 %.

representantes de grupos que luchan por la conservación del medio ambiente

a) José, ¿ _________________________ (echar) menos pesticidas a tus plátanos para conservar el medio ambiente?

b) Con precios más altos __________________________ (reducirse) también la necesidad de utilizar tantos pesticidas.

c) Con plantaciones más pequeñas ____ (contribuir/vosotros) algo para ayudarnos en nuestra lucha por la biodiversidad *(Artenvielfalt)* en Latinoamérica.

d) ____________ (ser) un primer paso para conseguir que la gente se dé cuenta de los problemas que hay.

106* Du besuchst die Insel Bastimentos vor der panamaischen Küste. Was würdest du in den folgenden Situationen tun? Die Bilder können dir bei der Antwort helfen. Verwende das *condicional.*

a) No puedes dormir la siesta porque cerca de tu ventana hay monos cariblancos *(Weißkopfaffen)* que meten ruido.

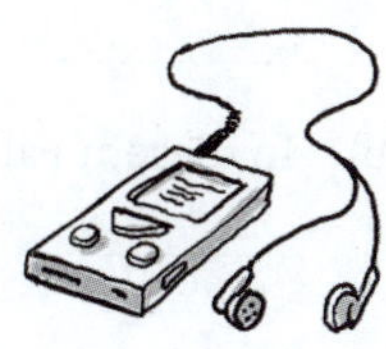

Escucharía música en mi reproductor mp3 y seguramente me dormiría pronto.

b) Andas por la isla y te pierdes. Llegas a una playa solitaria.

c) En el hostal te dan en todas las comidas plátanos, pero no sabes cómo explicar al cocinero en español que no te gustan.

d) La policía te detiene porque tus papeles no están en orden.

107* Übersetze die folgenden Sätze ins Spanische und verwende dabei den Konditional.

a) Könntet ihr mir bitte helfen, die Bananen zum Markt zu bringen?

b) Es würde uns sehr helfen, Geld von der Regierung zu bekommen.

c) Warum würdest du gerne einige von den großen Plantagen schließen?

d) Das wäre eine gute Idee, weil die großen Firmen dann weniger produzieren würden und wir unsere Bananen besser verkaufen könnten.

e) In diesem Fall würde ich auch mehr für die Bananen bezahlen.

9.5 Der bejahte und verneinte Imperativ

- Mit dem **bejahten Imperativ** wird jemand dazu aufgefordert, eine **Handlung auszuführen**.
- Mit dem **verneinten Imperativ** wird jemand dazu aufgefordert, eine Handlung **nicht auszuführen**.

Wie wird der bejahte Imperativ für *tú* und *vosotros/as* gebildet?

- Der Imperativ für *tú* entspricht dem **Indikativ Präsens** der **3. Person Singular** (zur Bildung des Indikativ Präsens siehe Kapitel 3).

  Beispiele: Abre la puerta, por favor.
  Compra el periódico en aquel quiosco, Alex.

- Der Imperativ für *vosotros/as* wird gebildet, indem an den **Wortstamm** die Endungen ***-ad, -ed*** oder ***-id* angefügt** werden.

  Beispiele: Venid y mirad lo que tengo aquí.
  Leed el libro hasta mañana.

  Beachte: Anstelle des Imperativs der 2. Person Plural kann auch der **Infinitiv** verwendet werden.

  Beispiel: Venir aquí.

108 In Klassenarbeiten, Tests sowie im Unterricht werden Arbeitsaufträge im Imperativ formuliert. Übersetze die folgenden typischen Arbeitsaufträge, die du sicher schon das ein oder andere Mal gehört hast, ins Spanische.

a) Übersetze die folgenden Sätze ins Spanische.

Traduce las siguientes frases al español.

b) Wandle die Verben in die richtige Form des Subjunktivs um.

____

____

____

c) Vergleicht die beiden Zeichnungen miteinander.

____
____
____

d) Löse die Aufgabe und verwende die folgenden Wörter.

____
____
____

e) Am Schluss zählt eure Wörter.

____
____
____

f) Schreibt einen Text über euch.

____
____
____

g) Beschreibt das Foto auf der linken Seite des Textes.

____
____
____

h) Begründe deine Meinung zu *(acerca de)* dem Thema des Textes.

____
____
____

Welche Verben bilden den bejahten Imperativ der 2. Person Singular unregelmäßig?

decir → **di**
hacer → **haz**
ir → **ve**
venir → **ven**
poner → **pon**
ser → **sé**
tener → **ten**

Beachte: Diese Unregelmäßigkeit bleibt auch bei **zusammengesetzten** Verben erhalten (z. B. *suponer* → *supón*). Die Betonung liegt dabei auf der letzten Silbe.

109 **Ejercicio mixto:** Diese Ratschläge geben dir deine Eltern nach deiner erfolgreichen Führerscheinprüfung, damit du sicher auf den Straßen unterwegs bist. Setze die Verben in den Imperativ der 2. Person Singular *(tú)*.

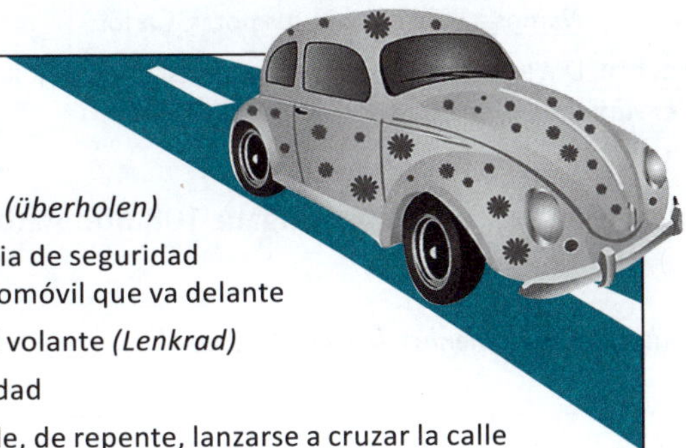

- **seguir** las reglas de tráfico
- **ser** paciente
- **tener** cuidado al adelantar *(überholen)*
- siempre **guardar** la distancia de seguridad entre tu automóvil y el automóvil que va delante
- **mantener** ambas manos al volante *(Lenkrad)*
- **poner** atención a tu velocidad
- **recordar** que un niño puede, de repente, lanzarse a cruzar la calle
- siempre **encender** las luces del coche

Sigue las reglas de tráfico.

Wie wird der bejahte Imperativ für *usted, ustedes* und *nosotros/as* gebildet?
Der Imperativ der 3. Person Singular und Plural sowie der 1. Person Plural basiert auf dem ***subjuntivo*** (zur Bildung des *subjuntivo* siehe Kapitel 9.1).

- Imperativ für ***usted*** = 3. Person Singular des *presente de subjuntivo*

  Beispiele: Tenga cuidado.
  Sr. Pérez, firme aquí, por favor.

- Imperativ für ***ustedes*** = 3. Person Plural des *presente de subjuntivo*

  Beispiele: Suban rápido al coche, por favor.
  Prueben nuestras tapas, señores, son deliciosas.

- Imperativ für ***nosotros/as*** = 1. Person Plural des *presente de subjuntivo* (umgangssprachlich wird auch oft das **periphrastische Futur** verwendet).

  Beispiele: Hablemos sobre tus notas, Carlos.
  Vamos a hablar sobre tus notas, Carlos.

  Beachte: Die Imperativform *vayamos (ir)* ist eher unüblich; stattdessen werden ***vamos*** oder ***vámonos*** verwendet.

110 Setze die Arbeitsaufträge aus Aufgabe 108 nun in die Höflichkeitsform *(usted/ ustedes)*.

a) Traduzca las siguientes frases al español.

111 Joaquín und Susana wollen sich auf die kommenden Prüfungen vorbereiten. Formuliere Aufforderungen aus den *kursiven* Satzteilen.

JOAQUÍN: ¡Qué rollo, lo de los exámenes!

SUSANA: La verdad es que sí, pero ¿qué remedio nos queda? ¿Cómo lo hacemos?

JOAQUÍN: *estudiar, vocabulario, inglés*
Estudiemos primero el vocabulario de inglés.

SUSANA: Vale. *hacer, también, lista de ejercicios*

____

____

JOAQUÍN: Además, *aprender, mejor, reglas gramaticales*

____

SUSANA: *tener en cuenta que, entrar también una redacción sobre algún tema actual*

____

____

JOAQUÍN: Es verdad. Entonces, *leer, periódico todos los días*

____

SUSANA: No basta con esto. *practicar a escribir textos*

____

JOAQUÍN: Bueno, entonces *empezar de una vez*

____

SUSANA: De acuerdo, pero estás bastante impaciente, majo.

Wo stehen die Objektpronomen beim bejahten Imperativ?
Die Objektpronomen werden **an den Imperativ angehängt**. Dabei muss ein **grafischer Akzent** gesetzt werden, falls sich die Betonung des Wortes durch die angehängte Silbe ändern würde.

Beispiele: ¡Dímelo ahora!
Lavadlas antes de que vuelva vuestro padre.
¡Háganlo, por favor!

Beachte:

- Im Imperativ der 1. Person Plural **entfällt** das auslautende ***-s***, wenn das Reflexivpronomen ***nos*** angehängt wird.

  Beispiele: ¡Levantémonos de una vez!
  ¡Duchémonos rápido porque vienen ahora!

- Im Imperativ der 2. Person Plural **entfällt** das auslautende ***-d***, wenn das Reflexivpronomen ***os*** angehängt wird. Von dieser Regel ausgenommen ist das Verb *irse*.

  Beispiele: ¡Despertaos, que ya es tarde!
  ¡Preparaos rápido!

112 Wandle die folgenden Aussagesätze in Befehls- bzw. Aufforderungssätze um.

a) Nos bañamos en el Mediterráneo.

Bañémonos en el Mediterráneo.

b) Os levantáis tarde durante las vacaciones.

____

c) Te vas al cine con tus amigas.

____

d) Me convences con tus nuevas ideas.

____

e) Nos lo dices ahora mismo.

____

f) Lo celebráis en un hotel.

____

g) La informamos un poco más tarde.

____

h) Os acostáis después de terminar la película.

____

i) Te afeitas todavía esta mañana.

____

j) Los coméis en este restaurante, porque aquí son buenos.

____

Wie wird der verneinte Imperativ gebildet?

Der **verneinte** Imperativ aller Personen und Verben wird mit den entsprechenden Formen des ***subjuntivo*** gebildet.

Beispiele: ¡Ven a mi casa! → ¡No vengas a mi casa!
¡Abrid los libros! → ¡No abráis los libros!
Levante la mano. → No levante la mano.
¡Hablen con ella! → No hablen con ella.

Beachte: Beim verneinten Imperativ stehen die **Pronomen** direkt **vor dem Verb**.

Beispiele: No lo tome tan en serio.
No se lo digas, por favor.

113 Eine Fußballmannschaft hat schon sieben Spiele hintereinander verloren. Der Trainer ist gar nicht glücklich darüber und hält den Spielern und dem Vereinspräsidenten eine Standpauke. Formuliere Aufforderungen und Befehle mit dem verneinten Imperativ.

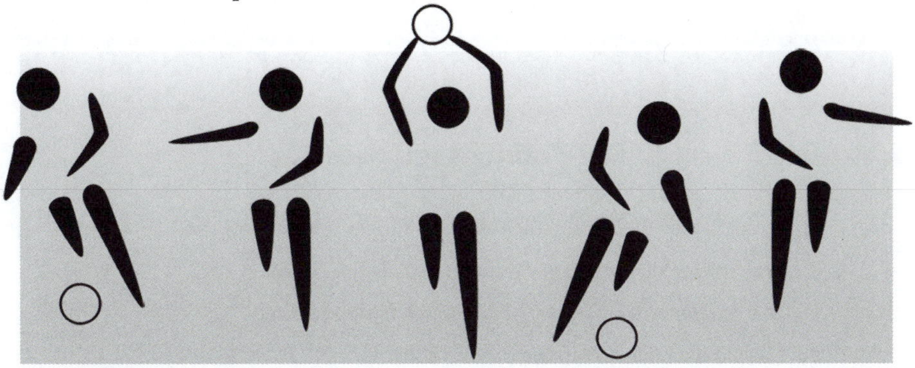

a) No os acostéis (acostarse) tarde la noche antes del partido.

b) Raúl, ______________ (pensar) tanto en las vacaciones, sino en ganar el partido.

c) ______________ (desayunar) cosas fuertes el día del partido.

d) Fernando y Miguel, ______________ (ir) a la discoteca esta semana.

e) ______________ (llegar) tarde al entrenamiento.

f) Francisco, ______________ (jugar) al tenis el día antes del partido.

g) ______________ (beber) alcohol en toda la semana.

h) Antonio, ______________ (criticar) tanto al presidente del club en tus entrevistas.

i) (Nosotros) ______________ (tener) miedo de los otros equipos.

j) Señor presidente, ______________ (dar) más entrevistas sobre mi futuro en el club.

k) Señor presidente, ______________ (buscar) a otros jugadores porque ya tenemos un buen equipo.

114* **Ejercicio mixto:** Schon oft haben deutsche Trainer spanische Fußballmannschaften trainiert (Ewald Lienen, Jupp Heynckes, Bernd Schuster). Da diese anfangs noch kaum Spanisch sprechen, brauchen sie Hilfe. Übertrage die folgenden Aussagen im Training sinngemäß ins Spanische.

Der Trainer sagt, dass …

a) er an Pablos Stelle pünktlich zum Training erscheinen würde.
b) die Spieler sich schon warmmachen (*calentarse*) sollen.
c) die Spieler am Anfang nicht so schnell laufen sollen.
d) Sergio die Bälle holen (*ir a buscar*) soll.
e) es besser ist, dass die Spieler jetzt eine kleine Pause (*descanso*) zum Trinken machen.
f) die Spieler nicht spät ins Bett gehen sollen, weil sie morgens zu müde sind.
g) es ihn ärgert, dass die Spieler nicht genug (*lo suficiente*) schlafen.
h) es notwendig ist, dass die Spieler ihre Ernährung umstellen (*cambiar*).
i) die Spieler noch eine Runde laufen (*dar una vuelta*) könnten.
j) die Spieler nicht so viel protestieren sollen, da man ohne Kondition kein Spiel gewinnen kann.
k) die Spieler daran denken (*acordarse*) sollen, sich immer zu konzentrieren.
l) Jorge nicht so egoistisch sein und mit seinen Mitspielern (*compañeros*) spielen soll.
m) er die Bälle selbst wegbringen (*llevar*) würde, aber keine Zeit mehr hat.

a) *Pablo, en tu lugar yo iría puntualmente al entrenamiento.*

… rund um den Satz

10 Das Passiv

Wenn man das direkte **Objekt** des Aktivsatzes zum **Subjekt** macht, entsteht ein **Passivsatz**. Die Bildung des Passivs ist in allen Zeiten und Modi möglich.

10.1 Das Passiv mit *ser*

Wie wird das Passiv mit *ser* gebildet?
Das Passiv *(la voz pasiva)* setzt sich zusammen aus der entsprechenden Form des Hilfsverbs ***ser*** und dem **Partizip** des Vollverbs. Der **Handelnde** wird durch die Präposition ***por*** angeschlossen.

Beispiele: Los proyectos son dirigidos por los estudiantes.
El imperio azteca fue destruido en 1519 por los europeos.

Beachte: In einer Passivkonstruktion muss das Partizip in **Geschlecht** und **Anzahl** an das Subjekt **angeglichen** werden.

Beispiele: Las naranjas fueron recogidas por los campesinos.
Esta casa fue construida por un arquitecto famoso, Antoni Gaudí.

115 Die Serie «Cuéntame cómo pasó» des Staatssenders TVE zeichnet den Übergang Spaniens von der Diktatur Francos hin zur Demokratie nach. Formuliere die folgenden Aktivsätze zur Serie und ihrem historisch-politischen Hintergrund in Passivsätze um.

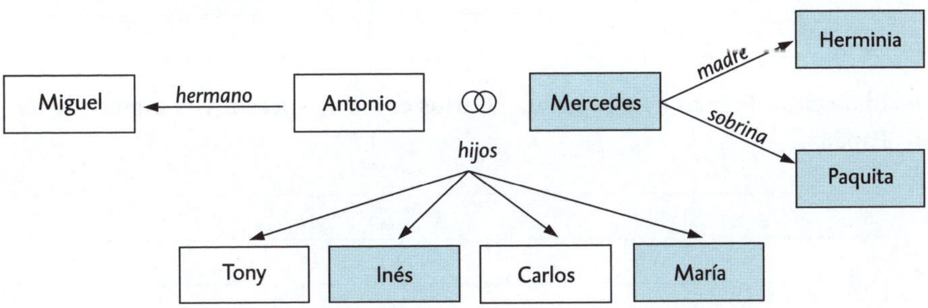

Cuéntame cómo pasó startete 2001 im spanischen Fernsehen und bisher gibt es ca. 160 Folgen. Die Serie ist in Spanien sehr beliebt und mehrfach preisgekrönt. Erzählt wird die Geschichte der Familie Alcántara (Eltern, Großmutter, vier Kinder) aus der Sicht des Sohnes Carlos. Die historisch-politischen Hintergründe der 60er- und 70er-Jahre (auch Ereignisse weltgeschichtlicher Bedeutung) spielen dabei in ihren Auswirkungen auf die Familie eine entscheidende Rolle.

➢ Carlitos, el tercer hijo de los Alcántara, narra la historia.
La historia es narrada por Carlitos, el tercer hijo de los Alcántara.

➢ Los productores de la serie situaron la historia de la familia Alcántara en el Madrid de los años 60 y 70.

➢ En 1968 ETA asesinó a un guardia civil.

ETA (Euskadi Ta Askatasuna = Baskenland und Freiheit) ist eine terroristische Organisation, die 1959 von Studenten gegründet wurde und die bis heute mit Anschlägen die Unabhängigkeit des Baskenlandes von Spanien erzwingen will. Nach ihrer Gründung hatte sie zunächst durchaus die Sympathie von Gegnern der Franco-Diktatur, da sie als Reaktion auf die Unterdrückung verstanden wurde. Heutzutage gibt es nur im Baskenland selbst noch eine Gruppe von Unterstützern.

➢ En 1969 los estudiantes madrileños paralizaron las universidades.

➢ La policía detuvo a Tony Alcántara por sus contactos con la protesta estudiantil.

➢ El dictador Franco nombró a Juan Carlos como su sucesor y el nuevo rey de España.

Francisco Franco (1892–1975) war zwischen 1939 und 1975 der allein herrschende Diktator Spaniens, **Juan Carlos** (geboren 1938) ist seit Francos Tod König von Spanien. Er führte das Land von der Diktatur in eine parlamentarische Monarchie.

- Un tribunal acusó a Antonio Alcántara de estafa *(Betrug)* inmobiliaria en 1970.

- A finales de 1970 un tribunal militar juzgó a algunos miembros de ETA en el llamado «Juicio de Burgos».

- Manifestantes en toda Europa criticaron al Gobierno español por este juicio.

- La caótica situación política en 1975 obligó a Inés Alcántara y a su marido a huir de Madrid.

- En octubre de 1975 los periódicos proclamaron la muerte del dictador Franco.

- Hoy la gente considera la serie como una de las mejores en la historia de la televisión española.

Welche Besonderheit gilt für den Gebrauch des Passivs im Präsens?
Das Passiv im Präsens wird in der Regel nur dann verwendet, wenn eine **allgemeingültige Aussage** getroffen wird.

Beispiel: Los candidatos son elegidos por los partidos.

Beachte: In der gesprochenen Sprache wird anstelle des Passivs meist ein Aktivsatz verwendet.

Beispiel: Los partidos eligen a los candidatos.

116 Das Ende der Diktatur bedeutete für Spanien eine rasche Demokratisierung. Bilde aus den Wörtern zunächst einen Aktivsatz und dann einen Passivsatz im Präsens über das System einer parlamentarischen Monarchie.

El pueblo elige al parlamento. - El parlamento es elegido por el pueblo.

10.2 Das unpersönliche reflexive Passiv

Mit dem unpersönlichen reflexiven Passiv kann die in der Alltagssprache unübliche **Passivkonstruktion vermieden** werden. Es wird verwendet, wenn es nicht bekannt oder nicht von Bedeutung ist, **wer** die Handlung ausführt. Wird ein Handelnder benannt, kann diese Form des Passivs **nicht** verwendet werden.

Wie wird das unpersönliche reflexive Passiv gebildet?
Das unpersönliche reflexive Passiv ist vergleichbar mit dem deutschen „man". Es setzt sich zusammen aus dem unpersönlichen *se* (man) und dem **Verb in der 3. Person Singular** oder **Plural**.

Beispiele: En Latinoamérica el español se habla en muchos países.
Se venden apartamentos con vistas al mar.

117 Setze den folgenden kurzen Text in das unpersönliche reflexive Passiv.

El libro español más famoso

La primera parte de este libro **publicar** en 1605. Las copias **vender** con tanto éxito que pocos años después **editar** un segundo tomo. Ambas partes **considerar** como obras clásicas de la literatura universal. Todavía hoy, este libro **leer** en más de 50 lenguas y **conocer** en el mundo entero.
¿Y cómo se llama este libro? Claro, es el Quijote («El ingenioso hidalgo Don Quijote de la Mancha») de Miguel de Cervantes y Saavedra*.

* **Miguel de Cervantes y Saavedra** (1547, Alcalá de Henares – 1616, Madrid) führte ein überaus ereignisreiches Leben: So verlor er beispielsweise eine Hand in einer Seeschlacht und wurde von Piraten entführt und gefangen gehalten. Im Jahr 1605 veröffentlichte er den ersten Teil seines Romans „El ingenioso hidalgo Don Quijote de la Mancha" über die Abenteuer eines glücklosen, fahrenden Ritters und seines Schildknappen Sancho Panza. Zusammen mit dem 1615 erschienenen zweiten Band zählt dieser Roman zu den großen Werken der Weltliteratur. Der Todestag von Cervantes fällt übrigens mit dem Todestag eines weiteren großen Autors der Weltliteratur zusammen: William Shakespeare.

La primera parte de este libro se publica en 1605.

118* Übersetze und verwende dabei das unpersönliche reflexive Passiv.

a) Die Werbung wird verteilt.
b) In Spanien wird viel Olivenöl verwendet.
c) Die wichtigen Arbeiten werden immer am Ende des Kurses geschrieben.
d) Viele spanische Produkte werden in andere europäische Länder exportiert.
e) In Mexiko werden immer noch mehr als 50 verschiedene Sprachen gesprochen.
f) Dieses Gebäude wird verkauft.

11 Vergleich und Steigerung

11.1 Adjektive

Wie werden im Spanischen Adjektive verglichen?

- Um **Ungleichheit** auszudrücken, wird ***más/menos*** + *adjetivo* + ***que*** verwendet.

  Beispiele: Buenos Aires es más grande que Santiago de Chile.
  En Madrid la vida es más cara que en las capitales latinoamericanas.

- Um **Gleichheit** auszudrücken, wird ***tan*** + *adjetivo* + ***como*** verwendet.

  Beispiele: Barcelona no es tan grande como Madrid.
  La Patagonia chilena es tan hermosa como la Patagonia argentina.

119 Bilde mithilfe der folgenden Angaben Vergleichssätze. Bei einigen Sätzen findest du Hinweise für den Vergleich, bei anderen musst du selbst urteilen.

largo	Tajo (1 007 km)	Amazonas (6 400 km)
atractivo	Jennifer López	Shakira
antiguo	La Habana (1519)	Santiago de Chile (1541)
rico	pizza	paella
famoso	película «Mar adentro»	película «Te doy mis ojos»
difícil	español	inglés
caro	litro de leche (España: 60 céntimos)	litro de leche (Alemania: 60 céntimos)

El Tajo es menos largo que el Amazonas.

Beim Superlativ (*el superlativo*) der Adjektive werden im Spanischen der **relative** und der **absolute** Superlativ unterschieden. Der absolute Superlativ drückt aus, dass eine Eigenschaft einen sehr hohen Grad erreicht hat (im Deutschen stehen dafür z. B. **sehr, äußerst, höchst, außerordentlich**).

Wie wird der relative Superlativ der Adjektive ausgedrückt?
Der relative Superlativ wird in der Regel ausgedrückt durch
el/la/los/las (+ *sustantivo*) + ***más/menos*** + *adjetivo*.

Beispiele: El Mulhacén es la montaña más alta de la Península Ibérica.
Este libro es el menos interesante.

120 Bilde aus den folgenden Satzteilen Sätze über Bolivien. Ordne dazu die Satzteile und setze die Adjektive in den relativen Superlativ.

a) que se encuentra en los Andes – alta – de Bolivia es – montaña – el Nevado Sajama con 6.542 m – La – más

b) fue la pérdida – a finales del siglo XIX – momento – de la historia boliviana – de su acceso al Pacífico – El – contra Chile – significativo – en la Guerra del Pacífico – más

c) el lago – de América del Sur (8.100 km²) – El lago Titicaca – alto – más – y el lago – del mundo (3.810 m) – es – más –grande

d) extenso – en el mundo (12.000 km²) – el – El salar de Uyuni – es – desierto de sal – más

e) es – más – El río Mamoré – largo – el río – del país (unos 2.000 km) – (un afluente del Amazonas)

f) las ruinas – importantes – de América del Sur – son unas de – más – Las ruinas de Tiwanaku

g) más – Santa Cruz – es – poblada – de Bolivia – la ciudad

h) las diferentes partes del país – entre – es – El conflicto social y político – grave – el – que tiene Bolivia – más – problema

a) La montaña más alta de Bolivia es el Nevado Sajama con 6.542 m que se encuentra en los Andes.

Einige Adjektive haben **unregelmäßige Komparativ-** und **Superlativformen**, vor denen *más/menos* entfällt.

Bei welchen Adjektiven sind Komparativ und relativer Superlativ unregelmäßig?

Positiv	*Komparativ*	*Superlativ*
bueno	**mejor**	**mejor**
malo	**peor**	**peor**
grande	**mayor**	**mayor**
pequeño	**menor**	**menor**
mucho	**más**	**más**
poco	**menos**	**menos**

Beispiele: Mi ordenador es peor que el suyo.
Ella tiene poco dinero, pero él tiene menos dinero todavía.

Beachte:

- Wenn sich *grande* und *pequeño* auf **messbare Größen** beziehen, werden sie **regelmäßig** gesteigert.
  Beispiel: Su coche es más pequeño que el nuestro.
- *Mayor* und *menor* werden auch benutzt, um das dt. „älter" und „jünger" auszudrücken.
  Beispiel: Elena es mayor que Joaquín, pero menor que Paula.
- Bei den unregelmäßigen Superlativen lautet die **Struktur:**
  el/la/los/las + ***mejor(es)/peor(es)/mayor(es)/menor(es)*** (+ *sustantivo*)
  Beispiele: Esta interpretación es la mejor de todas.
  El terremoto en Haití es una de las peores catástrofes de las últimas décadas.

121 Im Rennen um einen Arbeitsplatz sind noch zwei Kandidaten übrig. Gesucht wurde ein älterer, erfahrener Mitarbeiter mit guten EDV- und Englischkenntnissen. Der Personalchef hat die Vor- und Nachteile der Kandidaten aufgelistet. Vergleiche diese, indem du vollständige Sätze bildest.

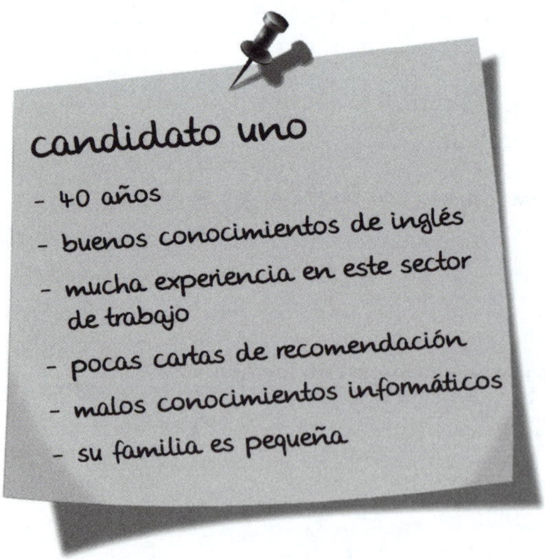

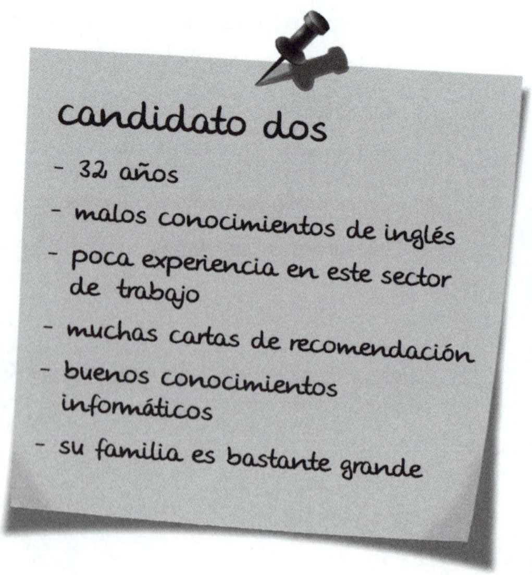

Las ventajas y desventajas del candidato **uno:**

El candidato uno es mayor que el candidato dos.

____

____

____

____

____

Las ventajas y desventajas del candidato **dos:**

El candidato dos tiene más cartas de recomendación que el candidato uno.

____

____

____

____

____

122 Setze die Adjektive in den relativen Superlativ.

a) ¿Quién será *el mejor candidato* (candidato/bueno) para nuestra empresa?

b) El ______________________ (momento/malo) será cuando tenga que decir a uno de los candidatos que no podemos cogerlo.

c) El candidato con ______________________ (conocimientos informáticos/buenos) podría actualizar nuestra página web.

d) Sin embargo, el candidato que ______________________ (experiencia/mucho) tenga podría ayudarnos a desarrollar nuevos conceptos. ¡Es difícil!

Wie wird der absolute Superlativ der Adjektive ausgedrückt?
Der absolute Superlativ wird gebildet, indem an das Adjektiv die Endung ***-ísimo/a*** angehängt wird. Dabei ist Folgendes zu beachten:

- Endet das Adjektiv auf einen **Vokal**, so **entfällt** dieser.

  Beispiele: importante → importantísimo
  bueno → buenísimo

- **C** wird vor dem hellen Vokal ***i*** zu ***qu***.

  Beispiel: rico → riquísimo

- Der **Akzent** des Adjektivs **entfällt**.

  Beispiel: fácil → facilísimo

123 Die folgenden Sätze beziehen sich auf das Märchen von Aschenputtel *(la Cenicienta)*. Setze das Adjektiv in den absoluten Superlativ.

a) La madrastra de Cenicienta es muy **mala**.
La madrastra de Cenicienta es malísima.

b) Cenicienta es muy **guapa**.

c) Sus hermanastras son bastante **feas**.

d) La ropa de Cenicienta para el baile del rey es muy **elegante**.

e) Para el príncipe Cenicienta es muy **interesante**.

f) Él es un príncipe muy **bueno**.

g) El príncipe está muy **triste** después de la desaparición de Cenicienta.

h) **Rápido** ordena buscar a la joven.

____

i) Encontrar a Cenicienta es bastante **difícil**.

____

j) Al final el príncipe y Cenicienta están muy **contentos**.

____

____

11.2 Adverbien

Wie werden im Spanischen Adverbien verglichen?

- Um **Ungleichheit** auszudrücken, wird ***más/menos*** + *adverbio* + ***que*** verwendet.

  Beispiele: Antonio anda más despacio que Penélope.
  Enrique anda menos despacio.

- Um **Gleichheit** auszudrücken, wird ***tan*** + *adverbio* + ***como*** verwendet.

  Beispiel: Laura anda tan despacio como Penélope.

124 Formuliere mithilfe der Vorgaben Sätze im Komparativ.

a) Francisco corre **rápido**. → Puri (–) → Lola (+)

b) Mi vecino canta **alegremente**. → yo (–) → tú (+)

c) Me adapto **fácilmente** a nuevas situaciones. → vosotras (+)
→ mis abuelos (–)

d) Cristina habla **francamente** de su familia. → Gloria (=) → Patricia (+)

Wie wird der relative Superlativ der Adverbien ausgedrückt?
Der Superlativ der Adverbien wird durch eine Hervorhebungsstruktur ausgedrückt:
pronombre relativo + ***más/menos*** + *adverbio.*

Beispiele: Elena es la que más rápido corre.
Mercedes y Felipe son los que menos rápido corren.

125 Bilde jeweils zwei Sätze mit dem relativen Superlativ.

a) Conozco frecuentemente a nuevos amigos.	Pepe (––) *Pepe es el que menos frecuentemente conoce a nuevos amigos.*	tú (++) *Tú eres el/la que más frecuentemente conoce a nuevos amigos.*
b) Josep vuelve felizmente del colegio.	Arantxa (––) ___	Severiano (++) ___
c) Leire ha hecho sus deberes cuidadosamente.	su amiga (++) ___	su novio (––) ___
d) Carla siempre habla alto.	Iván (++) ___	Susana (––) ___

Auch manche Adverbien haben **unregelmäßige Komparativ-** und **Superlativformen**, vor denen *más/menos* entfällt.

Bei welchen Adverbien sind die Komparativ- und Superlativformen unregelmäßig?

Positiv	*Komparativ*	*Superlativ*
bien	**mejor**	**mejor**
mal	**peor**	**peor**
mucho	**más**	**más**
poco	**menos**	**menos**

Beispiele: Pepe habla bien el alemán. Marisa lo habla mejor. Jesús es el que mejor lo habla.

Ellos viajan mucho a Cuba, pero yo viajo más que ellos. Sin embargo, Gene es la que más viaja a Cuba.

126 Formuliere mithilfe der Vorgaben Sätze im Komparativ oder Superlativ.

a) El chico se comporta mal.	su amigo (–) Su amigo se comporta peor.	su hermano (–) Su hermano es el que peor se comporta.
b) Este pueblo lo conozco mal.	este barrio (–) ______	esta ciudad (– –) ______
c) César practica mucho con el violín.	nosotros (+) ______	Ana (++) ______
d) Sus perros ladran poco.	mi perro (–) ______	el perro de Emilio (– –) ______

11.3 Verben

Wie werden Verben miteinander verglichen?

- Um **Ungleichheit** auszudrücken, wird *verbo* + ***más/menos*** + ***que*** verwendet.

  Beispiele: Aquel grupo come más que este grupo.
  Alberto duerme bastante menos que Victoria.

- Um **Gleichheit** auszudrücken, wird *verbo* + ***tanto*** + ***como*** verwendet.

  Beispiele: Los españoles leen tanto como los alemanes.
  Los alemanes viajan casi tanto como los españoles.

127 Sieh dir die Tabelle zu Klima und Wetter in Spanien und Deutschland an und bilde daraus 6 Vergleichssätze. Das doppelte Plus/Minus bedeutet, dass etwas besonders viel/wenig zutrifft. Hier kannst du verstärkende (z. B. *bastante, mucho*) oder relativierende Wörter wie *casi* verwenden.

Hamburgo (–)	Múnich (++)	nevar (e>ie)
Andalucía (––)	Renania del Norte-Westfalia (++)	llover (o>ue)
costa mediterránea (++)	Mar del Norte (––)	calentar (e>ie)
los Alpes (+)	los Pirineos (–)	nevar (e>ie)
Sevilla (––)	Berlín (++)	temperaturas bajar
Barcelona (+)	Dresde (+)	granizar

En Múnich nieva bastante más que en Hamburgo.

Wie wird bei Verben der Superlativ ausgedrückt?
Der Superlativ wird durch eine Hervorhebungsstruktur ausgedrückt:
pronombre relativo + ***más/menos*** + *verbo.*

Beispiele: Carmen es la que menos trabaja./La que menos trabaja es Carmen.
Los Pirineos son la parte de España en la que/donde más nieva./
La parte de España en la que/donde más nieva son los Pirineos.

128 Verwende den Superlativ der Verben.

a) Tere anda mucho.
Tere es la que más anda.

b) Carlos es un chico que corre mucho en las carreras.

c) Enrique se ríe mucho.

d) Luis canta mucho cuando trabaja.

e) En el desierto Atacama en Chile llueve poco.

11.4 Substantive

Wie werden Substantive miteinander verglichen?

- Um Ungleichheit auszudrücken, wird ***más/menos*** + *sustantivo* + ***que*** verwendet.

  Beispiele: En esta clase hay seguramente más alumnos que en la nuestra.
  En Bolivia hay menos turistas que en Perú.

- Um Gleichheit auszudrücken, wird ***tanto/a*** + *sustantivo* + ***como*** verwendet.

  Beispiele: En esta clase hay casi tantos alumnos como en la nuestra.
  Bolivia tiene tantos aspectos interesantes como Perú.

129 Bilde aus den folgenden Wörtern jeweils zwei Vergleichssätze wie im Beispiel.

a) Latinoamérica/– petróleo/países árabes.

En los países de Latinoamérica hay menos petróleo que en los países árabes.

En los países de Latinoamérica no hay tanto petróleo como en los países árabes.

b) Buenos Aires/+ polución/Santiago de Chile.

c) Panamá/– indígenas/Guatemala.

d) Venezuela/– impuestos/Alemania.

e) Nicaragua/+ problemas/Costa Rica.

Wie wird bei Substantiven der Superlativ ausgedrückt?
Der Superlativ wird durch eine Hervorhebungsstruktur ausgedrückt:
pronombre relativo + ***más/menos*** + *(sustantivo)* + *verbo*.

Beispiele: El país que más dinero tiene es Suiza.
La plaza donde más palomas hay es la Plaza de Cataluña en Barcelona.

130 Formuliere zu jedem Satz aus Aufgabe 129 eine Frage im Superlativ.

¿Cuál es el país donde menos petróleo hay? ¿Cuál es la ciudad...

131* **Ejercicio mixto:** Verfasse einen Text, in dem du die beiden autonomen Regionen Castilla y León und Andalucía miteinander vergleichst. Verwende unterschiedliche Strukturen des Vergleichs und der Steigerung.

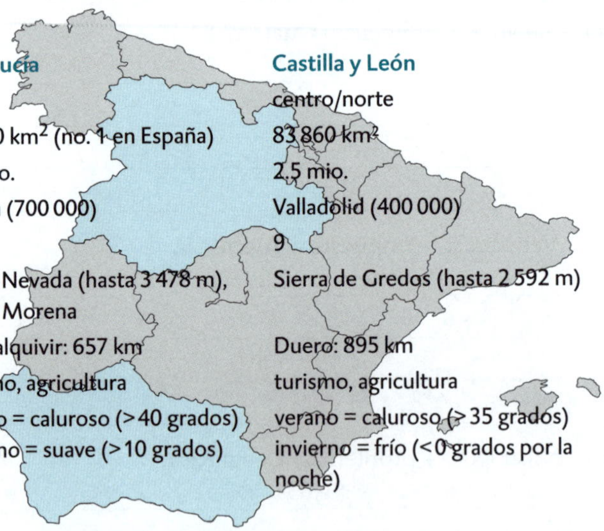

Tema	Andalucía	Castilla y León
situación geográfica	sur	centro/norte
superficie	87 200 km² (no. 1 en España)	83 860 km²
habitantes	7.5 mio.	2.5 mio.
capital	Sevilla (700 000)	Valladolid (400 000)
provincias	8	9
sierras	Sierra Nevada (hasta 3 478 m), Sierra Morena	Sierra de Gredos (hasta 2 592 m)
ríos	Guadalquivir: 657 km	Duero: 895 km
economía	turismo, agricultura	turismo, agricultura
clima	verano = caluroso (>40 grados) invierno = suave (>10 grados)	verano = caluroso (>35 grados) invierno = frío (<0 grados por la noche)

Andalucía está más al sur que Castilla y León. Esta última Comunidad Autónoma está más al norte y en el centro de España que Andalucía.

132* **Ejercicio mixto: Superlativos del Reino animal (I).** Formuliere Fragen im Superlativ.

1 ¿Cuál es el animal *que más cuello tiene?* ____________________ (tener/cuello/mucho)?

2 ¿Cuál es el animal ____________________ (correr/rápido)?

3 ¿Cuál es el animal ____________________ (tener/ojos/mucho)?

4 ¿Cuál es el animal ____________________ (beber/agua/poco)?

5 ¿Cuál es el animal ____________________ (vivir/años/mucho)?

6 ¿Cuál es el animal ____________________ (comer/mucho)?

7 ¿Cuál es el animal ____________________ (venenoso)?

8 ¿Cuál es el animal ____________________ (pesar/mucho)?

133 **Ejercicio mixto: Superlativos del Reino animal (II).** Ordne die Tiere den Fragen aus Aufgabe 132 zu.

___ EL KOALA

___ LA LIBÉLULA

___ LA BALLENA AZUL

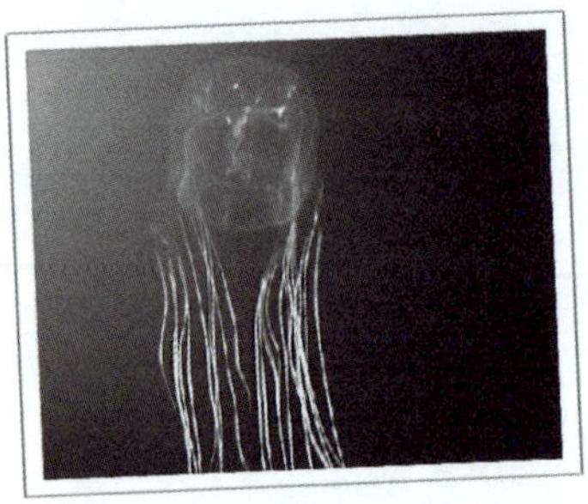

___ LA AVISPA DE MAR

___ LA JIRAFA

___ LA TORTUGA

___ EL GUEPARDO

___ EL ELEFANTE

134* **Ejercicio mixto:** Übersetze den folgenden Text über das südamerikanische Land Paraguay und achte dabei vor allem auf die Superlative.

PARAGUAY

Paraguay und Bolivien sind die einzigen Länder Südamerikas, die nicht am Meer liegen. Paraguay ist etwa genauso groß wie Deutschland und die Schweiz zusammen. Es hat ca. 6,8 Millionen Einwohner. Von diesen Einwohnern leben die meisten im Osten des Landes. Die größte Stadt ist die Hauptstadt Asunción. Sie ist viel größer als Ciudad del Este, das an der Grenze zu Brasilien liegt.
Eine der schönsten Städte ist Concepción am Río Paraguay. Dieser Fluss teilt das Land in den Gran Chaco im Westen und den Oriente im Osten.
Paraguay hat 17 *departamentos*. Das Departamento Central ist das kleinste, aber das meistbewohnte *departamento*.
Der höchste Berg Paraguays ist übrigens der Cerro Tres Kandú mit 842 Metern.
Das Land hat zwei offizielle Sprachen: Spanisch und Guaraní. Wegen der deutschen Einwanderung im 20. Jahrhundert wird auch viel Deutsch gesprochen, aber natürlich spricht man nicht so viel Deutsch wie Spanisch und Guaraní. Die meisten Bewohner Paraguays sind katholisch.
In Paraguay arbeiten noch viele Leute in der Landwirtschaft, aber auch die Industrie hat seit den 70er-Jahren an Bedeutung gewonnen. Das am meisten angebaute Produkt ist Soja, das vor allem für den Export produziert wird.

junto a
Suiza, juntos
la mayor parte
a orillas de
dividir
poblado
por cierto
debido a, la inmigración, naturalmente
la agricultura
ganar en importancia
cultivar, la soja
la exportación

12 Relativsätze

Ein Relativsatz *(la frase relativa)* ist ein Nebensatz, der ein Nomen oder Pronomen des Hauptsatzes näher bestimmt. Er wird mit einem **Relativpronomen** *(el pronombre relativo)* eingeleitet, das unmittelbar auf das Bezugswort des Hauptsatzes folgt.

Welche Relativpronomen gibt es?
Es gibt u. a. folgende Relativpronomen:

que (der, die, das, den)
quien/es (wer, der, die)
cuyo/a/os/as (dessen, deren)
donde (wo)

Beispiele: Creo que este es el barrio donde vive Joaquina.
Joaquina es la chica que conociste ayer.

Beachte:

- In Verbindung mit einer **Präposition** muss vor *que* zusätzlich der entsprechende **bestimmte Artikel** verwendet werden.

  Beispiel: La casa de la que acabas de salir es de un amigo de nuestra madre.
- Steht im Hauptsatz **kein Bezugswort**, so lautet das Relativpronomen ***lo que***.

  Beispiel: Me enfadé por lo que me dijo.
- ***Cuyo/a*** wird an das Wort angeglichen, das **folgt**.

  Beispiel: Las estudiantes cuyos resultados son excelentes recibirán un premio.
- ***Quien/es*** wird nur bei **Personen** verwendet.

  Beispiel: El chico con quien (con el que) hablasteis es mi primo.

135 Seit dem Mittelalter pilgern Menschen auf den Jakobswegen *(los caminos de Santiago)* durch Europa. Ihr Ziel ist die Kathedrale der galizischen Stadt Santiago de Compostela, wo der Legende nach der Apostel Jakob begraben liegt. Welche Relativsätze passen zu welchem Hauptsatz? Füge sie anstelle der Auslassungspunkte ein.

Hauptsatz	Relativsatz
Según una leyenda… la tumba del apóstol Santiago está en Santiago de Compostela.	**por los que** la gente se decide a seguir el camino de Santiago andando o en bici
La catedral de Santiago de Compostela… es la atracción principal de la ciudad.	**en la que** millones de peregrinos y turistas han puesto su mano

A la entrada de la catedral hay una piedra… Ya tiene la forma de una mano.	**a las que** les interesa hacer el camino de Santiago
Hoy en día no sólo son personas religiosas…	**que** empieza ya en otros países europeos
También hay otros motivos…	**donde** se encuentra la tumba
Hacer el Camino de Santiago… requiere mucho esfuerzo.	**quien** aguante este esfuerzo sin haberse entrenado antes
No hay…	**que** lo ha intentado
Lo típico es dormir en los albergues del camino o en monasterios…	**que** no son muy lujosos
Pero la mayor parte de la gente… habla de una experiencia única.	**que** tiene su origen en la Edad Media

Según una leyenda que tiene su origen en la Edad Media la tumba del apóstol Santiago está en Santiago de Compostela.

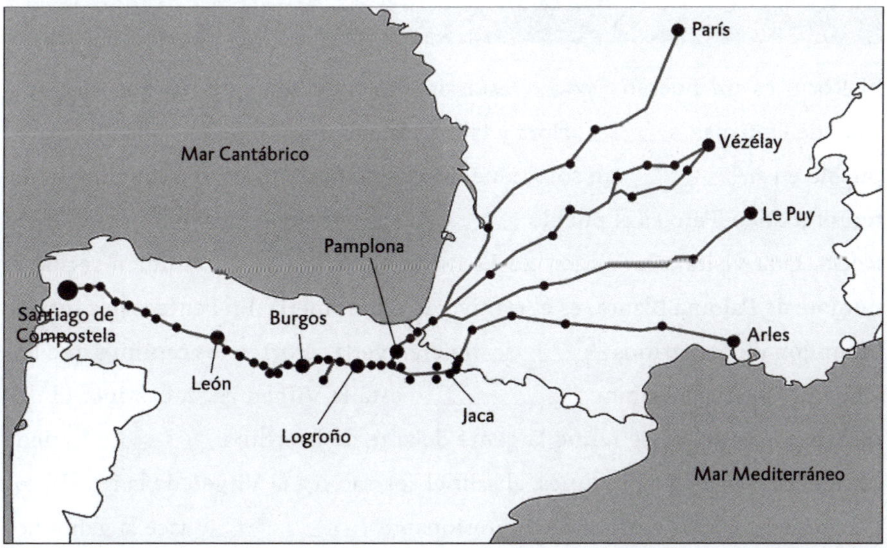

Der **Jakobsweg** ist ein jahrhundertealtes Netz von Pilgerwegen, die aus verschiedenen europäischen Ländern ins spanische Santiago de Compostela führen. Die hier zu sehenden Routen nach Santiago entsprechen dem bekanntesten Teil des Jakobswegs, dem Camino Francés. Der spanische Hauptweg ist seit 1993 UNESCO-Weltkulturerbe. Auch bei den Deutschen erfreut sich der Jakobsweg mittlerweile großer Beliebtheit, wozu u. a. das Buch des Entertainers Hape Kerkeling, „Ich bin dann mal weg", beigetragen hat.

136 Setze in den folgenden Text über die Wallfahrt von El Rocío in Südspanien die entsprechenden Relativpronomen ein: *que, quien, que, donde, en el que, lo que, donde, que, cuya, que.*

El Rocío es un pueblo ____que____ está situado muy cerca del Parque Nacional Coto de Doñana, __________ flora y fauna son incomparables en toda Europa. El pueblo en sí, __________ tan sólo tiene 800 habitantes, no tiene tiene ningún interés turístico. Pero es el pueblo __________ tiene lugar la Romería de El Rocío. Una visita a la Virgen de El Rocío, __________ también recibe el nombre de Paloma Blanca, es el motivo de esta romería. En Pentecostés más de un millón de peregrinos __________ quieren verla recorren los caminos que llevan a El Rocío. La ermita __________ está la Virgen es su destino. El domingo por la noche se reúne la gente delante de la ermita __________ tiene lugar el acto principal. El lunes, al salir el sol, sacan a la Virgen de la iglesia, todos rezan y dan las gracias. Es impresionante __________ hace la gente por tocarla o besarla. Según la tradición, __________ consigue tocarla recibirá la ayuda de la Virgen. Por eso, sobre todo la gente enferma, los ancianos y los niños intentan tocarla.

Wie lautet die Wortstellung im Relativsatz?

Die Wortstellung lautet in der Regel: **Relativpronomen – Subjekt – Verb – Objekt/Ergänzungen**. Objektpronomen stehen vor dem Verb.

Beispiele:	El hombre	que	vive	en la casa de enfrente	es muy majo.
	Hauptsatz	*Rel.-Pron.*	*Verb*	*Ergänzung*	*Hauptsatz*
	La chica	que	Carla	está mirando	es la hermana de Pepe.
	Hauptsatz	*Rel.-Pron.*	*Subjekt*	*Verb*	*Hauptsatz*

Beachte: Nimmt das Relativpronomen **nicht** die Funktion des Subjekts ein, so können im Relativsatz Subjekt, Verb und Objekt umgestellt werden.

Beispiele: El libro que mi hermano me regaló me gustó mucho.
El libro que me regaló mi hermano me gustó mucho.

137 Bilde aus den beiden vorgegebenen Sätzen einen Satz, indem du einen der beiden an passender Stelle als Relativsatz einbaust. Achte besonders auf die Relativpronomen, die du dabei verwendest.

a) Como todos los años, cientos de personas inician su marcha. Estas personas quieren ir a pedir ayuda a la Virgen.

b) La Virgen se encuentra en Copacabana, a 120 km de la capital, La Paz. El santuario de la Virgen es de 1805.

c) La marcha es larga y requiere mucho esfuerzo. Sobre todo jóvenes y también ciclistas participan en esta marcha.

d) Siempre hay una ceremonia de preparación. En esta ceremonia la gente compra lo que necesita para la marcha y también come todavía algo.

e) Según la tradición, los peregrinos deben andar el camino durante tres años seguidos. En su mayoría, los peregrinos son muy religiosos.

f) La policía y la Cruz Roja ayudan a los peregrinos. Los peregrinos necesitan con frecuencia primeros auxilios porque el camino es muy difícil.

g) La imagen de la Virgen es una obra del escultor indígena Titu Yupanki. La imagen de la Virgen es del siglo XVI.

a) Como todos los años, cientos de personas que quieren ir a pedir ayuda a la Virgen inician su marcha.

13 Konditionalsätze

Was ist ein Konditionalsatz?
Ein Konditionalsatz (*la oración condicional*), auch Bedingungssatz genannt, ist ein Nebensatz, der mit *si* eingeleitet wird und eine **Bedingung** benennt. Im Hauptsatz wird die **Folge** ausgedrückt.
Es gibt folgende Arten von Konditionalsätzen:

- Die Bedingung ist **erfüllbar** und führt zu der im Hauptsatz genannten Folge.
- Die Bedingung ist **unerfüllbar**, die im Hauptsatz genannte Folge kann nicht (mehr) eintreten.

Beachte: Es hängt von der Art des Konditionalsatzes ab, welche **Zeit** bzw. welcher **Modus** im *si*-Satz und im Hauptsatz steht.

Welche Verbformen werden für den erfüllbaren Konditionalsatz benötigt?
Für die erfüllbare Bedingung brauchst du die Formen des **Indikativ Präsens** (siehe Kapitel 3), die des (synthetischen) **Futurs** (Kapitel 8) und die des **Imperativs** (Kapitel 9).

Wie wird der erfüllbare Konditionalsatz gebildet?
Im erfüllbaren Konditionalsatz steht

- im ***si*-Satz** das **Indikativ Präsens** und
- im **Hauptsatz** entweder das **synthetische Futur**,
  das **Indikativ Präsens** oder
  der **Imperativ**.

Beispiele:	Si el coche no arranca, llamaré al taller.	*(futuro sintético)*
	Si el coche no arranca, tengo que llamar al taller.	*(Indikativ Präsens)*
	Si el coche no arranca, llama al taller.	*(Imperativ)*

138 **Un viaje a Perú (I).** Carmen stammt aus Sevilla. Dort hat sie die Peruanerin Jimena kennengelernt und die beiden wollen im Sommer nach Arequipa, Jimenas Heimatstadt, fahren. Verbinde die folgenden Satzteile zu sinnvollen Aussagen von Carmen.

Si la familia de Jimena quiere	también podremos ir a bañarnos.
Si en Arequipa hace buen tiempo	me quedo más días.
Si necesito informaciones sobre Perú	infórmame enseguida, por favor.
Si me gusta el país	seguro que Jimena podrá ayudarme.
Jimena, si hay algún cambio en el horario	podemos ir todos a ver Machu Picchu.

139 **Un viaje a Perú (II).** Carmen und Jimena unterhalten sich darüber, was sie während Carmens Aufenthalt in Arequipa (siehe Aufgabe 138) machen könnten. Fülle die Lücken mit den entsprechenden Verbformen.

requipa ist eine Stadt im üden Perus. Sie gilt als das itellektuelle Zentrum des iodernen Peru und existier- bereits vor der Koloniali- erung. Arequipa liegt auf ner Höhe von über 300 m und hat heute ca. 00 000 Einwohner.

Sevilla liegt in Andalusien und ist die viertgrößte Stadt Spaniens. Im 16. und 17. Jahrhundert war Sevilla Hauptumschlagplatz des spanischen Seehandels und ist auch heute noch ein wichtiges Handels- und Tourismuszentrum.

CARMEN: Jimena, ¿cuándo crees que podríamos ir a Arequipa?

JIMENA: Si _vamos_ (ir) en agosto, _estaremos_ (estar) allí por las fiestas de la Semana de Arequipa. Hay danzas folclóricas, mercados de artesanía *(Kunsthandwerk)* y al final fantásticos fuegos artificiales.

CARMEN: ¿Y crees que a tus padres les ______________ (parecer) bien si (nosotras) ______________ (decidir) pasar allí las fiestas?

JIMENA: Claro que sí. Si ______________ (querer) ir, a ellos seguramente les ______________ (encantar) acompañarnos a las fiestas. Además, esa semana tampoco trabajan.

CARMEN: ¡Qué bien! Ya estoy deseando ir, pero la verdad es que no sé nada de Arequipa. ¿Hay algo que merece la pena visitar en Arequipa?

JIMENA: Si ______________________ (llegar) sobre el día 10 de agosto, ______________________ (poder) ir primero a las fiestas. Después, si (tú) ______________ (querer) quedarte todavía algunos días en Arequipa, te (yo) __________________ (enseñar) lo más importante: la Plaza de Armas con la catedral, la iglesia La Compañía y el monasterio *(Kloster)* de Santa Catalina. Todo esto pertenece todavía a la arquitectura colonial de los españoles y podemos verlo en un día. Los demás días, si (yo) ____________ (tener) tiempo y no (tú) __________________ (tener) nada en contra, (nosotras) ______________________ (visitar) a mis tíos y por las noches ______________________ (quedar) con mis amigos para tomar algo.

Die **Plaza de Armas** in Arequipa, im Hintergrund ist die Kathedrale zu sehen.

CARMEN: Yo, encantada. Jimena, si ____________ (querer) saber algo sobre Arequipa, ¿dónde me ___________ (dar) información?

JIMENA: Si (tú) ____________ (buscar) información, ____________ (llamar) o ____________ (escribir) a la embajada de Perú en Madrid.

140 **Un viaje a Perú (III).** Nach dem Aufenthalt bei Jimenas Familie wollen die Mädchen noch das Land bereisen. Carmens Eltern geben Ratschläge und stellen Bedingungen für ihre Erlaubnis. Formuliere erfüllbare Konditionalsätze mithilfe der Satzgerüste.

Bei **Nazca** wurden Anfang des 20. Jahrhunderts nur aus der Luft erkennbare, in den Felsen gemeißelte, gigantische Tierbilder entdeckt. Über ihre Entstehung (vor ca. 2 500 Jahren) und Bedeutung gibt es zahlreiche Theorien.

Machu Picchu ist eine alte Inkastadt in den peruanischen Anden und liegt auf einer Höhe von über 4 000 Metern. Ihre Ruinen wurden erst im Jahr 1911, völlig von Vegetation überwuchert, wiederentdeckt.

Los padres

a) (Vosotras) ir a Lima – tener que visitar/tío Eduardo

Si vais a Lima, tenéis que visitar al tío Eduardo.

Carmen

(Nosotras) ir a Lima – visitar/tío Eduardo

De acuerdo. Si vamos a Lima, visitaremos al tío Eduardo.

b) (Vosotras) subir a/ruinas/Machu Picchu – sacar/fotos

(Nosotras) subir a/ruinas/Machu Picchu – sacar/fotos

c) (tú) viajar/Nazca – mandarnos/postal

(yo) viajar/Nazca – mandaros/postal

d) (Vosotras) perderse/Lima/o/selva – (tú) llamar/embajada española

(Nosotras) perderse/Lima/o/selva – (yo) llamar/embajada española

e) (Vosotras) estar/situación peligrosa – tranquilizarse/buscar ayuda

(Nosotras) estar/situación peligrosa – tranquilizarse/buscar ayuda

Peru, das Land der Inkas, liegt am Pazifik. Die Hauptstadt Lima befindet sich in der wüstenartigen Küstenregion, die im Osten von Andenkette und Hochland begrenzt wird. Östlich des Hochlandes beginnt der undurchdringliche amazonische Regenwald. Einzige Verkehrswege sind hier die Flüsse. Peru weist eine faszinierende Tierwelt auf: Jaguare, Pumas, Alligatoren, Gürteltiere, Lamas, Pinguine und Robben sind in den verschiedenen klimatischen Zonen des Landes zu finden.
Knapp die Hälfte der Peruaner gehört zu den Volksgruppen der Aymara und der Quechua. Diese indigene Bevölkerung ist besonders von der ungerechten Verteilung des Reichtums betroffen, was in den letzten Jahren wiederholt zu Unruhen geführt hat.

141* **Un viaje a Perú (IV).** Carmen und Jimena sind in Trujillo, im Norden Perus, und würden gerne nach Iquitos, einer Stadt im Amazonasgebiet, weiterreisen. Da diese Reise in den Regenwald ein Abenteuer ist, notieren sie Vorsichtsmaßnahmen und Verhaltensweisen auf einem Zettel. Überlege dir je mindestens zwei erfüllbare Konditionalsätze und schreibe sie auf die Zettel.

Si vamos a Iquitos, llevaremos un espray contra los mosquitos.

Si vamos a Iquitos, ______

______

______

Si tenemos problemas con el clima, iremos a un médico.

Si tenemos problemas con el clima, ______

______

______

Si nos perdemos en la selva amazónica, encenderemos un pequeño fuego.

Si nos perdemos en la selva amazónica, ______

______

______

14 Adverbialsätze

Adverbialsätze werden durch **Konjunktionen** eingeleitet. Es können verschiedene Arten von Adverbialsätzen unterschieden werden.

14.1 Temporalsätze

Was drückt ein Temporalsatz aus?
Ein Temporalsatz drückt aus, in welchem **zeitlichen Verhältnis** die Handlung des Nebensatzes zur Handlung des Hauptsatzes steht (gleichzeitig, davor oder danach). Er kann z. B. durch folgende Konjunktionen eingeleitet werden:

cuando (als; wenn)
hasta que (bis)
siempre que (immer, wenn)
después de que (nachdem)
en cuanto (sobald)
mientras (während)
desde que (seit; seitdem)
cada vez que (jedesmal, wenn)
antes de que (bevor)

Welcher Modus steht im Temporalsatz?

- Liegt die Handlung des Temporalsatzes in der **Zukunft**, so wird der ***subjuntivo*** verwendet.

  Beispiele: Cuando termine con mi trabajo, me compro un nuevo vestido.
  Después de que ayudes a tu hermano, te podrás ir al cine.

- Ansonsten wird der **Indikativ** verwendet.

  Beispiele: Cuando vuelvo del trabajo, siempre hago footing.
  Cada vez que lo veo, me acuerdo de las últimas vacaciones en Francia.

142 **La familia González (I).** Die Familie González ist vor Jahren von Kuba nach Florida ausgewandert und kehrt nun zum ersten Mal zurück, um ihre Angehörigen wiederzusehen. Setze in ihre Überlegungen zur Reiseplanung die passenden Konjunktionen ein und entscheide dich für Indikativ oder *subjuntivo*.

a) *Antes de que emprendamos* (emprender) el viaje, tenemos que pedir un visado. — BEVOR

b) ____________ no ____________ (tener) el visado, no hace falta reservar el vuelo. — BIS

c) ________________________ (estar) los visados, podemos hacer la reserva. — SOBALD

d) ______________________________ ________________ (conseguir) reservar el vuelo, podemos estar seguros de que realmente vamos.

NACHDEM

e) ______________________________ (esperar) a que nos den el visado, puedo escribir ya a mis tíos.

WÄHREND

143 **La familia González (II).** Sra. González denkt an die bevorstehende Reise nach Kuba. Verbinde die beiden Satzhälften durch eine der folgenden Konjunktionen: *cuando, antes de que, mientras, desde que, cada vez que, siempre que*. Setze das Verb des Temporalsatzes in den *subjuntivo*, falls nötig.

a)

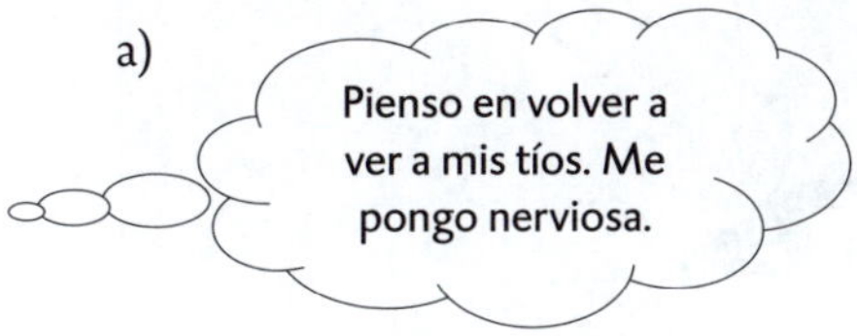

Cada vez que pienso en volver a ver a mis tíos, me pongo nerviosa.

b)

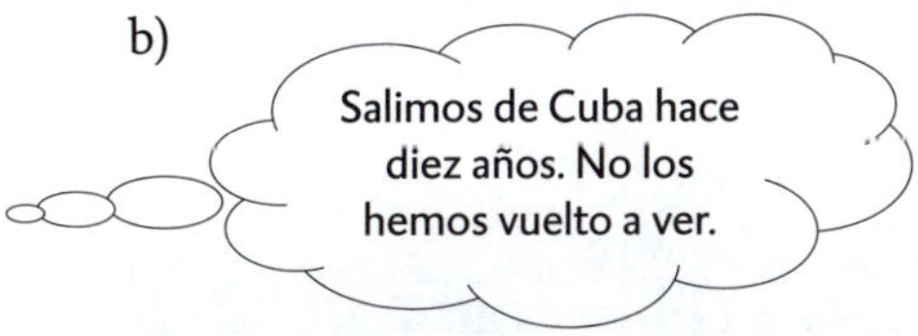

c)

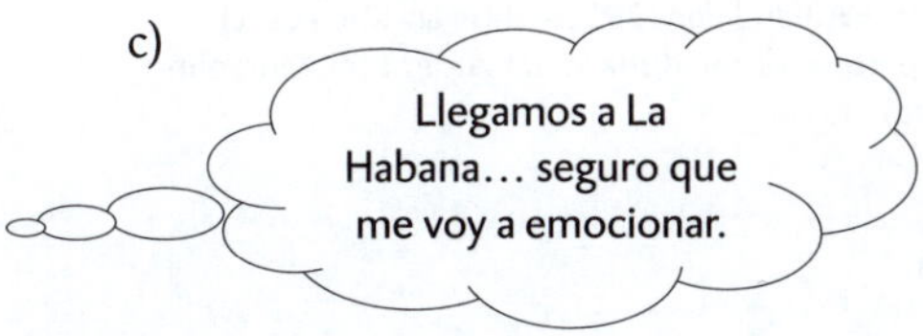

d)

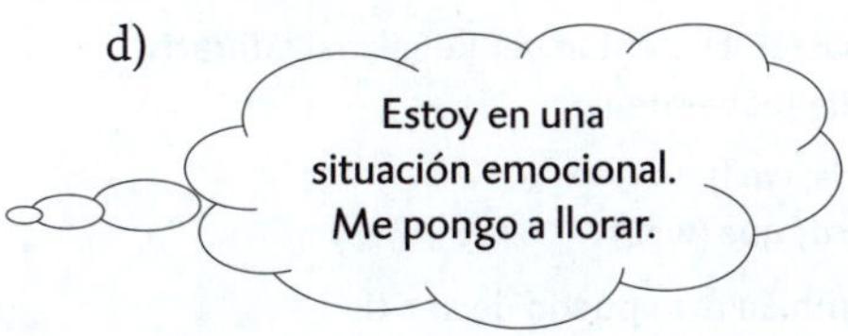

e)

Vamos a Cuba.
Compramos regalos
para todos.

f)

Estamos en Cuba. Te-
nemos que visitar
también a los amigos.

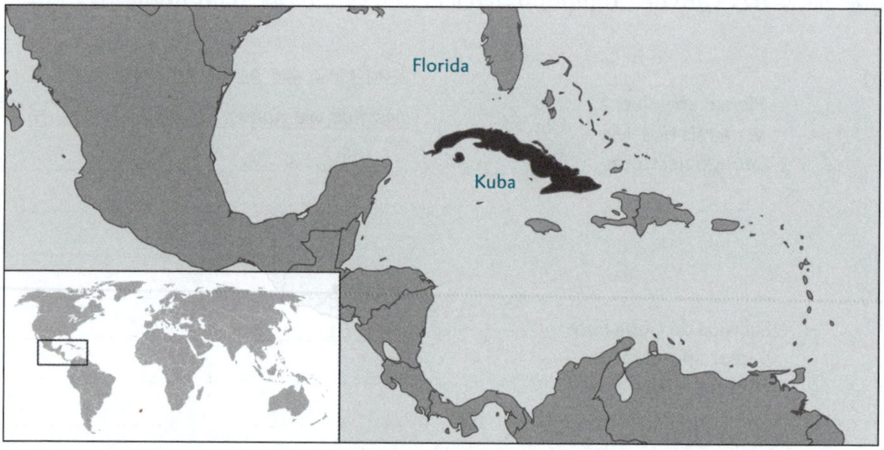

Jedes Jahr versuchen Tausende Kubaner, in winzigen Booten übers Meer in das 150 km entfernte Florida zu gelangen. Ihren Höhepunkt erreichte die Flüchtlingswelle Anfang der 1990er-Jahre, als Kuba durch den Zerfall der Sowjetunion seinen wichtigsten Handelspartner verlor. Kuba leidet zudem seit Jahrzehnten unter wirtschaftlichen Sanktionen der USA *(el bloqueo)*.

14.2 Kausalsätze

Was drückt ein Kausalsatz aus?

Ein Kausalsatz **begründet** die Aussage des Hauptsatzes. Er steht in der Regel im **Indikativ** und kann z. B. durch folgende Konjunktionen eingeleitet werden:

porque (weil)
ya que (da; da ja)
como (da; weil)
a causa de que (weil)

Beispiele:
Ya que parece que todos lo saben, también te lo puedo decir a ti.
Ha engordado mucho a causa de que no entrena tanto.

Wann wird *porque*, wann *como* verwendet?

- Steht der Hauptsatz vor dem Kausalsatz, so wird ***porque*** verwendet.

  Beispiel: Mónica pidió dinero a su madre porque quería comprarse unas sandalias.

- Steht der Kausalsatz vor dem Hauptsatz, so wird ***como*** verwendet.

  Beispiel: Como quería comprarse unas sandalias, Mónica pidió dinero a su madre.

144 Die Kubaner sind die größte ethnische Minderheit in Florida. Im folgenden Interview mit der Exilkubanerin Sra. Pérez Castellón* sollst du aus den Wortgerüsten jeweils einen Haupt- und einen Kausalsatz machen.

ENTREVISTADOR: Señora Pérez Castellón, ¿por qué vino a Florida?

PÉREZ CASTELLÓN: vine – no había – a Florida – con mi familia – en 1959 – porque – libertad – en Cuba – la revolución – después de

Vine con mi familia a Florida porque después de la revolución en 1959 no había libertad en Cuba.

ENTREVISTADOR: ¿Puede explicar a nuestros lectores cómo consiguió integrarse en la sociedad estadounidense?

PÉREZ CASTELLÓN: rápido – como – inglés – me esforcé – en – aprenderlo – hablaba – no

____

____

____

en la radio española – más tarde – los hispanohablantes – trabajé – ya que – para – hacer algo – en Florida – quería

____

____

____

____

____

ENTREVISTADOR: ¿Cómo ve la situación actual de Cuba?

PÉREZ CASTELLÓN: La situación ha mejorado un poco, pero todavía Cuba está lejos de ser un país democrático.

ENTREVISTADOR: ¿Piensa que hay alguna posibilidad de que mejoren las relaciones entre EE UU y Cuba?

PÉREZ CASTELLÓN: soy optimista – pienso que sí – como

____

____

el nuevo presidente Obama – porque – es una persona más abierta – va a trabajar más en este aspecto – Bush – que

____

____

____

____

ENTREVISTADOR: Gracias por la entrevista.

* **Ninoska Pérez Castellón** ist 1950 in Havanna, Kuba, geboren und mit ihrer Familie 1959 vor der Revolution Fidel Castros und Che Guevaras nach Florida geflohen. Dort arbeitet sie heute für das spanischsprachige Radio und veröffentlicht gelegentlich Artikel in der Zeitung *Miami Herald*.

14.3 Konsekutivsätze

Was drückt ein Konsekutivsatz aus?

Ein Konsekutivsatz drückt eine **Folge** oder **Auswirkung** der Handlung des Hauptsatzes aus. Er kann z. B. durch folgende Konjunktionen eingeleitet werden:

de manera que (so, dass)	***de forma que*** (so, dass)
de modo que (so, dass)	***así que*** (daher; so, dass)
tanto/a + *sust./verbo* + ***que*** (so viel, dass)	***tan*** + *adj./adv.* + ***que*** (so sehr, dass)

Beispiel: Gritaron de manera que pensamos que había pasado algo grave.

Welcher Modus steht im Konsekutivsatz?

- Ist die Aussage des Konsekutivsatzes eine **Tatsache**, so steht der **Indikativ**.
  Beispiel: El gobierno reforma esta ley, de forma que obliga a los bancos a permitir algún tipo de control.
- Wird im Konsekutivsatz eine **gewünschte Folge** ausgedrückt oder ist der Hauptsatz **verneint** oder eine **Frage**, so steht der ***subjuntivo***.
  Beispiel: ¿No nos lo puede explicar de modo que lo entendamos?

145 Füge eine passende Präposition ein und setze das Verb in den richtigen Modus (Indikativ oder *subjuntivo*).

a) No escribe *de manera que* se *pueda* (poder) leer.

b) Este político lo explica muy ordenadamente, ____________________ (convencer) a los jóvenes.

c) Esta película es bastante emocional, ____________________ no te ____________ (quedar) otra alternativa más que llorar.

d) ¿Al final no te vas a Málaga este fin de semana ____________________ (poder) participar en el maratón?

e) Nuestro gato a menudo no viene cuando lo llamamos, ____________________ ____________________ (tener) que pasar la noche fuera de casa.

14.4 Finalsätze

Was drückt ein Finalsatz aus?
Ein Finalsatz drückt den **Zweck** oder die **Absicht** hinter der Handlung des Hauptsatzes aus. Im Finalsatz steht der ***subjuntivo***. Er kann z. B. durch folgende Konjunktionen eingeleitet werden:

para que (damit) ***a fin de que*** (damit)

Beispiel: El Gobierno mexicano cierra los colegios para que la gripe no se extienda.

146 Bilde mithilfe der vorgegebenen Verben einen Haupt- und einen Finalsatz.

a) mis amigos estudiar ⇒ tener buenas notas
Mis amigos estudian para que tengan buenas notas.

b) gastar (tú) demasiado dinero en ropa ⇒ los otros admirarte
____
____

c) sus padres regalarle un viaje ⇒ conocer (él) todos los continentes
____
____

d) no comprar dulces (ella) ⇒ bajar (sus hijos) un poco de peso
____
____

14.5 Konzessivsätze

Was drückt ein Konzessivsatz aus?
Ein Konzessivsatz drückt eine **Einschränkung** aus. Er kann z. B. durch folgende Konjunktionen eingeleitet werden:

aunque (obwohl; selbst wenn) ***a pesar de que*** (obwohl)

Beispiel: A pesar de que no tienen tiempo, van de compras al centro.

Welcher Modus steht nach *aunque*?

- Nach ***aunque*** steht der Indikativ, wenn die Einschränkung eine **Tatsache** ist (Bedeutung: „obwohl").

  Beispiel: Aunque este chico es alto, no es un buen jugador de baloncesto.

- Nach ***aunque*** steht der *subjuntivo*, falls die Einschränkung nur eine **Möglichkeit** ist (Bedeutung: „selbst wenn").

  Beispiel: Aunque estéis en casa, no tenemos ganas de visitaros.

147 Im folgenden Text musst du dich bei den Konzessivsätzen für den Indikativ oder den Subjunktiv entscheiden.

La sombra del viento

Ya había publicado cuatro novelas, pero fue con la obra titulada «La sombra del viento» con la que Carlos Ruiz Zafón tuvo su primer éxito. En español salió a la venta en el año 2001 y más tarde se tradujo también al inglés, alemán y otros idiomas. Aunque __________ (ser) un éxito en todo el mundo, todavía no existe ninguna adaptación cinematográfica de la novela. Pero aunque se ________________ (hacer) una adaptación para la gran pantalla, esta no podrá ser tan buena como el libro:
El joven Daniel Sempere de Barcelona encuentra el libro «La sombra del viento» del autor Julián Carax en una biblioteca con el nombre *Cementerio de los Libros Olvidados*. Daniel está fascinado por el libro, aunque al principio no __________________________ (encontrar) ninguna información sobre el autor. A pesar de que ____________________ (buscar) en bibliotecas y librerías de viejo, no da con otro ejemplar de este libro tan misterioso.

Con la ayuda de un ex-policía del servicio secreto y de su novia Beatriz consigue averiguar algunos detalles de la vida de Carax, aunque le ____________ (quedar) todavía muchos aspectos por aclarar. Con el tiempo se van enlazando[1] las vidas de Daniel y de Julián Carax. Aunque los lectores ____________ (leer) dos veces esta historia, siempre les quedará algo por descubrir.
En el año 2008 Ruiz Zafón publicó su novela «El juego del ángel», que cuenta la historia que precede[2] a los acontecimientos[3] de «La sombra del viento». Aunque Ruiz Zafón ____________ (planear) publicar cuatro libros en este ciclo novelesco, hasta el momento sólo han salido estas dos novelas.

1 verflechten; 2 vorausgehen; 3 Ereignisse

148* **Ejercicio mixto:** Die spanische Autorin Matilde Asensi (*1962, Alicante) schreibt sehr erfolgreiche historische Romane. Im folgenden Text erfährst du etwas über die Autorin und ihre Romane. Formuliere die Sätze mithilfe der folgenden Konjunktionen eleganter: *después de que, mientras, porque, a pesar de que, como, de modo que, ya que, a fin de que, aunque.*

a) Matilde Asensi terminó su carrera universitaria (estudió periodismo en la Universidad Autónoma de Barcelona) y trabajó primero en la Cadena SER y más tarde en la Radio Nacional de España.

Después de que Matilde Asensi terminó su carrera universitaria (estudió periodismo en la Universidad Autónoma de Barcelona), trabajó primero en la Cadena SER y más tarde en la Radio Nacional de España.

b) Trabajaba para la radio. También colaboraba en diarios provinciales.

____

____

c) Tenía que trabajar mucho. Logró publicar su primera novela histórica, «El salón de ámbar» *(Das Bernsteinzimmer)*, en 1999.

____

____

____

d) Esta novela trata de un grupo de ladrones de arte que se juntan. Quieren encontrar el legendario salón de ámbar, robado en San Petersburgo, Rusia, por los nazis.

e) Su segunda novela «Iacobus» trataba de la Edad Media *(Mittelalter)*. No era un tema nuevo. Fue un éxito de ventas.

f) El Papa Juan XXII teme por su vida. Quiere que Galcerán de Born, monje *(Mönch)* y detective medieval *(mittelalterlich)*, investigue la muerte del Papa Clemente V.

g) Galcerán ve rápido que la orden de los templarios *(Templerorden)* está detrás de los acontecimientos *(Ereignisse)*. No le queda otra alternativa que seguir el peligroso Camino de Santiago.

h) En otra novela de Asensi, «El último Catón» (2001), la monja *(Nonne)* Ottavia Salina juega un papel importante. Encuentra en el Archivo Secreto del Vaticano los indicios de un misterio acerca de la cruz de Cristo.

i) Ottavia empieza un largo viaje y recibe la ayuda del Vaticano. Intenta aclarar los robos de fragmentos de la cruz de Jesucristo en diferentes lugares del mundo.

15 Indirekte Rede

Wie im Deutschen können im Spanischen mit der indirekten Rede **Aussagen, Fragen** oder **Befehle** wiedergegeben werden.

15.1 Indirekte Aussage- und Fragesätze ohne Zeitverschiebung

Wie wird ein indirekter Aussagesatz gebildet?
Der indirekte Aussagesatz (der in der direkten Rede in Anführungszeichen steht) wird durch ein **redeeinleitendes Verb** + ***que*** eingeleitet.

Beispiele: Mi padre: «No me compro ningún coche nuevo».
Mi padre dice que no se compra ningún coche nuevo.

Juliane: «Estoy cansada todavía».
Juliane ha contado que está cansada todavía.

Folgende redeeinleitende Verben solltest du dir merken:

decir	(sagen)	***exponer***	(darlegen)
contar (o>ue)	(erzählen)	***añadir***	(hinzufügen)
proponer	(vorschlagen)	***explicar***	(erklären)
creer	(glauben)	***mencionar***	(erwähnen)
pensar (e>ie)	(denken)	***contestar***	(antworten)
aclarar	(klarstellen)	***asegurar***	(versichern)
prometer	(versprechen)	***subrayar/destacar***	(hervorheben, betonen)

Beachte: In der indirekten Rede müssen im Nebensatz die **Pronomen, Possessivbegleiter** und **Verbformen** an die veränderte Sprechsituation angepasst werden:

Beispiel: Jorge: «Te ayudo a limpiar después de la fiesta.»
Jorge promete que me ayuda a limpiar después de la fiesta.

149 **Frases celebres.** Setze redeeinleitende Verben vor die Zitate einiger berühmter Persönlichkeiten aus dem spanischen Sprachraum, die hier in indirekter Rede wiedergegeben werden.

Domingo Faustino Sarmiento
(1811 - 1888, político, filósofo, presidente de Argentina)
___afirma___ que las escuelas son la base de la civilización.

Juan Ramón Jiménez
(1881 - 1958, escritor español, Premio Nobel de Literatura)
______________ que el poeta no es un filósofo, sino un clarividente (Hellseher).

José Ortega y Gasset

(1883 – 1955, filósofo español)

__________________ que la vida humana eterna sería insoportable.

Pablo Picasso

(1881 – 1973, pintor español)

__________________ que pinta las cosas no como las ve, sino como las piensa.

Enrique Tierno Galván

(1918 – 1986, político español)

__________________ que el poder es como un explosivo: o se maneja con cuidado, o estalla.

Gabriel García Márquez

(*1927, novelista colombiano)

__________________ que lo más importante que aprendió a hacer después de los cuarenta años fue a decir no cuando es no.

Bei der Bildung des indirekten Fragesatzes wird zwischen **Entscheidungsfragen** ohne Fragewort (mit „ja" oder „nein" zu beantworten) und **Ergänzungsfragen** (mit Fragewort) unterschieden.

Wie wird eine indirekte Entscheidungsfrage gebildet?
Sie wird mit **redeeinleitendem Verb** + ***si*** gebildet.

Beispiele: Julia: «¿Conoces a Martín?»
Julia pregunta si conozco a Martín.

Andrés: «¿Vais al cine?»
Andrés pregunta si vamos al cine.

Wie wird eine indirekte Ergänzungsfrage gebildet?
Sie wird mit **redeeinleitendem Verb** + ***pronombre interrogativo*** gebildet. Das Interrogativpronomen behält in der indirekten Rede den grafischen **Akzent**.

Beispiele: Marisa: «¿Quién quiere celebrar conmigo?»
Marisa quiere saber quién quiere celebrar con ella.

Leandro: «¿Dónde está mi compacto?»
Leandro pregunta dónde está su compacto.

Folgende redeeinleitende Verben solltest du dir merken:
preguntar (fragen) ***querer saber*** (wissen wollen)

150 **Un robo (I).** In der argentinischen Hauptstadt Buenos Aires ist eine Bank überfallen worden. In Brasilien hat man nach einem ähnlichen Verbrechen vier Verdächtige ermittelt. Inspektor Méndez von der argentinischen Polizei ist nach Rio de Janeiro gereist, um die Vernehmung dreier Zeugen zu verfolgen. Leider spricht er kein Portugiesisch, sodass ihm ein Übersetzer zur Seite gestellt wird. Setze die Befragung von der direkten in die indirekte Rede.

PROTOCOLO: TESTIGO 1

Preguntas	**Respuestas**
¿Tenía el ladrón la cara tapada?	Al principio sí, pero luego se le cayó la máscara.
¿Lo había visto antes?	Me parece que lo había visto salir de un coche antes de entrar en el banco.
¿Podría describir la cara de la persona?	Fue todo muy rápido, pero estoy seguro de que tenía un lunar *(Muttermal)*.
¿Dónde tenía el lunar?	Lo tenía en la nariz.
¿Cuántos años tenía?	Esto es difícil de decir, pero podría tener unos 25 años.
¿Llevaba gafas?	Sí, me acuerdo todavía que eran gafas de sol muy caras.
¿Era rubio?	La verdad es que no se lo puedo decir. Tengo la impresión de que era rubio, sí.

Protocolo: Testigo 2

Preguntas	Respuestas
¿Usted se acuerda cómo entró el ladrón en el banco?	No, tengo la impresión de que apareció de la nada.
¿A cuántos metros de él se encontraba usted?	Estaba esperando mi turno cuando me di la vuelta *(sich umdrehen)* y creo que estaba a unos ocho o nueve metros.
¿Notó algo llamativo en su cara?	Sí, tenía un ojo más grande que el otro y unas mechas *(Strähnen)* rubias.
¿Cuántos años supone que tenía?	Seguro que no tenía más de treinta años.
¿De qué marca eran sus gafas de sol?	¿Gafas de sol? No llevaba gafas de sol.

Protocolo: Testigo 3

Preguntas	Respuestas
¿Es tan amable de describirnos la máscara del atracador *(Räuber)*?	No he visto ninguna máscara. A lo mejor ya se le había caído cuando lo vi.
Entonces, ¿no tenía ningún problema en verle la cara?	Soy un buen observador y me acuerdo perfectamente de ese individuo.
¿Había algo llamativo en su cara?	Había dos cosas que me llamaron la atención: tenía los ojos un poco raros y en la nariz vi una mancha negra.
¿Qué edad tenía, más o menos?	Yo diría que tenía entre 25 y 30 años.
¿Llevaba gafas o no?	No llevaba gafas, porque me acuerdo todavía de los ojos tan raros.
¿De qué color era su pelo?	Era rubio.

El inspector quiere saber si el ladrón tenía la cara tapada. El testigo piensa que al principio sí, pero piensa también que luego se le cayó la máscara.

151* **Un robo (II).** Betrachte die Bilder der vier Verdächtigen in Aufgabe 150 und versuche herauszufinden, auf wen der Verdacht fallen muss, da es am meisten übereinstimmende Aussagen gibt.

La persona más sospechosa es el número ____ porque ______________________

____

____

____

____

____

15.2 Indirekte Aussage- und Fragesätze mit Zeitverschiebung

Was ist zu beachten, wenn das Verb des Hauptsatzes in der Vergangenheit steht?
Steht das Verb des Hauptsatzes im ***indefinido, imperfecto*** oder ***pluscuamperfecto***, so **verschiebt** sich die Zeit des Verbs im Nebensatz folgendermaßen:

presente → imperfecto
pretérito perfecto → pluscuamperfecto
indefinido → pluscuamperfecto
futuro → condicional

Beispiele: Puri: «Me quiero comprar zapatos rojos.»
Puri dijo que se quería comprar zapatos rojos.

Miguel: «¿Ya has visto esta película?»
Miguel preguntó si ya había visto esta película.

Gabriel: «Nos veremos el fin de semana».
Gabriel afirmó que nos veríamos el fin de semana.

Beachte: Steht das Verb des Nebensatzes bereits im *imperfecto, pluscuamperfecto* oder *condicional*, bleibt es in der indirekten Rede **unverändert**.

Beispiele: Luisa: «¿Dónde estaba el gato?»
Luisa preguntó dónde estaba el gato.

Rosa: «Había sido un ladrón.»
Rosa contó que había sido un ladrón.

152 Carmen und Vicente haben sich am Wochenende mehrere DVDs aus einer bekannten Filmreihe angeschaut. Setze ihre Aussagen dazu in die indirekte Rede (einleitendes Verb steht in der Vergangenheit). Weißt du, zu welcher Filmreihe die DVDs gehören?

Lo que más me ha gustado han sido las luchas y los efectos especiales. Me sorprendió lo joven que era Harrison Ford en las películas. Siempre ha sido uno de mis actores favoritos.
Las películas son como un cuento de hadas con princesas y reinos.
Antes había oído hablar muchas veces de la serie de películas, pero nunca he tenido el tiempo para verla.
Yo volvería a ver sobre todo las películas con el hombre vestido completamente de negro que es un representante del mal.

Carmen contó que lo que más le había gustado habían sido las luchas y los efectos especiales.

Las luchas interminables me aburren bastante, sobre todo porque la historia es confusa.
Todos los personajes hablaron constantemente de la fuerza que poseían los caballeros de la orden de los Yedi. Esto me pareció ridículo.
Había tantos efectos especiales que los personajes no interesaban tanto.
Los actores en las películas viejas todavía pueden pasar, pero el actor que interpreta al joven Anakin es bastante malo.
No sé si veré todavía las dos películas que me quedan, pero me podría imaginar que no.

Vicente explicó que las luchas interminables le aburrían bastante, sobre todo porque la historia era confusa.

Was muss bei Orts- und Zeitangaben beachtet werden?
Orts- und Zeitangaben werden folgendermaßen angepasst:

direkte Rede	indirekte Rede
hoy (heute)	***aquel día*** (an jenem Tag)
mañana (morgen)	***el próximo día/el día siguiente*** (tags darauf)
ayer (gestern)	***el día anterior*** (am Vortag)
ahora (nun)	***entonces*** (dann)
este/esta/esto (diese/r/s)	***aquel/aquella/aquello*** (jene/r/s)
esta tarde (an diesem Abend)	***aquella tarde*** (an jenem Abend)
la próxima semana (nächste Woche)	***la semana siguiente*** (in der Woche darauf)
la última semana (letzte Woche)	***la semana anterior*** (in der Woche davor)
aquí (hier)	***allí*** (dort)

Beispiele: Javier: «La próxima semana te lo llevaré a casa.»
Javier añadió que la semana siguiente se lo llevaría a casa.

Ramón: «No la he visto hoy.»
Ramón explicó que no la había visto aquel día.

Beachte: Wird eine Aussage **zeit-** und **ortsnah** wiedergegeben, ist diese Anpassung nicht notwendig.

Beispiel: Javier: «La próxima semana te lo llevaré a casa.»
Javier añade que la próxima semana se lo llevará a casa.

153 Wenige Monate nach Beginn des Spanischen Bürgerkrieges (1936–1939) gab es an der Universität von Salamanca einen Festakt zur Feier der Entdeckung Amerikas. Die Veranstaltung war geprägt von den Reden der Putschisten (die die gewählte spanische Regierung stürzen wollten). Als Einziger stellte sich der Rektor der Universität, Miguel de Unamuno, gegen die Faschisten. Im Folgenden findest du einige Sätze aus seiner Rede (leicht abgeändert). Setze sie in die indirekte Rede. Achte dabei auf notwendige Anpassungen.

Acabo de oír el grito «¡Viva la muerte!». Tengo que deciros que esta ridícula *(lächerlich)* frase me parece repelente *(abstoßend)*. Se ha hablado aquí de guerra internacional en defensa de la civilización cristiana. Pero es sólo una guerra incivil. Desgraciadamente, hay en estos días demasiados inválidos. Y en los próximos meses habrá más, si Dios no nos ayuda. ¡Este es el templo de la inteligencia! Vosotros estáis profanando *(entweihen)* esta universidad tan antigua. Venceréis, porque tenéis mucha fuerza bruta; pero no convenceréis, porque convencer significa persuadir *(überreden, überzeugen)*. Y para persuadir necesitáis algo que os falta: razón y derecho en la lucha.

Denkmal in Salamanca zu Ehren von **Miguel de Unamuno** (1864–1936), spanischer Schriftsteller und Philosoph.

En su discurso Miguel de Unamuno dijo que acababa de oír el grito «¡Viva la muerte!».

154* In Lateinamerika gibt es eine große Zahl von Straßenkindern. Ein Reporter der spanischen Tageszeitung ABC will einen Bericht über die Situation dieser Straßenkinder schreiben und interviewt deshalb den 8-jährigen Juan aus Bogotá. Mache aus diesem Interview einen Zeitungsartikel, indem du dir einen Titel für die Story ausdenkst und Fragen und Antworten in die indirekte Rede setzt.

Juan vive en las calles de la capital colombiana Bogotá.

ABC: ¿Cómo te llamas?

JUAN: Me llamo Juan.

ABC: ¿Cuántos años tienes?

JUAN: Tengo ocho años, pero pronto cumpliré nueve años.

ABC: ¿Por qué vives en la calle?

JUAN: Mi madre murió cuando tenía cuatro años y después mi padre empezó a beber, lo que nunca había hecho. Mis hermanos y yo teníamos miedo cuando llegaba a casa, porque muchas veces nos pegaba. Así que un día decidí irme de casa.

ABC: ¿Cuánto tiempo llevas ya viviendo en la calle?

JUAN: Me fui de casa cuando tenía seis años.

ABC: ¿Has vuelto a ver a tu familia desde que la has abandonado?

JUAN: De vez en cuando voy a visitar a mis hermanos, pero intento ir cuando no está mi padre.

ABC: ¿De qué vives ahora?

JUAN: Para ganar un poco de dinero mendigo en el centro de Bogotá. A veces también vendo cosas que robamos mis amigos y yo. La comida normalmente la encuentro entre lo que la gente tira a la basura.

ABC: ¿Dónde dormís tus amigos y tú?

JUAN: Ayer dormimos en una casa en ruinas, pero otros días me tapo con cartones y duermo en la entrada de alguna casa. El problema es que la policía muchas veces no nos deja dormir en el centro.

ABC: ¿Tú opinas que os deberían dejar en paz?

JUAN: Claro, porque la policía debería ayudar a la gente y no hacerle a uno la vida imposible.

ABC: ¿Qué futuro te esperará, Juan?

JUAN: No sé qué significa esto del futuro. Para mí, sólo existe el presente.

15.3 Indirekte Befehlssätze ohne Zeitverschiebung

Was ist bei der Bildung eines indirekten Befehlssatzes zu beachten?
Der Imperativ der wörtlichen Rede wird in der indirekten Rede zum ***subjuntivo*** (zur Bildung siehe Kapitel 9). (Der verneinte Imperativ steht ja bereits in der wörtlichen Rede im *subjuntivo* und bleibt in der indirekten Rede einfach erhalten.)

Beispiele: Su padre: «Haz tus deberes ahora.»
Su padre le manda que haga sus deberes ahora.

Paquita: «No veas tanto la televisión, Carlos.»
Paquita dice a Carlos que no vea tanto la televisión./
Paquita prohíbe a Carlos que vea tanto la televisión.

Folgende redeeinleitende Verben solltest du dir merken:

exigir	(fordern)	***mandar***	(befehlen)
pedir (e>i)	(bitten)	***prohibir***	(verbieten)
aconsejar	(raten)	***recomendar*** (e>ie)	(raten, empfehlen)

155 Héctor und Elena wollen mit ihrer Jugendgruppe an den Sanfermines* in Pamplona teilnehmen. Elena telefoniert mit Gruppenleiter Eduardo und gibt ihrem Bruder Eduardos Anweisungen weiter. Setze diese in die indirekte Rede und verwende dabei unterschiedliche redeeinleitende Verben.

a) **EDUARDO:** Sed puntuales, por favor.
Eduardo quiere que seamos puntuales.

b) **EDUARDO:** No olvidéis un saco de dormir.

c) **EDUARDO:** Al llegar al albergue juvenil, esperad hasta que llegue el resto del grupo.

d) **EDUARDO:** No salgáis todavía a ver la ciudad.

e) **EDUARDO:** Ten mucho cuidado con tu dinero porque hay mucha gente en la ciudad.

____

____

f) **EDUARDO:** Levantaos pronto por la mañana para ver los encierros.

____

____

g) **EDUARDO:** Comportaos bien en el albergue. No bebáis ni comáis en las habitaciones.

____

____

h) **EDUARDO:** Pero ante todo, disfrutad de la excursión.

____

____

… ¡y que no se os ocurra participar en los encierros!

* In der nordspanischen Stadt Pamplona, Hauptstadt der autonomen Region Navarra, findet jedes Jahr im Juli das Stadtfest, die **Sanfermines**, statt. Auf obigem Bild ist der Startschuss (*chupinazo*) zu sehen. Die Menschen schwenken dabei rote Halstücher, die sie anschließend umbinden. An jedem Tag des Fests werden beim *encierro* sechs Stiere durch die Gassen der Altstadt bis in die Stierkampfarena getrieben, wobei viele Wagemutige vor den Stieren herlaufen. Von Tierschützern wird diese Tradition heftig kritisiert. Zudem gibt es jedes Jahr Verletzte und manches Mal sogar Todesfälle.

… rund um die Zahlen

16 Kardinalzahlen bis 1 Million

Wie lauten die Kardinalzahlen von 0 bis 100?

0	cero	21	veintiuno/una/ún
1	uno/una/un	22	veintidós
2	dos	23	veintitrés
3	tres	24	veinticuatro
4	cuatro	25	veinticinco
5	cinco	26	veintiséis
6	seis	27	veintisiete
7	siete	28	veintiocho
8	ocho	29	veintinueve
9	nueve	30	treinta
10	diez	31	treinta y uno/una/un
11	once	32	treinta y dos
12	doce	33	treinta y tres
13	trece	40	cuarenta
14	catorce	41	cuarenta y uno/una/un
15	quince	50	cincuenta
16	dieciséis	60	sesenta
17	diecisiete	70	setenta
18	dieciocho	80	ochenta
19	diecinueve	90	noventa
20	veinte	100	cien

Beachte:

- Bei zusammengeschriebenen Zahlen tragen die einsilbigen Einer einen **grafischen Akzent**.

  Beispiel: Tengo dieciséis años.

- Zahlen mit ***uno*** werden an das **Substantiv angeglichen**. Vor weiblichem Substantiv wird *uno* zu ***una***, vor männlichem Substantiv sowie vor weiblichem Substantiv mit betontem *a-/ha-* am Wortanfang wird es zu ***un/-ún*** verkürzt.

  Beispiele: Disponemos de treinta y una habitaciones en nuestro hotel.
  En este curso participan veintiún chicos.

156 Im Folgenden siehst du einige Filme spanischsprachiger Regisseure, die alle eine Zahl im Titel haben. Schreibe die Zahlen aus und verbinde anschließend die Beschreibung der Filme mit den Titeln.

TÍTULO

1) Catorce (14) **kilómetros**
DIRECTOR: GERARDO OLIVARES

2) **Las** ______ **(13) rosas**
DIRECTOR: EMILIO MARTÍNEZ LÁZARO

3) ______ **(90) millas**
DIRECTOR: FRANCISCO RODRÍGUEZ

4) **Mamá cumple** ______ **(100) años**
DIRECTOR: CARLOS SAURA

5) ______ **(21) gramos**
DIRECTOR: ALEJANDRO GONZÁLEZ IÑÁRRITU

6) **Septiembre del** ______ **(75)**
DIRECTOR: ADOLFO DOFOUR

DESCRIPCIÓN

A) Esta comedia trata de una anciana y su fiesta de cumpleaños, en la que se reúne toda la familia.

B) Este drama trata de un accidente que entrelaza los destinos de varias personas. El título se refiere al peso que tiene el alma (según un científico).

C) El título se refiere a la distancia que separa Europa de África. Tres jóvenes africanos intentan superarla.

D) El título se refiere a un grupo de chicas fusiladas por el ejército franquista en 1939.

E) El documental cuenta la historia de un joven fusilado. Fue uno de los últimos ejecutados del régimen franquista.

F) El título se refiere a la distancia que separa la costa de Cuba de la de Estados Unidos. Una familia cubana intenta llegar a Florida en un pequeño barco.

Película 1 → C
Película 2 → ______
Película 3 → ______
Película 4 → ______
Película 5 → ______
Película 6 → ______

Wie lauten die Kardinalzahlen von 101 bis 999?

101	ciento uno/una/un	400	cuatrocientos/as
102	ciento dos	500	**quinientos/as**
103	ciento tres	600	seiscientos/as
104	ciento cuatro	700	**setecientos/as**
200	doscientos/as	800	ochocientos/as
201	doscientos/as uno/una/un	900	**novecientos/as**
300	trescientos/as	999	novecientos/as noventa y nueve

Beachte:

- Aus *cien* wird ***ciento***, wenn danach eine Einer- oder Zehnerzahl steht.

  Beispiel: Esta actriz ha actuado en ciento quince películas hasta ahora.

- Ab 200 muss die Mehrzahl ***cientos/as*** verwendet werden. Dabei wird nach männlichem und weiblichem Bezugswort unterschieden.

  Beispiele: Esta pantalla cuesta trescientos noventa y nueve euros.
  Ayer vendieron trescientas cajas de manzanas.

- Für **500, 700** und **900** gibt es **Sonderformen**, die du dir gut merken solltest.

  Beispiel: He comprado este cuadro por setecientos cincuenta dólares.

- „Hunderte" wird auf Spanisch mit ***cientos de*** übersetzt.

  Beispiel: En la plaza se reunieron cientos de personas para celebrar la victoria.

157 Schreibe die folgenden Zahlen aus.

a) **756** setecientos cincuenta y seis

b) **109** ______

c) **555** ______

d) **348** ______

e) **289** ______

f) **901** ______

g) **815** ______

Wie lauten die Kardinalzahlen von 1 000 bis 1 000 000?

1 000	mil	10 000	diez mil
1 001	mil uno/una/un	100 000	cien mil
2 000	dos mil	1 000 000	un millón
3 000	tres mil	2 000 000	dos millones

Beachte:

- Die Zahl ***mil*** ist **unveränderlich**. Nur in der Bedeutung „Tausende“ wird der Plural ***miles*** verwendet.

  Beispiel: Miles de personas recibieron un correo basura ayer.

- Die **Jahreszahlen** über Tausend werden im Spanischen mit *mil* gebildet.

  Beispiel: Luis Buñuel murió en mil novecientos ochenta y tres.
  (= Neunzehnhundertdreiundachtzig)

- Ab zwei Millionen wird die Mehrzahl ***millones*** verwendet. Folgt ein Substantiv auf eine volle Millionenzahl, so wird es mit der Präposition ***de*** angeschlossen.

  Beispiel: Esta ciudad tiene cuatro millones de habitantes.

158 Schreibe die folgenden Zahlen aus.

a) **3 518** *tres mil quinientos dieciocho* __________

b) **5 987** ____________________

____

c) **11 014** ____________________

____

d) **44 921** ____________________

____

e) **123 647** ____________________

____

f) **812 739** ____________________

____

g) **6 216 515** ____________________

____

____

159* **Ejercicio mixto:** Die große Mehrheit der Spanier strebt danach, eine Eigentumswohnung zu besitzen. Viele verschulden sich hoch, um ihren Traum zu verwirklichen. Seit der Einführung des Euro sind die Immobilienpreise allerdings explodiert. Du siehst hier den alten Preis in Euro und Peseten und den neuen Preis in Euro. Schreibe zunächst beide Preise aus und berechne dann die Differenz. Welche dieser Wohnungen ist am meisten im Preis gestiegen?

a)

antes:
211 770 €
(35 235 563 Pts)

hoy:
216 300 €

diferencia: *4 530 euros*

El piso costaba antes treinta y cinco millones doscientas treinta y cinco mil quinientas sesenta y tres pesetas. Son doscientos once mil setecientos setenta euros. Hoy cuesta doscientos dieciséis mil trescientos euros. La diferencia es de cuatro mil quinientos treinta euros.

b)

antes:
251 857 €
(41 905 478 Pts)

hoy:
267 300 €

diferencia: ____________________

____

____

____

____

____

c)

antes:
202 809 €
(33 744 522 Pts)

hoy:
234 000 €

diferencia: ______________________

d)

antes:
357 698 €
(59 516 014 Pts)

hoy:
385 000 €

diferencia: ______________________

Solución: El piso que más ha subido es el de la letra _____ .

160* Unten siehst du eine Karte aller Länder Lateinamerikas, in denen Spanisch offizielle Landessprache ist. Schreibe die Zahlen des folgenden Textes als Ziffern. Finde dann heraus, um welches Land es sich jeweils handelt, und trage die Zahl der Einwohner als Ziffer in die Tabelle nach dem Text ein. Wusstest du übrigens, dass in den USA ebenfalls ca. 26 000 000 Menschen Spanisch als Muttersprache haben?

El país más cerca de la frontera estadounidense tiene 109 935 715 **(ciento nueve millones novecientos treinta y cinco mil setecientos quince)** habitantes. Es el país con más hispanohablantes del mundo.

El país de donde son Juanes, Shakira y Gabriel García Márquez, el Premio Nobel de Literatura del año ____________________ **(mil novecientos ochenta y dos)**, es el segundo país más grande en cuanto a su población. Tiene ________________________ **(cuarenta y dos millones quinientos sesenta y seis mil nueve)** habitantes.

Hay un país en Latinoamérica con una longitud de ________________ **(cuatro mil trescientos)** kilómetros donde viven ________________________________ **(dieciséis millones novecientas sesenta y siete mil trescientas veintiséis)** personas.

Al norte de este país tan largo hay otro país cuya capital se llama Quito. Este país tiene ______________________________ **(trece millones quinientos doce mil novecientos once)** habitantes.

Hay dos países en Sudamérica que no tienen mar. Uno tiene unos ________________ **(diez millones quinientos mil)** habitantes y dos capitales: Sucre y La Paz.

El otro país sin mar está cerca de Brasil y tiene _________________________________ **(seis millones setecientos ochenta y nueve mil cincuenta y dos)** habitantes.

También hay tres islas en las que se habla español. Una de estas islas tiene una relación muy estrecha con Estados Unidos y allí también se habla inglés. Esta isla tiene casi ____________________ **(cuatro millones)** de habitantes.

Al lado de esta isla hay otra, en la que se encuentran dos países. En uno de estos países se habla francés y en el otro español. Es una isla con mucho turismo europeo. Tiene aproximadamente ____________________________________ **(nueve millones quinientos veintisiete mil ciento noventa y nueve)** habitantes.

La isla más grande del Caribe, en la que luchó Che Guevara contra el Gobierno hace ______________ **(cuarenta)** años, ha tenido en las últimas décadas muchos problemas con EE UU. Tiene ____________________________________ **(once millones quinientos catorce mil setecientos dieciocho)** habitantes.

El país donde vivían antes principalmente los incas tiene __________________________ **(veintisiete millones ochocientos treinta mil veintidós)** habitantes.

En la patria de Diego Armando Maradona, según muchos críticos uno de los mejores jugadores de fútbol de todos los tiempos, viven prácticamente __________________________ **(cuarenta millones)** de personas.

El país cuya capital Montevideo está a orillas del Río de la Plata tiene ___________________ **(tres millones ciento ochenta y dos mil cuatrocientos setenta y siete)** habitantes.

Hay un país geográficamente muy importante porque tiene un canal por el que pueden pasar los barcos del Atlántico al Pacífico. Este país tiene tan sólo ______________________ **(tres millones ciento setenta y tres mil novecientos trece)** habitantes.

Conocido como un paraíso natural justo al norte hay un país que tiene poco más de ____________________________________ **(cuatro millones ciento treinta mil)** habitantes. Este país no tiene ejército.

El país más pequeño de la Centroamérica hispanohablante tiene ______________________ **(siete millones cincuenta y cinco mil quinientos diecisiete)** habitantes. Su capital empieza con *San*.

Otro país interesante, que antes era uno de los centros de la cultura maya y del que es la Premio Nobel de la Paz del año ________________ **(mil novecientos noventa y dos)**, Rigoberta Menchú, tiene ________________________________ **(doce millones novecientos setenta y tres mil ciento once)** habitantes.

El país con la capital Tegucigalpa está al lado. Tiene aproximadamente ______________ **(siete millones quinientos mil)** habitantes.

Su país vecino tiene con ________________________ **(cinco millones seiscientas ochenta y siete mil novecientas quince)** personas menos habitantes que este país.

Finalmente hay que mencionar un país con una industria importante de petróleo, que en el norte pertenece al Caribe y cuyo río más importante es el Orinoco. Tiene casi ________________________________ **(veintiocho millones)** de habitantes.

PAÍS	HABITANTES	PAÍS	HABITANTES
Argentina		Bolivia	
Chile		Colombia	
Costa Rica		Cuba	
Ecuador		El Salvador	
Guatemala		Honduras	
México	109 935 715	Nicaragua	
Panamá		Paraguay	
Perú		Puerto Rico	
Rep. Dominicana		Uruguay	
Venezuela			

17 Ordnungs-, Bruch- und Prozentzahlen

Wie lauten die spanischen Ordnungszahlen von 1 bis 10?

Die spanischen Ordnungszahlen (*los números ordinales*), die an das Geschlecht des Bezugswortes **angeglichen** werden, lauten:

1. **primero/a**
2. **segundo/a**
3. **tercero/a**
4. **cuarto/a**
5. **quinto/a**
6. **sexto/a**
7. **séptimo/a**
8. **octavo/a**
9. **noveno/a**
10. **décimo/a**

Beispiele: El artista publicó su quinto sencillo.
Es la segunda vez que Fatih va a El Salvador con los «Médicos sin fronteras».

Beachte:

- Ab 11 werden für gewöhnlich die Kardinalzahlen verwendet.
- *Primero* und *tercero* werden vor einem **männlichen Substantiv** zu ***primer*** bzw. ***tercer*** verkürzt.

  Beispiel: En el tercer intento mi madre consintió.
- Hinter den **Ziffern** der Ordnungszahlen stehen ein **Punkt** und der **hochgestellte letzte Buchstabe**. Bei *primer* und *tercer* werden die letzten beiden Buchstaben hochgestellt.

  Beispiel: Mi abuela se ha mudado al $1.^{er}$ piso porque no puede subir tantas escaleras.
- Bei Jahrhunderten, Herrschern, Päpsten etc. werden **römische Zahlen** (ohne Punkt) verwendet.

  Beispiel: El siglo XI sólo acaba de comenzar y ya hay tantas catástrofes.

161 Schreibe die Ordnungszahl aus.

a) Existe una canción de Shakira que se llama «El octavo (8.º) día»

b) Durante el reinado de Felipe ____________ (II) (hijo de Carlos ____________ (I) de España e Isabel de Portugal) el imperio español alcanzó su máxima extensión.

c) Haití fue el ____________ ($1.^{er}$) país latinoamericano en proclamar su independencia.

d) El ____________ (5.º) y último escritor latinoamericano que ha recibido el Premio Nobel de Literatura es el mexicano Octavio Paz.

e) La ____________ (9.ª) sinfonía es una de las obras más famosas de Ludwig van Beethoven.

Wie werden die Bruchzahlen im Spanischen ausgedrückt?

Bei Bruchzahlen *(los números fraccionarios)* wird der **Zähler** mit der **Grundzahl** und der **Nenner** (bis 10) mit der **Ordnungszahl** ausgedrückt. Ist der Zähler größer als 1, steht der Nenner im Plural.

$$\frac{\text{Zähler}}{\text{Nenner}} = \frac{\text{Grundzahl}}{\text{Ordnungszahl}}$$

Beispiele: $\frac{1}{4}$ → un cuarto

$\frac{7}{5}$ → siete quintos

$\frac{5}{9}$ → cinco novenos

Beachte:

- Bei $\frac{1}{2}$ wird ***medio/a*** (ein/e halbe/s/r) oder ***la mitad*** (die Hälfte) verwendet.

  Beispiele: Comemos un pollo y medio.
  Le he esperado media hora.
  La mitad de la clase está de excursión.

- Bei $\frac{1}{3}$ wird ***un tercio*** verwendet.

  Beispiel: Mis padres pagan dos tercios de mi viaje.

162 Schreibe die folgenden Bruchzahlen aus.

a) $\frac{1}{4}$ = *un cuarto* ____________ b) $\frac{7}{5}$ = ____________

c) $\frac{2}{3}$ = ____________ d) $\frac{1}{8}$ = ____________

e) $\frac{3}{7}$ = ____________ f) $\frac{9}{6}$ = ____________

g) $\frac{8}{10}$ = ____________ h) $\frac{2}{4}$ = ____________

Wie werden die Bruchzahlen mithilfe einer Umschreibung ausgedrückt?

Bis auf $\frac{1}{2}$ können Bruchzahlen auch mit folgender Umschreibung ausgedrückt werden:

la/las + **Grundzahl** (Zähler) + **Ordnungszahl** (Nenner) + ***parte/partes***

Beispiele: $\frac{1}{3}$ = la tercera parte

$\frac{2}{3}$ = las dos terceras partes

Beachte: Der Nenner ist hier Adjektiv und muss deshalb in Geschlecht und Anzahl an das Substantiv *(parte/partes)* angeglichen werden.

163 Emilio muss für den Unterricht eine Umfrage an seiner Schule vorstellen. Bilde vollständige Sätze wie im Beispiel und schreibe die Bruchzahlen aus. Verwende *la/las* + Grundzahl + Ordnungszahl + *parte/partes* zum Ausdrücken der Bruchzahlen.

¿Qué piensan los alumnos?

a) Se podrían pintar las aulas.	$\frac{1}{3}$
b) Los precios de la cafetería son aceptables.	$\frac{1}{2}$
c) Tenemos que hacer demasiados deberes.	$\frac{7}{8}$
d) Estamos contentos con la oferta de los diferentes deportes que podemos practicar aquí.	$\frac{1}{9}$
e) Los profesores quieren ayudarnos.	$\frac{9}{10}$
f) El bedel *(Hausmeister)* no siempre es amable.	$\frac{1}{7}$
g) Muchos alumnos provocan al bedel.	$\frac{3}{4}$
h) Nos encantaría trabajar más con el ordenador en clase.	$\frac{3}{5}$
i) Estamos dispuestos a ayudar en las fiestas del colegio.	$\frac{1}{8}$
j) Queremos más actividades extracurriculares.	$\frac{1}{6}$

a) La tercera parte de los alumnos piensa que se podrían pintar las aulas.

Wie werden Prozentzahlen im Spanischen ausgedrückt?

Im Spanischen wird eine Prozentzahl durch **Artikel + Zahl + *por ciento*** ausgedrückt. Der bestimmte Artikel ***el*** wird bei einer **genauen** Angabe, der unbestimmte Artikel ***un*** bei einer **ungefähren** Angabe verwendet. Das Verb steht im Singular.

Beispiele: El 20 % (por ciento) de los coches va demasiado rápido. (→ genau 20 %)
Un 20 % (por ciento) de los coches va demasiado rápido. (→ etwa 20 %)

164 Die folgenden Angaben stammen aus einer Erhebung der katholischen Fundación Santa María (SM) (in Zusammenarbeit mit der Universidad Pontificia in Comillas) zur Situation der Kinder in Spanien und stammt aus dem Jahr 2008. Mache aus den Angaben der Tabelle mindestens 12 Sätze und schreibe die Prozentzahlen dabei jeweils aus.

preguntas	sí	no
¿Están tus padres por la tarde?	83 %	17 %
¿Cena tu padre con vosotros?	80 %	20 %
¿Tienes que cenar solo?	3 %	87 %
¿Tus padres te pegan con frecuencia?	7–11 %	89–93 %
¿A veces ayudas a tus padres en su trabajo (bar, tienda, etc.)?	17–20 %	80–83 %
¿Estás a menudo sin padres en la casa?	1,1 %	99 %
¿Provienes de una familia monoparental?	14 %	86 %
¿Están tus padres separados o divorciados?	12 %	88 %
¿Tienes primos?	84 %	16 %
¿Te sientes solo en la escuela?	10–15 %	85–90 %
¿Sufres agresiones en la escuela? (niños entre 6–11)	4 %	96 %
¿Perteneces a algún club de deporte?	44 %	56 %
¿Ves mucha televisión el fin de semana?	27 %	73 %
¿Tienes un teléfono móvil (niños entre 6 y 11)?	43 %	57 %
¿Es uno de tus padres inmigrante?	7,7 %	92,3 %
¿Es positivo tener niños extranjeros en clase?	85,5 %	14,5 %

Quelle: http://www.fundacion-sm.com

El diecisiete por ciento de los niños dice que sus padres no están en casa por la tarde.

Lösungen

1 Una serpiente **le** pregunta a otra: – ¿Es cierto que somos venenosas? – Sí, ¿por qué? – Porque **me** acabo de morder la lengua.

Pepito **le** pregunta a la maestra: – Maestra, ¿a qué edad se muere un burro? Y la maestra **le** responde: – ¿Por qué, Pepito? ¿Ya te sientes mal?

La niña **le** dice al niño: – Oye, ¿**me** regalas un chocolate? El niño **le** responde que no. Y la niña dice: – Ándale, si **me** das un chocolate, **te** doy un beso. Y el niño dice: – No, ¡y con amenazas menos!

– Mamá, mamá, ¿**nos** puedes dar cuatro euros para un pobre hombre que está gritando en la calle? – Niños, ¡qué corazones más grandes tenéis! Tened, **os** doy cinco euros. ¿Qué es lo que grita ese hombre? – Estooo... ¡Helados a dos euros!

2
a) **Las** reservo yo.
b) **Las** compramos nosotros.
c) **Lo** preparo yo.
d) **Los** compro yo.
e) **Los** busco yo.
f) ¿Quién **me** ayuda a recoger el dinero para los billetes? – **Lo/Le**[1] ayudo yo, Sr. Álvarez.

Hinweis:

1 *Lo* ist korrekt, Spanier verwenden aber bei männlichen Personen häufig *le*.

3 Nuestras últimas vacaciones **las** pasamos en Cancún. Esta ciudad está en la península Yucatán en México. Allí había mucha gente y las playas eran muy bonitas. **Las** teníamos casi directamente delante de nuestro hotel. Estuvimos diez días en la playa y después hicimos algunas excursiones, por ejemplo a Chichén Itzá y Uxmal, dos antiguas ciudades de los mayas. Mis padres no **las** conocían todavía y yo tampoco **las** había visto, sólo **me** habían contado que merecía la pena ver**las**. Primero fuimos a Chichén Itzá. Este era un lugar para el culto religioso de los mayas que **lo** construyeron en la segunda mitad del primer milenio. Hasta finales del siglo XIX no **lo** descubrieron en la selva debido a que estaba completamente cubierto. Cuando llegamos allí había una pirámide enorme y yo que había pensado que las pirámides solamente **las** había en Egipto. Arriba estaba el templo para el dios Kukulcán. Los mayas **le** presentaban allí los sacrificios religiosos. Para subir hay 91 peldaños. Si **los** multiplicas por cuatro y añades el último peldaño para entrar al templo te das cuenta de que los mayas eran muy buenos matemáticos y astrónomos. Mis padres leyeron en la guía que esta pirámide es aún más interesante de lo que se piensa.

Los turistas también **la** conocen porque dos veces al año (el 21 de marzo y el 23 de septiembre cuando los días tienen una duración igual a la de las noches) el sol ilumina la pirámide de tal manera que se puede ver la sombra de una serpiente emplumada. Además, en el interior de la pirámide hay una habitación que funciona como un altavoz. Si hablas allí dentro, la gente fuera de la pirámide **te** oye a más de cien metros de distancia. Esto no **lo** pudimos probar porque la pirámide estaba cerrada al público. Pero en general, la pirámide **nos** gustó muchísimo y **os** recomiendo que **la** vayáis a ver también. Algo como Chichén Itzá no **lo** había visto nunca en mi vida. Esta excursión no **la** voy a olvidar jamás.

4
a) Los que no **las** han visto no conocen nada de la cultura maya.
b) Hasta ahora, nadie **lo** ha podido averiguar/ ha podido averiguar**lo** con seguridad.
c) Sólo se sabe que los mayas **la** fundaron antes del año 1 000.
d) También en estos momentos los arqueólogos **lo** están investigando/están investig**á**ndo**lo**[1].
e) Ahora **lo** vamos a ver/vamos a ver**lo**.
f) Además, **les** quiero decir/quiero decir**les** que la pirámide tiene una longitud de 120 metros y su escalera una anchura de 40 metros.
g) Este lugar, aquí, **les** servía para jugar diferentes juegos con la pelota, es decir, se trata de un antiguo estadio.
h) Al final de nuestro recorrido **la** visitamos todavía.
i) Casi todos coinciden en que es la construcción más espectacular de Uxmal y yo también **lo** pienso.
j) Por supuesto, ahora **la** tienen.
k) Así, todos pueden ver lo que más **les** interesa.
l) Para terminar, **les** quiero dar/quiero dar**les** las gracias por escucharme tan atentamente.

Hinweis:

1 Die ursprünglich betonte Silbe erhält einen grafischen Akzent.

5 Individuelle Antwort

A Isabel y Patricia les envío un e-mail./(Les) envío un e-mail a Isabel y Patricia.
Al tío Martín lo llamo por teléfono./(Lo) llamo por teléfono al tío Martín.
A Carlos le escribo una carta./(Le) escribo una carta a Carlos.
A los abuelos les envío una postal./(Les) envío una postal a los abuelos.
A Lucy le dejo un mensaje en el ICQ./(Le) dejo un mensaje a Lucy en el ICQ.

6 Rafael: Así que no sólo en Egipto hay pirámides, sino que también **las** hay en México.

Carlos: ¿No sabías que también **las** hay en España?

Rafael: ¿Me quieres tomar el pelo?

Carlos: No, es cierto. Hace dos años estuve en Menorca y visitamos también los lugares prehistóricos de la isla. **Los** visité con mi primo Jaime. Creo que **lo/le**[1] conoces, ¿verdad? Como a Jaime **le** encanta la arqueología, estaba estudi**á**ndo**los**[2]/**los** estaba estudiando. Estábamos cerca de Ciutadella y de repente vimos algo espectacular: la Naveta de Es Tudons. Jaime estaba flipando porque inmediatamente se dio cuenta de que se parecía a una pirámide. **(Le)** dije a Jaime: «Est**ú**dia**la**[3] y tómate el tiempo que necesites». Yo no estaba tan impresionado como él, pero también me gustó.

Rafael: Nunca he oído nada de esto. ¿No tienes una foto?

Carlos: No, pero podemos buscar**la**/alguna foto en Internet. Aquí **la** tienes. ¿Qué dices?

Rafael: Bueno, realmente se parece un poco.

Carlos: Lo interesante es que las pirámides de Egipto servían para enterrar a los muertos y las navetas de Menorca también servían para enterrar**los**.

Hinweise:

1 *Lo* ist korrekt, Spanier verwenden aber bei männlichen Personen häufig *le*.

2 Die ursprünglich betonte Silbe erhält einen grafischen Akzent.

3 Die ursprünglich betonte Silbe erhält einen grafischen Akzent.

7 En mis últimas vacaciones en las Islas Canarias leí algo sobre los guanches, pero no tenía ni idea quiénes eran. Así que me informé un poco y ahora **os los** quiero presentar porque me parecen bastante interesantes. A mí **me lo** explicaron en el ayuntamiento de Playa Santiago en La Gomera. Un señor de la oficina de turismo se tomó mucho tiempo contándo**melo** todo. La historia de los guanches ya comenzó antes del siglo V antes de Cristo. Desde el norte de África llegaron colonizadores a las Islas Canarias. Más tarde, a estos **se les** dio el nombre *los guanches*. Es difícil imaginár**noslo**, pero, en realidad, con el tiempo los guanches en cada una de las Islas Canarias se desarrollaron de una manera específica, por ejemplo en cuanto a sus dialectos o lenguas. Los guanches también tenían animales domésticos como cerdos, cabras o perros. **Se los** habían traído de África, pero con esto contribuyeron a la extinción de algunos animales típicos de las islas, entre otros el lagarto gigante y la rata gigante.

En 1476 España consiguió conquistar las Islas Canarias. Ya **se lo** había propuesto desde principios del siglo XV, pero los guanches no estaban dispuestos a dár**selas** sin luchar. Por eso, los españoles tardaron más de 70 años en quitár**selas**. Al final tenía todavía muchas preguntas más, pero no llegué a preguntár**selas** al señor que me había informado tan bien porque no tenía más tiempo. Así que sigo sin preguntár**selo** todo, pero lo bueno es que ya sé qué voy a hacer la próxima vez que esté en las Islas Canarias.

8 PERIODISTA: Señor Heyerdahl, usted ha estudiado mucho el tema de las pirámides de Güímar. Para nuestros lectores algunos detalles acerca de su teoría todavía no están muy claros. ¿Me permite que **se los** pregunte?

HEYERDAHL: Por supuesto que sí. También a mí me interesa mucho este tema.

PERIODISTA: Lleva años estudiando las pirámides y ha sacado algunas conclusiones. ¿Podría explicár**noslas/Nos las** podría explicar?

HEYERDAHL: Hemos hecho investigaciones muy exhaustivas. **Se lo** digo claramente: estamos convencidos de que estas pirámides son obra de los guanches, el pueblo que vivió en las Islas Canarias antes de la conquista por España.

PERIODISTA: Todos los arqueólogos coinciden en que son obra de los campesinos del lugar y que datan del siglo XIX. Encima, dicen que tienen pruebas documentadas que son de la segunda mitad del siglo XIX. Nuestros lectores quieren saber su opinión. ¿Puede explicár**selo/Se lo puede explicar**?

HEYERDAHL: Por supuesto que voy a explicár**selo/se lo voy a explicar**. Todo lo que dicen mis colegas es sin duda correcto, pero lo que no mencionan es que debajo de las pirámides hay cuevas antiguas de los guanches y aquí está el origen de las pirámides. Además, las pirámides tienen una orientación astronómica. Si se tratara de piedras amontonadas por los campesinos, esto supondría mucha casualidad. Mis colegas **se lo** ocultan.

PERIODISTA: Aquí tengo todas las pruebas. Si quiere, **se las** doy.

HEYERDAHL: No hace falta porque ya lo conozco todo.

PERIODISTA: También los hay que dicen que es un truco para atraer a turistas y sacar dinero.

HEYERDAHL: Ya **me lo** han dicho más de una vez. Se puede discutir sobre estas dudas. Mis colegas constantemente **me las** están echando en cara.

PERIODISTA: Gracias por la entrevista, señor Heyerdahl.

9 Bueno, no olvidemos a los otros expertos porque esta teoría es demasiado fantástica **para ellos**. Sus teorías, sin embargo, no nos convencen **a nosotros**. El señor Heyerdahl está absolutamente convencido **de ello**. Se nota que el señor Heyerdahl se portó muy bien **contigo**. Tengo que decir que **a mí** me parece una persona muy seria.

10 SOLE: **A ella** no la invito a mi cumpleaños porque me ha insultado.
NACHO: ¿Has esperado otra cosa **de ella**?
SOLE: Hasta ahora siempre me he llevado bien **con ella**.
NACHO: Sí, siempre ha hecho muchas cosas **contigo**.
SOLE: ¿Así que tu también estás decepcionado **con ella**?
NACHO: **Conmigo** ha hablado muy poco, pero **para ti** es bastante duro. Sin embargo,/Pero no tienes que estar triste **por ello**.
SOLE: ¡Tienes razón! Tengo que conformarme **con ello**.

11 MAMÁ: ¿**Alguien** me puede ayudar, por favor?
Kann mir bitte **jemand** helfen?
JORGE: Mamá, por favor, no. ¡Siempre quieres **algo** de mí!
Mama, bitte nicht. Immer willst du **etwas** von mir!
MAMÁ: Anda, Jorge, tengo **mucho** trabajo.
Komm schon, Jorge, ich habe **viel** Arbeit.
JORGE: Seguro que los **otros** te pueden ayudar. Pregúntales a papá o a María Elena.
Sicher können dir die **Anderen** helfen. Frag (doch) Papa oder María Elena.
MAMÁ: Ahora mismo **nadie** está en casa.
Es ist gerade **niemand** zu Hause.
JORGE: Y yo no puedo. Tengo que hacer mis deberes. **Algunos** son bastante complicados, sabes.
Und ich kann nicht. Ich muss meine Hausaufgaben machen. **Einige** sind ziemlich schwierig, weißt du.
MAMÁ: Si quieres que te lleve en coche a la casa de Pablo esta tarde, me vas a ayudar y **ninguno** de tus pretextos me va a convencer.

Wenn du willst, dass ich dich heute Nachmittag zu Pablo fahre, dann wirst du mir helfen und **keine** deiner Ausreden wird mich überzeugen.

12 a) ¿**De qué** trata la película?
b) ¿**Cuántos** años tiene María?
c) ¿**Adónde** quiere ir María?
d) ¿**Cómo** gana dinero para ir al norte?
e) ¿**Quién** muere en el intento?
f) ¿**Por qué** se queda María en Nueva York?

13 a) ¿Veis aquellos coches? ¿**Cuál** os gusta más? ¿**Qué** color tiene tu coche favorito?
b) ¿**Qué** marca de coches prefieres?
c) Me han dicho que esta noche hay una película de Buñuel en la tele. ¿Tú sabes **cuál** es?
d) ¿**Qué** películas te gustan? – A mí me gustan sobre todo películas de horror.
e) Shakira o Madonna, esta es la pregunta. ¿**Cuál** es la que más te convence?
f) ¿**Qué** piensas sobre estas dos cantantes? Si te digo la verdad, a mí no me gusta la música de ninguna de las dos.
g) ¿**Qué** periódico español le parece el mejor? Hay muchos periódicos interesantes como, por ejemplo, El País, el ABC, La Vanguardia o El Mundo.
h) ¿**Cuál** de estos periódicos se ocupa mejor de la política internacional?

14 Individuelle Antwort

¿**Cuántos** habitantes tiene Valencia? – Tiene aproximadamente 800 000 habitantes.
¿**Cuántas** ciudades españolas son más grandes que Valencia? – Sólo dos ciudades españolas son más grandes que Valencia.
¿**Quién** fundó Valencia?/¿**Por quién** fue fundada Valencia? – Fueron los romanos./Fue fundada por los romanos.
¿**En qué** año fundaron esta ciudad? – La fundaron en el año 138 antes de Cristo.
¿**Bajo qué** nombre la fundaron? – Fundaron Valencia bajo el nombre Valentia.
¿**Para quién** conquistó El Cid Valencia? – La conquistó para los cristianos.
¿**Qué** edificio del pasado debería ir a ver un turista que quiere conocer la ciudad? – Un turista interesado en el pasado de Valencia debería ir a ver la catedral.
¿**Dónde** se construyó la Ciudad de las Artes y de las Ciencias? – Se encuentra en el antiguo cauce del río Turia que, en la actualidad, está seco.

¿**Cuándo** abre el Parque de Gulliver por la mañana? – Este parque ya abre a las diez de la mañana.
¿**Cómo** se llama la competición en la que perdió el Valencia CF contra el Bayern? – Es la Liga de Campeones.

15 La gripe A es **ahora** uno de los temas más discutidos en todo el mundo. Los periódicos están llenos de noticias sobre esta nueva enfermedad para el hombre. Los expertos están **muy** preocupados porque la gripe se extiende tan **rápido** por todos los continentes. En Europa algunos políticos ya han pensado en recomendar a la gente quedarse **aquí**, en casa, y no irse de vacaciones por el peligro de contagiarse. Hasta un superhéroe como Wolverine (Hugh Jackman), por ejemplo, tiene miedo de presentar su nueva película en la capital de México y prefiere hacerlo más **tarde**. Mientras tanto, en Alemania el Gobierno ha decidido vacunar a parte de la población (sobre todo a jóvenes y mujeres embarazadas). **Así**, se intenta proteger a los grupos de riesgo y evitar la extensión de la gripe. Como siempre, hay muchas personas que quieren ganar con la miseria de otros. Por ejemplo, en EE UU empezaron **pronto** a vender una camiseta por Internet con el texto (en español): «Yo fui a México y sólo traje la gripe porcina.» Algunos se reirán de este texto, pero los afectados seguramente que no se reirán **tanto**.

16 Había una vez un grupo musical en Guadalajara con el nombre *The Green Hat Spies* que **primero** tocaba canciones de otros grupos. Se formó por el año 1978. **Después**, cambiaron y abreviaron el nombre a *Sombrero Verde.* Con este nombre publicaron dos discos que no tuvieron éxito y se vendieron **muy** mal. En los años 80 en Hispanoamérica y, **por supuesto**, también en México surgió el movimiento *Rock en tu idioma*. **Entonces**, de nuevo el grupo cambió de nombre y empezó a llamarse *Maná.* En 1987 salió a la venta el primer disco con este nombre. **Despacio** fue aumentando la popularidad del grupo y en 1992 publicaron el álbum *¿Dónde jugarán los niños?*, con el que empezó su fama. **Hoy** es uno de los grupos más famosos de Latinoamérica. También actúan en EE UU y en Europa. Su música es una mezcla de rock duro y música pop. Pero no sólo se limitan al ámbito de la música, sino que también dan su opinión sobre temas sociales y políticos. **Así**, por ejemplo, están a favor de una reforma de la educación sexual en México y del uso de anticonceptivos, lo que la Iglesia católica ha criticado **mucho**. Aparte de esto, también apoyan **mucho** a los movimientos que luchan por la defensa del medio ambiente o a los que piden la independencia de Puerto Rico.

17

1. Pelamos las patatas, las cortamos en rodajas finas y les echamos sal.
2. Pelamos y cortamos la cebolla, el ajo y el perejil **finamente**.
3. Echamos las patatas, la cebolla, el ajo y el perejil **cuidadosamente** en una sartén con aceite de oliva caliente. Ahora removemos **regularmente**.
4. Cuando todo esté blando y **ligeramente** dorado, lo sacamos de la sartén.
5. Batimos los huevos **rápidamente**[1] hasta conseguir una buena mezcla.
6. Mezclamos todo con los huevos batidos.
7. Echamos la mezcla otra vez en la sartén con aceite caliente. Movemos la sartén **constantemente** con movimientos circulares para que la tortilla se mueva dentro de la sartén.
8. Después, damos la vuelta a la tortilla poniendo un plato encima de la sartén. Luego, ponemos **lentamente** la tortilla de nuevo en la sartén.
9. Movemos la sartén y freímos la tortilla entre dos y tres minutos.
10. Servimos la tortilla con pan.

Hinweis:

1 Bei einigen abgeleiteten Adverbien (z. B. *rápido, duro*) kann neben der Form auf *-mente* auch das Adjektiv in der männlichen Form die Funktion des Adverbs übernehmen.

18 **Probablemente** Molotov es uno de los grupos latinoamericanos más conocidos. En su música mezclan elementos del **funk, rock duro** y **hip hop** al estilo del grupo Rage against the Machine. Cantan en **español** y en **inglés** y sus textos son **frecuentemente** provocativos. El grupo se funda/es fundado en **1995** en México, D. F. En el año 1997 Molotov publica el álbum «**¿Dónde jugarán las niñas?**», una parodia del álbum del grupo mexicano Maná. **Seguramente**, por la portada del CD y por las letras provocativas, que son **políticamente** incorrectas, muchas tiendas no quieren vender el compacto. Molotov lo vende **solamente** en la calle. El grupo se hace famoso: dan conciertos en EE UU y en Europa, donde la música mexicana **normalmente** no tiene tanto éxito. En el año **2007** el grupo anuncia su separación, pero en verdad/realmente graban un nuevo disco. Después, dicen **claramente** que la separación fue mentira. En **2007** sale el álbum «Eternamiente». **Actualmente** están grabando un nuevo álbum.

19 Individuelle Antwort

Esther: Yo escucho a menudo su disco del año 2002, *Compañeros musicales*, porque me fascina su mezcla de ritmos y estilos de punk a salsa y reggae.

Antonio: <u>De buena gana</u> iría a uno de sus conciertos porque me han dicho que son espectaculares.
Joaquín: Lo bonito en los conciertos de Panteón Rococó es que p<u>or todas partes</u> ves a la gente bailando.
Tere: <u>Muchas veces</u> pongo su música p<u>or las mañanas</u>, nada más levantarme, para coger energía.
Laura: Cuando los escuchas, el ritmo te llega <u>en seguida</u>.
Rándal: Es <u>sin duda</u> uno de los grupos más interesantes de la música mexicana actual.

20

F	R	G	E	N	U	I	B	I	N	J	D	G	U	W	B	W	G	O	A
X	W	C	Y	F	X	R	G	Z	L	D	X	A	S	O	D	I	P	Á	R
E	N	S	E	G	U	I	D	A	M	H	M	H	S	P	L	L	M	U	O
T	J	T	R	S	G	X	A	T	S	P	E	O	S	Q	E	J	D	U	I
X	V	P	I	Q	M	J	K	H	W	V	N	R	I	I	J	P	W	H	H
E	X	F	M	S	I	N	D	U	D	A	Y	A	R	Q	A	G	K	K	O
N	B	I	M	Z	Y	B	C	P	U	D	D	F	K	M	Y	U	V	H	E
V	L	U	Z	H	X	S	S	F	Í	S	I	C	A	M	E	N	T	E	T
J	Z	Q	G	J	W	K	J	C	I	E	H	B	G	Q	K	G	Y	B	N
T	O	T	A	L	M	E	N	T	E	S	E	U	K	R	J	L	T	A	E
E	Q	H	M	O	W	J	L	J	M	K	I	H	A	V	E	C	E	S	M
A	L	W	E	B	E	U	Y	L	V	T	N	S	Y	W	E	L	X	Y	A
B	U	B	N	D	L	A	Q	P	Í	N	X	X	J	F	M	A	D	J	T
W	Q	K	U	F	J	G	I	I	O	U	B	F	M	N	D	I	U	R	C
M	V	Q	D	Y	C	O	R	R	E	C	T	A	M	E	N	T	E	J	E
R	R	H	O	H	Q	N	U	D	K	R	M	F	V	C	Q	L	P	Z	F
K	T	S	I	J	M	C	K	J	U	O	N	N	K	U	J	E	J	F	R
B	X	A	F	X	S	O	L	E	O	I	O	W	Y	I	Y	Z	U	N	E
U	W	D	I	Y	P	O	R	T	O	D	A	S	P	A	R	T	E	S	P
N	H	A	B	E	Y	I	C	W	I	H	N	K	W	S	S	L	V	A	X

en seguida *(sofort)*, rápido *(schnell)*, sin duda *(zweifellos)*, físicamente *(physisch, körperlich)*, totalmente *(total, absolut)*, a veces *(manchmal)*, correctamente *(korrekt, richtig)*, por todas partes *(überall)*, a menudo *(häufig)*, perfectamente *(perfekt)*

21 Mucha gente sabe que el español se habla en casi toda Latinoamérica. Esto es **sin duda** correcto, pero hay que decir que también en África hay un país donde el español es la lengua oficial: Guinea Ecuatorial. Durante mucho/ largo tiempo Guinea Ecuatorial fue una colonia española. En 1968 el país consiguió la independencia. Sin embargo, esta no les sirvió **mucho** a los habitantes: **pronto** se desarrolló una guerra civil que terminó en una dictadura. Guinea Ecuatorial es uno de los países más pequeños de África. Es **realmente** un país rico, ya que tiene materias primas como el petróleo, pero la población es **muy** pobre y vive sobre todo de la agricultura. El Gobierno del país afirma **oficialmente** que tiene **aproximadamente** un millón de habitantes. Pero si se miran los datos **independientemente**, son **posiblemente** mucho menos.

22 El grupo lo **forman** los hermanos David (*1976) y José (*1978) Muñoz Calvo. Al principio, los hermanos **trabajan** en una fábrica de SEAT y todavía **tocan** canciones de otros músicos. Esto **cambia** muy pronto y hoy sólo **cantan** canciones propias. En el año 2000 **publican** su primer disco. En la actualidad Estopa es uno de los grupos más famosos de España.

23 ¿Desde cuándo **existe** vuestro grupo? – El grupo **existe** desde 1999.
¿Cómo **definís** vuestro estilo? – **Intentamos** hacer música muy variada. **Mezclamos**, por ejemplo, elementos de flamenco, punk y rumba.
¿Y qué tipo de música **escucháis** en privado? – A mí me **gustan**, por ejemplo, grupos de rock como *Extremoduro*. A José le **encanta** el grupo de flamenco *Pata Negra*.
¿**Creéis** que la fama es algo positivo? – Ser famoso **significa** también que hay cosas que te **molestan**.
¿Qué cosas os **molestan**? – Por ejemplo, si **entras** en un bar, seguro que te **preguntan** por autógrafos. Pero si esto no te **gusta**, no **grabas** discos.

24
a) No **entiendo** a esta gente que **prefiere** a un novio o una novia que **viste** ropa de marca.
b) ¿Qué hay de malo en jóvenes que **muestran** su interés por vestirse bien?
c) ¿No **pensáis** también que el maquillaje y el peinado **juegan** un papel demasiado importante?
d) A mí me **duele** ver a chicos que se **sienten** guapos, pero que se **niegan** a prepararse un poco.
e) Las chicas siempre buscan y **encuentran** algo malo en nosotros, los chicos, porque **sueñan** con su príncipe azul.
f) Me **cuesta** decirlo porque soy uno de ellos, pero **recomiendo** a los jóvenes que no gasten tanto dinero en cremas, gafas de sol, etc.
g) **Vuelvo** a insistir en que es algo muy personal y que es mi decisión si lo **quiero** hacer o no.

h) **Tienes** que tener en cuenta que la publicidad y los medios de comunicación **convierten** <u>sus</u> ideas en modas.

25

conducir (yo) **conduzco** tema: coche	destruir (ellos) **destruyen** tema: naturaleza	ofrecer (nosotros) **ofrecemos** tema: trabajo
desaparecer (tú) **desapareces** tema: fiesta	huir (él, ella) **huye** tema: policía	crecer (ellos) **crecen** tema: niños
huir (vosotros) **huís** tema: responsabilidad	conocer (yo) **conozco** tema: Cuba	construir (yo) **construyo** tema: puente

Individuelle Antwort

Conduzco un coche que gasta poca gasolina. Hay empresas que **destruyen** la naturaleza por motivos puramente económicos. Es una chica muy inteligente y por eso la **ofrecemos** este puesto de trabajo. Casi siempre **desapareces** pronto de las fiestas. Roberto **huye** de la policía aunque sería mejor entregarse. En Latinoamérica muchos niños **crecen** en la pobreza. A menudo **huís** de vuestra responsabilidad. Todavía no **conozco** Cuba y por eso voy a ir el próximo verano. Soy arquitecto y sobre todo **construyo** puentes en Argentina.

26

a) Les **digo** siempre a los turistas que tengan cuidado con el calor, pero no todos hacen lo que les recomiendo.
b) A veces les **propongo** hacer una excursión por barco.
c) Por las noches **salgo** con ellos para que vean como **es** la vida nocturna aquí en el Caribe.
d) Normalmente **voy** con ellos a uno de los parques nacionales que **están** cerca de aquí.
e) Claro que también les **doy** consejos y les **digo** donde pueden ir a comer.
f) No **sé** por qué, pero muchos turistas dicen que Puerto Limón no **es** demasiado interesante. Sin embargo, **estamos** muy orgullosos de nuestra ciudad.
g) Por lo general no **tengo** ningún tipo de problemas con los turistas, sólo algunos **son** insoportables.

27 Individuelle Antwort

Todos los fines de semana **salgo** con mis amigos. Normalmente **vamos** a bailar salsa en una discoteca. Siempre **regresamos** a casa muy tarde. Todos los lunes **estoy** muy cansado y **desayuno** tarde. Después, **corro** rápido al hotel, pero mi jefe ya casi siempre me **espera** a la puerta. Por lo general, **está** muy enfadado. **Trabajo** todo el día y después del trabajo me **voy** a la cama temprano.

28 EL JEFE: Pablo, otra vez **llegas tarde**.
PABLO: Perdone, don Vicente, se lo **explico**.
EL JEFE: Un día **es** tu gato enfermo, otro día **es** el autobús. Pero los clientes **esperan** y **preguntan** por qué no hay nadie.
PABLO: Ya lo **sé**. Pero el fin de semana siempre **es** tan corto y las noches **son** tan largas. ¡Y yo **estoy** tan cansado!
EL JEFE: ¡Los jóvenes de hoy! Bueno, ahora te **vas** a la oficina. Allí te **espera** tu trabajo.
PABLO: Por supuesto, don Vicente.

29 RAQUEL: ¿**Vas** esta tarde al partido contra el FC Sevilla?
DAVID: No **sé**, porque últimamente los partidos no **son** tan interesantes.
RAQUEL: Yo tampoco **estoy** segura. Pronto **escribo/escribimos** un examen de inglés y **necesito** más tiempo para estudiar.
DAVID: ¿Qué **opinas** sobre el juego del equipo en las últimas semanas?
RAQUEL: Bueno, **es** un buen equipo, pero **pierde** demasiado. **Tienes** una idea, ¿por qué?
DAVID: **Conozco** a un periodista y él **dice** que la culpa **es** del entrenador Schuster, pero yo **creo** que los jugadores también **son** culpables.
RAQUEL: No lo **entiendo**, porque los jugadores **ganan** tanto dinero y luego no **juegan** muy bien.
DAVID: Sí, claro, pero **pienso** que algunos no se **llevan** bien con Bernd Schuster. Estos jugadores **dicen** que no **pueden** jugar en su posición favorita y así **salen** al campo con pocas ganas de jugar. Pero al fin y al cabo, el entrenador **decide** en qué posición **juega** cada uno de ellos, ¿o no?
RAQUEL: Realmente **pienso** que también son otros los factores que **contribuyen** a esta crisis. Bernd Schuster **tiene** un carácter fuerte. Muchas veces **da** la impresión de que **es** un poco arrogante y de que **quiere** echar la culpa a otras personas, por ejemplo muchas veces **habla** mal de los árbitros.

DAVID: De todas formas, si no **cambia** la situación, los jugadores **tienen** pronto otro entrenador, te lo **garantizo**.

RAQUEL: ¡Lo veremos más adelante! Pero, ¿qué **hacemos** hoy? ¿**Vamos** al partido sí o no?

DAVID: ¿**Quedamos** a las tres en el metro?

RAQUEL: Vale.

30

G	L	S	V	E	B	A	Z	U	M	N	J	C	D	O	R	S	I	L	T
C	U	S	O	O	A	Q	H	T	U	H	I	F	D	E	Q	D	Q	P	W
J	N	Q	P	M	J	E	B	V	A	Y	C	U	E	L	I	C	C	S	S
Y	O	V	D	G	E	E	O	G	G	C	O	J	O	L	Z	O	K	M	O
E	L	U	I	R	M	E	T	I	W	L	Y	O	R	Y	M	N	X	W	M
X	N	G	R	H	R	I	N	O	S	L	L	I	K	Y	J	V	K	U	E
F	K	G	I	W	H	N	G	E	R	T	O	W	X	B	X	E	T	G	G
T	Z	Y	G	F	V	J	K	P	G	P	Y	J	L	S	Y	N	C	W	E
B	J	E	Í	U	H	C	U	X	D	O	S	G	I	H	M	Z	V	D	T
R	S	H	S	G	X	H	J	O	J	I	L	E	I	R	E	O	W	B	O
P	J	X	V	H	X	X	D	P	B	C	W	K	L	M	I	H	M	W	R
R	S	I	G	O	E	S	K	E	P	U	V	E	N	C	E	S	L	E	P
I	P	R	N	W	U	Z	B	V	Y	Í	Q	L	X	D	A	E	M	I	R

cojo, dirigís, protejo, convenzo, protegemos, elijo, sigo, vences

31 Individuelle Antwort

Rafael Nadal **nace** el 3 de junio de 1986 en Manacor (Mallorca). **Es** el sobrino de Miguel Ángel Nadal, un futbolista del FC Barcelona. A los cuatro años **empieza** con el tenis, un deporte que **prefiere** al fútbol y al baloncesto. **Pide** a sus padres su primera raqueta y con ocho años **gana** su primer torneo. En (el) 2001 **toma** la decisión de ser tenista profesional. Desde este momento se **puede** dedicar completamente a su deporte favorito. Poco a poco su fama **crece** hasta que en el año 2003 **acaba** entre los 100 mejores jugadores del mundo. Sus grandes triunfos **comienzan** con el Abierto de Francia en París en el 2005, donde **se convierte** en una nueva estrella. Allí **derrota**, por ejemplo, a Roger Federer, el número uno del mundo. En adelante **siguen** sus éxitos y **consigue** ganar la medalla de oro en los Juegos Olímpicos de Pekín en el año 2008. En este mismo año **sube** al trono del tenis, **vence** en los torneos de Wimbledon y París y **logra** ser el número uno del tenis mundial. Además, **recibe** el Premio Príncipe de Asturias de los Deportes en Oviedo.

32 a) Abuela, ¿**te** acuerdas de aquel día?
b) El perro **se** ha comido todo el pastel y no **me** he dado cuenta.
c) ¿Cuánto tiempo **os** quedáis aquí?
d) Señor, usted **se** ha equivocado de número, no soy la Sra. Sastre.
e) ¿Cómo **te** sientes?
f) **Nos** vamos algunos días al campo para descansar.
g) ¿Cuándo **se** han casado ustedes?
h) **Me** he cortado el pelo esta mañana, pero no me gusta nada.
i) ¿**Os** despertáis siempre tan temprano?

33 Individuelle Antwort

A las seis de la mañana, la señora **se despierta**. **Se levanta** en seguida, mientras que su marido **se queda** en la cama. Después, **lava** la ropa. **Prepara** el desayuno para su familia. Más tarde, **se viste** y **se maquilla**. **Viste** también al niño. Después, lo **lleva** a la escuela y allí **se despide** de él. **Va** rápido a la oficina y **se pone** en seguida a trabajar.

34 Individuelle Antwort

Al terminar su trabajo en la oficina la señora coge el autobús y recoge al niño. Con él va al supermercado para comprar. En casa prepara la cena para el niño y su marido. Después de la cena, mete al niño en la cama y limpia la cocina. Al final se acuesta y se duerme en un segundo.

35
MADRE: Jorge y María, ¡**levantaos** de una vez! ¿Dónde está vuestro padre?
MARÍA: Creo que **se está duchando/está duchándose**.
JORGE: Mamá, **me acabo de hacer** daño/**acabo de hacerme** daño. ¿Me traes una tirita?
PADRE: Elena, necesito una toalla. **Date** prisa, por favor.
MADRE: Ya voy, ya voy. **Me estoy vistiendo/estoy vistiéndome**. ¿Dónde están los niños?
PADRE: **Se están cepillando/están cepillándose** los dientes.
MADRE: María, Jorge, **cepillaos** los dientes después del desayuno, ¡ahora es inútil!
PADRE: Me voy a la oficina. **Nos vamos a ver/Vamos a vernos** esta tarde. ¡Hasta luego!

36

«Menudo día...» enviado por Biene55 el 6 de mayo a 06:30
¡... me **espera** hoy! Los miércoles **tengo que levantarme/me tengo que levantar** siempre a las seis porque mis clases **empiezan** a las siete y media. Y luego no **terminan** hasta las cuatro de la tarde. Después **vienen** los deberes y el balonmano. ¿Puedes **imaginarte/ te puedes imaginar** que **me acuesto** ya a las nueve?

«¡Vaya día!» enviado por TereRoRo el 6 de mayo a 06:35
¿Y tus clases realmente **empiezan** tan pronto? Esto **es** impresionante. Mis miércoles **son** bastante más tranquilos. Normalmente, **me despierto** sobre las ocho, pero no **me levanto** hasta las ocho y cuarto. Después, **tengo que darme prisa**[1], **desayuno** rápido algo de bollería y **bebo** un cacao. Hoy **me he despertado** temprano por algún ruido; por eso, te **escribo** :)

«¿Desayuno?» enviado por Biene55 el 6 de mayo a 06:41
¿**Es** típico de los jóvenes en España comer tan poco? Si yo **como** tan poco, no **puedo concentrarme/me puedo concentrar**. **Necesito** un panecillo con queso o con fiambre para empezar bien el día.

«¡Si, es típico!» enviado por TereRoRo el 6 de mayo a 06:44
Los jóvenes **desayunan/desayunamos** poco, pero a media mañana **cogen/cogemos**, por ejemplo, un cruasán en el cole.

«Alemania y España» enviado por Biene55 el 6 de mayo a 06:46
¡Qué interesante estas diferencias! ¿Y qué **haces** tú después de desayunar?

«decidirse» enviado por TereRoRo el 6 de mayo a 06:47
Bueno, después de desayunar, **me preparo** en el baño. **Me maquillo** y **me peino** el pelo. A las nueve menos cuarto **salgo** de casa y **voy** corriendo al cole. Hmmm... ¿qué **voy a ponerme/me voy a poner** hoy? Mi falda negra o mi nueva falda azul? ¿Tú qué **dices**, Sabine?

«Yo digo:» enviado por Biene55 el 6 de mayo a 06:53
¡**Decídete**! Y si no **puedes decidirte/te puedes decidir**, ¡**ponte** unos vaqueros!

«¡Hasta luego!» enviado por TereRoRo el 6 de mayo a 06:56
Acabo de ponerme/ Me acabo de poner la nueva falda azul. Oh, ¿**te has dado cuenta** de que ya son casi las siete? ¡**Date** prisa, Sabine! ¡Hasta luego!

Hinweis:

1 *Me tengo que dar prisa* ist eher unüblich.

37 **Es** española y **es** muy guapa. **Es** delgada y no demasiado alta. **Es** morena y sus ojos **son** marrones. **Es** bailadora y actriz. Su hermana Mónica **es** bailadora, su hermano Eduardo **es** cantante. La «María Elena» en la película «Vicky Cristina Barcelona» de Woody Allen **es** hasta ahora el papel más exitoso de esta actriz (ganó un Óscar). Actualmente su novio **es** el actor español Javier Bardem.

Respuesta: **Penélope Cruz**

38 **Reihenfolge:** c – e – i – h – g – b – d – f – a
David Bisbal nace en 1979. La casa de sus padres **está** en Almería, en la costa mediterránea. **Es** uno de los concursantes de la primera edición del programa «Operación Triunfo». Algunos de los otros concursantes **son** mejores porque él **es** una persona algo tímida e insegura. Sin embargo, **está** entre los últimos tres y al final queda segundo. Su primer disco tiene mucho éxito y David Bisbal **está** completamente sorprendido. En el año 2003 **es** el ganador de un premio (Latin Grammy) y ya **es** una estrella en Latinoamérica. A la gente le gusta mucho su ritmo y su forma de presentar las canciones en directo. Hasta 2007 no **es** muy conocido en Alemania, pero su actuación en el programa «Wetten, dass …?» en Mallorca ese mismo año **es** tan espectacular que sus canciones como, por ejemplo, el single «Silencio» hoy también **son** populares aquí. Todavía no **está** casado, pero su novia, la diseñadora de moda y modelo Elena Tablada, **está** embarazada de un niño.

39 Individuelle Antwort

El Capitolio **está** en el centro de la fotografía. **Hay** una cúpula alta que **está** encima de la parte principal del Capitolio. Abajo a la derecha **hay** algunos coches aparcados. Al fondo **hay** un edificio que **está** aproximadamente a un kilómetro del Capitolio. En el Capitolio **hay** muchas ventanas. Para entrar en el Capitolio **hay** una escalera ancha. Delante del Capitolio **hay** palmeras. Cinco de las palmeras **están** justo delante del edificio. En la plaza que **está** delante del Capitolio **hay** poca gente.

40 Barranquilla **está** en el norte de Colombia, en el Mar Caribe, y además, **está** junto al río Magdalena. Por eso, su puerto **es** el más importante en Colombia. Barranquilla **es** también una de las ciudades económicamente más importantes del país porque **es** un centro comercial y **hay** mucha industria. Aparte de esto, **hay** una universidad que aporta mucha vida cultural a la ciudad. En Barranquilla **hay** más de un millón de habitantes y por

eso **es** la cuarta ciudad más grande de Colombia.
La ciudad **es** del siglo XVII y desde la segunda mitad del siglo XIX **es** importante por su economía. Desde finales del siglo XIX hasta los años 30 del siglo pasado, **es** el destino de un gran número de inmigrantes, entre ellos también ciudadanos del Líbano y de Siria. Muchos de ellos deciden quedarse en Barranquilla.
Como **es** sabido, la cantante Shakira Isabel Mebarak Ripoll, que tiene raíces árabes, **es** de Barranquilla. Su padre William Mebarak Chadid **es** de Nueva York, pero de origen libanés y **está**[1] casado con Nidia Ripoll Torrado que **es** de Colombia. El nombre de Shakira **es** árabe y significa «mujer llena de gracia».
Shakira se interesa mucho por el mundo árabe. Por ejemplo, **es** una admiradora de la cantante libanesa Fairuz. Hasta en su familia la llaman frecuentemente «la pequeña Fairuz». Su interés por el mundo árabe se refleja en su forma de bailar y en su música. En sus conciertos y en sus videos **hay** muchos momentos en los que baila la danza del vientre. **Hay** también una canción en la que no sólo baila al estilo árabe, sino que también utiliza ritmos árabes y versos cantados en árabe: «Ojos Así». Esta canción **está** en su álbum titulado «¿Dónde **están** los ladrones?» del año 1999. Sobre todo debido a esta canción Shakira ganó un Latin Grammy en el año 2000.
Shakira también aprovecha su fama para ayudar a los niños de su ciudad natal. **Es** la fundadora (en 1997) de la organización «Pies Descalzos» que está comprometida con dar una educación a los niños desfavorecidos de Barranquilla y Colombia.

Hinweis:

1 Es handelt sich um das Ergebnis einer Handlung, deshalb *estar*.

41 Individuelle Antwort

a) Barranquilla **es** una ciudad importante porque allí **está** el puerto principal de todo el país y en general **es** muy fuerte económicamente. Además, **es** la cuarta ciudad más grande de Colombia.
b) El padre de Shakira **es** de origen libanés y Shakira se interesa mucho por el mundo árabe.
c) Shakira incluye ritmos y versos árabes en su música y baila la danza del vientre.
d) **Hay** una estrecha relación entre Shakira y Barranquilla, por ejemplo, **es** la fundadora de una organización que ofrece una educación a los niños pobres de Barranquilla.

e) Al principio, el centro del escenario **está** oscuro y sólo vemos los músicos a la derecha y a la izquierda. **Hay** una batería a la derecha y a la izquierda **hay** otra. De repente **hay** luz en el centro y se ve que un tipo de serpiente se levanta. Debajo de esta serpiente **está** Shakira, que **está** sorprendida por las ovaciones del público. Empieza a bailar al estilo árabe y para cantar **está** delante del micrófono, que **está** adelante en el escenario. Sigue con la danza del vientre que es impresionante; también mueve mucho los brazos. Al final el público **está** fascinado y aplaude frenéticamente. Se ve que Shakira **está** contenta con su actuación.

42 Individuelle Antwort

La Alhambra **es** de los siglos XIII y XIV. **Está** en Granada, pero **está** a las afueras de la ciudad. No es sólo una fortaleza, sino también una pequeña ciudad. La Alhambra **es** un palacio árabe que hasta 1492 **está** ocupado por los árabes. Más tarde es un palacio del rey Carlos V, un convento, etc. Tiene una superficie de 13 hectáreas. Al año **son** muchos los turistas que visitan La Alhambra. En enero normalmente sólo **hay** 90 000 visitantes, pero en agosto **hay** más de 220 000 visitantes. La entrada cuesta 12 € y los turistas que también quieren ver los jardines tienen que pagar 6 € más.
La Alhambra **está** en el centro de la foto. A la izquierda, **hay** una casa y una torre. El edificio que **está** a la derecha es bastante grande. Delante de este edificio, **hay** otros edificios más pequeños. En el primer plano **hay** muchos árboles y al fondo **hay** montañas altas.

43 Cuando usted llega a San Sebastián, **puede** ir primero al mar. La ciudad está situada en una bahía que se llama Bahía de la Concha por su forma especial. Usted **puede**, por ejemplo, caminar por la playa de La Concha o, si **prefiere/quiere** bañarse, **puede** hacerlo en el Mar Cantábrico cuando hace buen tiempo. Pero tenga cuidado: ¡el oleaje a veces es muy fuerte! Si usted **prefiere/quiere** tener unas vistas hermosas sobre toda la Bahía, **puede/tiene que** subir al Monte Urgull. En su parte más alta, también **puede** ver los restos de las fortificaciones que en otra época rodeaban toda la ciudad. San Sebastián es una ciudad elegante, por lo que algunos la llaman «París del Sur». Ya en el siglo XIX es visitada por muchos veraneantes, incluida la reina María Cristina, que **suele** pasar el verano en el Palacio de Miramar. Hoy usted **puede** visitar los jardines del Palacio y disfrutar de la vista espectacular. Por la tarde, los vascos **suelen** tomar tapas, que aquí se llaman *pintxos*. ¡**Hay que** probarlos! Aún cuando usted no

sabe hablar ni vasco ni español, no habrá ningún problema: en los bares **puede** ver los diferentes pintxos expuestos y puede escoger los que le apetecen.
San Sebastián es una ciudad muy bella y si usted nunca ha estado allí, ¡**tiene que** visitarla! Por cierto, el grupo «La oreja de van Gogh», que es muy conocido en España y Latinoamérica, es también de San Sebastián, así como el escultor Eduardo Chillida y el escritor Pio Baroja.

44

seguir	**siguiendo**	beber	**bebiendo**
existir	**existiendo**	oír	**oyendo**
poder	**pudiendo**	morir	**muriendo**
aprender	**aprendiendo**	contar	**contando**
estudiar	**estudiando**	perder	**perdiendo**
ir	**yendo**	pedir	**pidiendo**
volver	**volviendo**	ver	**viendo**
sentir	**sintiendo**	leer	**leyendo**
montar	**montando**	construir	**construyendo**
venir	**viniendo**	recibir	**recibiendo**

45
a) Eduardo Chillida **sigue siendo** uno de los escultores españoles más importantes del siglo XX.
b) En algunos países **van descubriendo** su arte.
c) En otros países **llevan estudiando** su obra ya mucho tiempo.
d) Ahora **están presentando** una exposición de Chillida en Düsseldorf y Colonia.
e) A pesar de que una mayoría está a favor de su escultura situada delante de la Cancillería Federal en Berlín, hay también personas que **llevan criticando** esta obra desde hace mucho tiempo.
f) Sin embargo, hasta los críticos **van entendiendo** las ideas de Eduardo Chillida.
g) Por lo general, la gente **sigue/continúa disfrutando** de las obras monumentales del escultor vasco (p. ej. «El elogio del horizonte» en Gijón, en el norte de España).

46
a) **No os podéis imaginar/No podéis imaginaros** la cantidad de gente que se interesa por el balonmano.
b) Nos **gusta pertenecer** a este club porque siempre tiene mucho éxito.
c) **Tenemos que entrenar** tres veces a la semana: los lunes, los miércoles y los viernes.

d) **Hay que esforzarse** [1] mucho en el entrenamiento porque los domingos todos **quieren jugar**.
e) Algunos incluso entrenan más tiempo porque quieren **pertenecer** al equipo de los domingos.
f) Si tenemos tiempo también **seguimos entrenando** el lunes y el viernes después de terminar el entrenamiento oficial.
g) Nuestro/El entrenador es muy duro y por eso todos **tienen/tenemos que ser** puntuales.
h) Si algunos compañeros **siguen llegando** tarde, **no pueden/podrán jugar** en el próximo partido.
i) Ya **llevamos jugando** al balonmano cinco años y vemos que **se continúan matriculando/continúan matriculándose** cada vez más jóvenes.
j) Por ejemplo, **se acaban de incorporar/acaban de incorporarse** otros doce jóvenes al equipo.

Hinweis:

1 Bei unpersönlichen Verbalperiphrasen kann das entsprechende Reflexivpronomen nicht vorangestellt, sondern muss an den Infinitiv angehängt werden.

47 La pelota vasca es un deporte típico del País Vasco. Sin embargo, esta tradición también **se puede encontrar/puede encontrarse** en otras zonas del norte de España como Navarra, La Rioja, Castilla y León y Aragón. Debido a los inmigrantes españoles la pelota vasca también **se lleva practicando/lleva practicándose** desde hace mucho en diferentes países del continente americano. Como mínimo **tienen que intervenir/participar** dos jugadores, pero también existen equipos de dos personas. Como en los siglos atrás/pasados **se sigue/continúa jugando** con la mano o con un tipo de raqueta que se llama *cesta-punta*. La cancha donde **suelen tener lugar** los partidos se llama *frontón*. Es parecido a la cancha del squash, con la diferencia de que el frontón tiene sólo dos paredes. La pelota en algunos casos **se sigue fabricando/se continúa fabricando/sigue fabricándose/continúa fabricándose** a mano. Normalmente está hecha de madera, látex, lana y cuero, aunque algunos **prefieren utilizar** goma o plástico. Las reglas del juego son bastante semejantes al squash. El jugador o el equipo que primero consigue 22 puntos gana el partido. Los que **quieren ver** un partido en la televisión **pueden hacerlo/lo pueden hacer** en el canal de la televisión vasca ETB los viernes por la noche o también en Internet.

48 Cuando **visitaba** a mis abuelos, siempre me **levantaba** temprano por la mañana. Después de desayunar, **paseábamos** juntos. Por la tarde, la abuela **estaba** en el jardín y el abuelo se **ocupaba** de las vides, mientras yo **jugaba** con Nemo, el perro.

A los abuelos les **gustaba** mucho la música para bailar. Cuando la abuela la **escuchaba** en la radio, siempre le **preguntaba** al abuelo:

– Gustavo, ¿todavía te acuerdas cómo tú y tu hermano **tocabais** en aquel grupo?

Y mi abuelo siempre le **contestaba:**

– Por supuesto, Sofía, ¡y me acuerdo muy bien que tú **bailabas** toda la noche mientras **tocábamos**!

49

ENROJECÍAN	CONSTRUÍAMOS
LLOVÍA	DESCRIBÍAIS
PONÍAN	PERDÍA
SABÍAS	

jolines: Umgangssprachliches Wort, das mit „verflucht noch mal" übersetzt werden kann und als Ausruf gebraucht wird. (Beispiel: *¡Jolines! Ya te lo he dicho tres veces, pero no me escuchas.*)

METÍAN	ABRÍAS
ENVEJECÍA	CREÍAMOS

maja: Ansprache unter Freunden (hier die weibliche Form) oder guten Bekannten, die positiv gemeint ist. (Beispiel: *¡Que no, que no, maja, así no es!*)

TENÍA	PRODUCÍAIS
CONOCÍAMOS	

tío: Umgangssprachliche Art, Männer zu bezeichnen. Teilweise wird es positiv unter Freunden verwendet (im Sinne von „Kollege"), kann aber auch negativ gemeint sein (im Sinne von „Typ, Kerl"). (Beispiele: *¿Qué tal, tío?* oder: *A ese tío no le puedo ni ver.*)

50 ¡Ay, Clara! Siempre nos **veíamos** en la clase de cocina. **Iba** a este curso sólo por ti. En aquella época los chicos no **iban** a clases de cocina, **era** cosa de mujeres. Por eso, **éramos** diez chicas y un chico. Tú y tus amigas **erais** todas muy alegres, pero tú **eras** la más simpática y guapa para mí. A veces, **íbamos** todos a tomar un café después de la clase, pero yo **era** muy tímido y hablarte cuando todo el mundo nos **veía**… ¡**era** imposible!

51 A principios del siglo XXI la vida de los jóvenes **era** bastante diferente. En aquella época **iban** al colegio todos los días. En invierno los alumnos **pasaban** frío en el camino porque **hacía** todavía mucho frío. En verano no se **podía** estar en las clases porque no **había** aire acondicionado. Las clases **empezaban** ya a las seis de la mañana y no **terminaban** hasta las seis de la tarde. Por lo general el colegio **era** muy aburrido porque no **había** ordenadores y los alumnos sólo **escuchaban** lo que **decía** el maestro. Todas las clases las **daba** el mismo maestro. En su tiempo libre los jóvenes tampoco **hacían** gran cosa. **Se reunían** en algún lugar donde **charlaban** y **jugaban**. No **conocían** las citas virtuales y **tenían** que salir a la calle. Si **querían** llamar a un amigo, **buscaban** una cabina telefónica que muchas veces no **funcionaba**. **Era** un auténtico rollo. Hasta en la tele sólo **había** dos o tres canales en los que sobre todo **transmitían** documentales o programas culturales y políticos. **Eran** pocos los jóvenes que **tenían** una videoconsola y encima **eran** muy primitivas. Es cierto que **había** algunos que todavía **leían** libros de papel o que **escuchaban** discos para no aburrirse. Aparte de esto, los jóvenes **se veían** obligados a esperar hasta cumplir los 21 años para sacar el carnet de conducir y encima **eran** vehículos que **necesitaban** gasolina, es decir, **olían** mal y **contaminaban** el medio ambiente. Por eso, los jóvenes **utilizaban** mucho el autobús o el tranvía, un servicio que **era** bastante fiable.

52 Zum Teil individuelle Antwort

RODRIGO: Abuela, ¿tienes unos minutos para hablar sobre aquellos tiempos cuando **tenías** quince años? Lo necesito para escribir una redacción en el colegio.

ABUELA: Claro que sí. ¿Qué quieres saber?

RODRIGO: ¿Qué días de la semana **ibas** al colegio?

ABUELA: **Iba** al cole de lunes a viernes.

RODRIGO: ¿Cómo **era** el clima en invierno y en verano?

ABUELA: En invierno todavía **hacía** bastante frío y los veranos **eran** calurosos.

RODRIGO: ¿Qué **hacíais** todo el día en el colegio sin ordenadores?

ABUELA: Pero, ¿quién te ha dicho que no **teníamos** ordenadores? Sólo que **hablábamos** y **discutíamos** más con los profesores y los compañeros de clase.

RODRIGO: ¿Y **teníais** siempre con el mismo profesor?

ABUELA: ¡Qué va! Para cada asignatura **había** otro profesor. Algunos **eran** majos; con otros no **nos llevábamos** bien.

RODRIGO: ¿Dónde **quedabas** con tus amigos en tu tiempo libre?
ABUELA: Normalmente **quedaba** con ellos en la Plaza Mayor o en un café.
RODRIGO: ¿No te **parecía** un rollo?
ABUELA: De ninguna manera. No nos **gustaba** meternos en casa porque **podíamos** ir adonde **queríamos** y nuestros padres no nos **podían** controlar.
RODRIGO: ¿Y cómo **te comunicabas** con tus amigos y amigas si **dependíais** de las cabinas telefónicas?
ABUELA: ¡Vaya, qué ideas tienes, Rodrigo! Casi ya no **había** cabinas telefónicas y si las **había**, **estaban** rotas. No, yo **tenía** dos móviles y nos **llamábamos** a menudo o **escribíamos** un SMS.
RODRIGO: ¿Qué **veíais** en la tele? He oído decir que sólo **había** tres canales.
ABUELA: Esto de los tres canales es una mentira. **Existían** un montón de canales nacionales e internacionales; **había** todo tipo de programas, deporte, shows y concursos. Si se **quería** ver otra cosa, también **había** programas culturales y políticos.
RODRIGO: ¿**Eras** de los pocos que **tenían** una videoconsola o también **leías** libros de papel?
ABUELA: Claro que **tenía** una videoconsola y la mayor parte de mis amigos y amigas también **tenían** una, pero no **jugábamos** constantemente con ella como tú. Respecto a los libros te diré que los **leía** muy a menudo y todavía hoy me gustan más que los libros electrónicos.
RODRIGO: Sólo tengo una cosa más. ¿A qué edad **se sacaba** el carnet de conducir?
ABUELA: **Se sacaba** normalmente a los 18 años, pero en algunos casos especiales también ya se **podía** sacar a los 16 años.
RODRIGO: Tampoco suena todo tan mal. Parece que tengo que cambiar bastante mi texto.

53 Individuelle Antwort

Hace 40 años la vida de los jóvenes **era** bastante diferente. En invierno **nevaba** más, es decir que se **podía** jugar, por ejemplo, con el trineo *(Schlitten)*. Por otro lado, los veranos no **eran** tan calurosos, pero cuando **hacía** buen tiempo, los jóvenes **se bañaban** en un lago o en una piscina. **Tenían** clase de lunes a sábado y por eso sólo un día a la semana **tenían** completamente libre. Las clases **empezaban** a las ocho y **terminaban** a la una y media, así que por la tarde **podían** hacer otras cosas. Siempre les **daban** muchos deberes; sin embargo, **tenían** suficiente tiempo para quedar con los amigos. Aparte de esto, muchos jóvenes **practicaban** un deporte en un club o **tocaban** un instrumento. Además, **iban** a discotecas o a conciertos. No todo el mundo **tenía** un teléfono y como mucho **había** sólo un teléfono fijo en la casa. Sin duda, se **hacían** bastante menos llamadas que hoy. Por otro lado, muchas familias ya **tenían** un televisor, aunque en muchos casos **era** en blanco y negro. Sólo **existían** pocos canales, pero **había** programas para todos los intereses. Debido a esta situación, **había** jóvenes que **se pasaban** mucho tiempo leyendo. En cuanto al carnet de conducir: se **podía** sacar a los dieciocho años, pero muchos jóvenes no lo **hacían** hasta más tarde, porque no **tenían** el dinero o no **tenían** un coche.

54
a) ¿Qué te **contaron**?
b) La abuela **abrazó** a la nieta.
c) ¿**Pintaste** tu cuarto de azul?
d) **Caminamos** por el bosque.
e) Me **encontré** con Carlos ayer.
f) ¿**Llamasteis** a los Vázquez?
g) ¿**Viajaron** por Patagonia?
h) La reunión **duró** más de cinco horas.

55 ¡Hola!

Acabo de volver de mi excursión y todavía estoy muerta de sueño... El primer día, **aprendí** a sobrevivir en la naturaleza. **Recogimos** nueces y moras. **Encendimos** un fuego. El segundo día, los profesores nos **dividieron** en tres grupos. Cada grupo **recibió** una brújula para encontrar el camino por el bosque y claro que mi grupo **perdió** la orientación por completo. Finalmente, algunos **subimos / subieron** a una colina para ver dónde terminaba el dichoso bosque. Después **describimos / describieron** el camino a los otros, sin pena ni gloria. **Volvimos** al campamento bastante tarde y los otros grupos nos **recibieron** con silbidos. Os podría contar mucho más, pero primero tengo que dormir...
@ Gabriel: ¿**Sobreviviste** tu examen de historia el lunes?
@ Maen y Paco: ¿**Aprendisteis** a escalar en Gran Canaria?
@ Rebeca: ¿**Perdiste** tu móvil otra vez? No puedo localizarte.

Saludos
Kathrin

56 ANNA: Ayer por la noche **canté** con mi grupo en un bar. Creo que a los oyentes les **gustó** nuestra música.

FATIH: Ayer **me levanté** muy tarde, sobre las 12.30. Por la tarde **intenté** arreglar mi ordenador.

KEVIN: Yo **comí** en una pizzería con unos amigos y cuatro de ellos **comieron** la misma pizza.

SARAH: Me **pasó** casi lo mismo que a Kevin. Mis amigos y yo **bebimos** algo en un bar y muchos de los clientes allí presentes **tomaron** un vaso de leche caliente.

PHILLIP: ¡Qué raro, Sarah! Yo **me quedé** toda la tarde en casa, **escribí** el texto para la clase de alemán.

SEDA: Phillip, ¿es verdad que sólo **te dedicaste** a escribir el texto? ¡Qué rollo! Yo **terminé** el texto rápido y después **quedé** con una amiga.

MARIE: Mi hermana y yo **acompañamos** a nuestros padres al aeropuerto. Después, yo **regresé** a casa; mi hermana **salió** con su novio.

57 Individuelle Antwort

a) Anna, ¿qué tipo de canciones **cantaste** ayer?
b) Fatih, ¿por qué **te levantaste** tan tarde?
c) Kevin, ¿qué pizza **comiste**? ¿Por qué **comieron** tus amigos la misma pizza?
d) Sarah, ¿qué **bebisteis**?
e) Phillip, ¿por qué **escribiste** tanto?
f) Seda, ¿por qué **terminaste** tan rápido el texto de alemán? ¿Por qué **quedaste** con una amiga?
g) Marie, ¿por qué tu hermana y tú **acompañasteis** a vuestros padres al aeropuerto? ¿Por qué **regresaste** a casa y no **saliste**?

58
a) convertirse: ellos se **convirtieron**
b) pedir: él **pidió**
c) preferir: yo **preferí**
d) sentir: vosotros **sentisteis**
e) reírse: tú te **reíste**
f) dormir: nosotras **dormimos**
g) morir: ellos **murieron**
h) divertirse: él se **divirtió**
i) sentirse: él se **sintió**
j) elegir: yo **elegí**
k) dormir: ellas **durmieron**
l) pedir: tú **pediste**

59

O	E	G	C	O	N	V	E	R	T	I	S	T	E	I	S	H	K	R	S
M	H	U	W	G	M	E	J	F	R	C	Y	O	T	B	G	J	Y	V	I
M	L	V	M	T	X	D	N	X	P	X	B	K	R	K	V	P	L	U	S
O	W	P	D	U	R	O	A	U	F	V	N	I	E	N	E	W	U	U	I
T	L	F	U	W	L	X	Z	U	O	S	B	O	Í	R	D	S	W	X	U
U	Z	H	R	F	N	M	Z	U	V	N	S	M	L	B	V	H	G	I	I
C	Y	K	M	B	V	Ó	X	U	V	F	O	Q	N	B	I	S	M	Y	L
H	S	D	I	U	E	I	D	J	O	L	A	O	E	Z	S	J	I	B	N
H	E	C	Ó	Q	U	G	V	R	O	N	N	D	U	L	T	D	U	H	A
Q	L	N	H	V	M	I	K	N	V	O	R	I	X	O	I	R	I	E	R
P	Z	H	U	R	F	L	F	V	X	R	Q	C	V	J	Ó	T	Y	A	Ó
W	N	V	S	R	P	E	G	S	H	E	C	U	C	J	C	N	C	H	I
M	F	B	W	B	B	T	V	G	V	I	U	B	R	K	G	Y	D	S	R
G	I	N	L	G	F	F	K	J	V	T	O	W	X	M	N	P	Q	P	U
L	Q	S	O	M	I	D	E	P	P	R	W	Í	Q	O	R	V	N	L	M
S	T	R	V	Z	B	G	P	N	S	I	D	L	B	M	L	Y	Y	V	B
Y	Q	D	L	V	K	Q	M	X	R	V	O	X	M	J	E	W	Y	U	J
E	P	S	I	V	I	Ñ	M	E	I	I	U	L	C	H	S	L	B	L	L
Y	C	C	K	Z	Y	I	É	I	P	D	Q	V	E	S	T	I	S	T	E
S	R	I	E	R	O	N	N	R	F	O	W	L	V	I	J	A	Z	E	E

1. (vosotros/as) **convertisteis**
2. (yo) **reí**
3. (él/ella, usted) **durmió**
4. (él/ella, usted) **eligió**
5. (ellos/as, ustedes) **divirtieron**
6. (él/ella, usted) **vistió**
7. (él/ella, usted) **murió**
8. (nosotros/as) **pedimos**
9. (tú) **vestiste**
10. (ellos/as, ustedes) **rieron**

60

a) El lunes pasado **empecé** un curso de informática.

b) El martes Marisa y yo **tradujimos** un texto al/del latín.

c) Por la noche **llegué** a casa muy tarde, pero mis padres no me **oyeron**.

d) El miércoles el profesor nos **leyó** una carta de Ainoa, una ex-compañera de clase.

e) Después **saqué** mi cuaderno y **busqué** la traducción, pero no la **encontré**.

f) El jueves los vecinos **construyeron** un garaje. Mi hermano **se cayó** en las obras y **llegó** a casa con mucha sangre en la rodilla.

g) El viernes **se produjo** un accidente de un coche con una bicicleta justo delante de la casa.

61

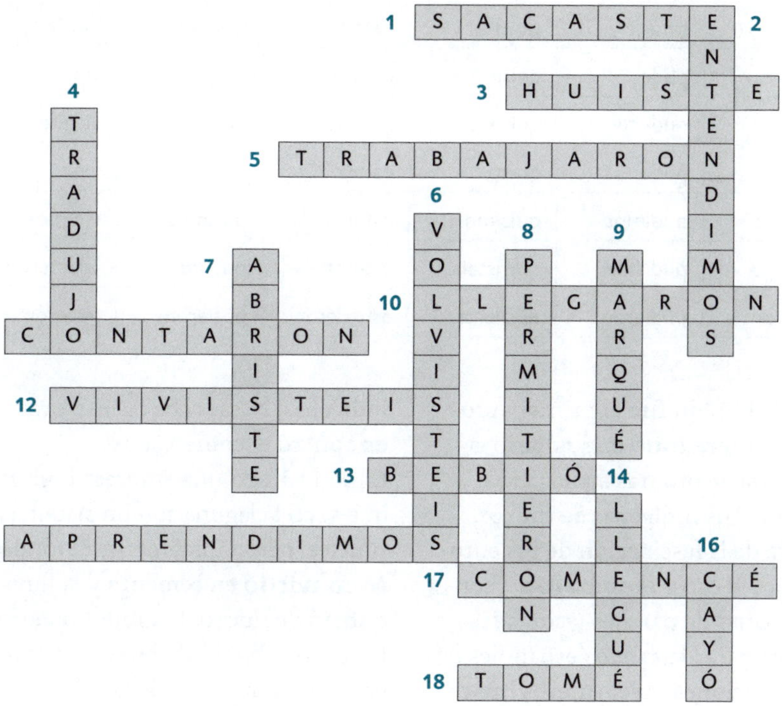

62
a) Los periodistas **dijeron** poco sobre el escándalo de la red de dopaje.
b) ¿**Visteis** la Vuelta en la televisión?
c) El año pasado **hicieron** un recorrido difícil.
d) Los ciclistas **tuvieron** que subir muchas montañas.
e) **Vi** un accidente en el sprint multitudinario de la décima etapa.
f) El ciclista **tuvo** mucha suerte y no se **hizo** daño.
g) **Hubo** mucha gente por ambos lados de las calles y carreteras.
h) Mis amigos y yo **fuimos** a la ceremonia de entrega de premios.
i) La fiesta final de la Vuelta **fue** estupenda.
j) ¿Te **di** mis fotos de la Vuelta o no?
k) ¿Por qué no me **trajiste** el video de la etapa final?

63

saber	poder	querer	estar	poner	venir
supe	pude	quise	estuve	puse	vine
supiste	pudiste	quisiste	estuviste	pusiste	viniste
supo	pudo	quiso	estuvo	puso	vino
supimos	pudimos	quisimos	estuvimos	pusimos	vinimos
supisteis	pudisteis	quisisteis	estuvisteis	pusisteis	vinisteis
supieron	pudieron	quisieron	estuvieron	pusieron	vinieron

64 Cristóbal Colón **fue** el primer europeo que **mencionó** en su diario la existencia de oro tras su llegada a América. Los indígenas **se dieron cuenta** de la fascinación de los europeos por el oro y **empezaron** a contar historias de paisajes y ciudades dorados para alejar a los españoles de sus poblaciones. Aventureros **buscaron** en vano El Dorado en diferentes países latinoamericanos y hasta **navegaron** por el Amazonas y el Orinoco.
En 1636 el cronista Juan Rodríguez Freyle **describió** la ceremonia de El Dorado que los indios muiscas del lago de Guatavita (Colombia) hacían. Muchos europeos, locos por el oro, **intentaron** vaciar la laguna.
En 1545 el conquistador Hernán Pérez de Quesada, utilizando esclavos, **logró** reducir el nivel del agua después de tres meses de trabajo, y **sacó** del lago unos 18 kilos de oro. Le **siguió** un rico comerciante español 40 años más tarde. Este **logró** reducir el nivel en 20 metros a base de hacer una brecha en la orilla. La brecha **se rompió** y el agua **mató** a cientos de indígenas. No se sabe cuánto oro **encontró** el comerciante.
En 1911 **llegó** una empresa inglesa que **secó** la laguna con un sistema de túneles, pero rápidamente el fondo **se convirtió** en cemento y la lluvia la **cubrió** de nuevo. La empresa **vendió** los pocos objetos de oro de Guatavita en la casa Sotheby's de Londres.
El poeta y aventurero Sir Walter Raleigh, quien en 1595 **navegó** por el Orinoco, también **se incluyó** entre los exploradores que **creyeron** en el mito de El Dorado. El inglés **tuvo** que enfrentarse al hambre, a las enfermedades y a indios con flechas venenosas.
Raleigh **volvió** a Inglaterra sin haber encontrado gran cantidad de oro. Sin embargo, **dijo:** «No **encontré** El Dorado en mi último viaje, pero estoy convencido de que hay ciudades más ricas y hermosas que las que **encontraron** Cortés en México y Pizarro en Perú.»
Carl Langebaek, arqueólogo y autor de la Universidad de los Andes en Bogotá, **dijo** que El Dorado era el

resultado de la imaginación de los descubridores, muchos de los cuales **se vieron** forzados a comer sus caballos y sus perros para sobrevivir. **Añadió:** «Nunca se encontrará El Dorado. Siempre habrá gente buscando oro en los lugares más insólitos. No importa si se encuentra un castillo dorado, siempre habrá otro El Dorado porque la gente necesita mitos».

65 ¿Qué **hicieron** los indígenas para proteger a sus pueblos de los europeos? – Los indígenas les **contaron** a los europeos historias sobre paisajes y ciudades dorados.
¿Qué **quiso** hacer Hernán Pérez de Quesada en 1545? – Hernán Pérez de Quesada **quiso** secar la laguna.
¿Por qué el comerciante no **pudo** secar la laguna en 1595? – El comerciante no **pudo** secar la laguna de Guatavita porque la brecha **se rompió**.
¿Quién **fue** a América este mismo año para encontrar El Dorado? – Sir Walter Raleigh **fue** a América en 1595 para encontrar El Dorado.
¿Qué **consiguió** hacer una empresa inglesa en 1911? – La empresa **consiguió** secar la laguna.
¿Qué **tuvieron** que hacer muchos europeos para sobrevivir? – Según Carl Langebaek, los europeos **tuvieron** que comerse sus caballos y sus perros para sobrevivir.

66 Individuelle Antwort

Ayer **fui** al lago de Guatavita y allí **vi** una ceremonia bastante extraña. El emperador joven **quiso** hacer un sacrificio al dios del Sol. Al principio, los indios **construyeron** una balsa y la **adornaron**. Además, **llenaron** la balsa con objetos de oro y joyas. Después, **desnudaron** al cacique y le **cubrieron** de oro en polvo. El emperador **se subió** a la balsa. ¡**Se dirigió** al centro del lago y allí **tiró** los objetos de oro y las joyas al agua! Todo **desapareció**. Más tarde, el emperador **saltó** al agua. Los indios **bailaron** y **cantaron** y al final **volvieron** a su pueblo. Creo que lo **hicieron** para sacrificar algo valioso y bonito a su dios.

67 Inés Suárez (1507–1580) **era** española, de la ciudad de Plasencia. Como no **provenía** de una familia rica, **tenía** que trabajar como/de costurera. Inés **estaba** casada con el aventurero Juan de Málaga, pero no **tenía** hijos. Mientras su marido **probaba** fortuna en América, Inés lo/le **esperaba** en España.

68 Inés **decidió** seguir a su marido a América. Allí, sin embargo, la **avisaron**/le **contaron** de la muerte de su esposo. Inés **fue** a Cuzco y **conoció** a Pedro de Valdivia. Le/lo **acompañó** en su expedición a Chile, donde **fundaron** Santiago de Nueva Extremadura (hoy día la capital de Chile). Los indios de esta región (los mapuches) **atacaron** la ciudad y para defenderla, Inés Suárez **decapitó** a siete caciques y **arrojó** las cabezas entre los indios. El plan **funcionó** y los mapuches **huyeron**. Finalmente, la española se **casó** con Rodrigo de Quiroga y **llevó** una vida tranquila en Santiago.

69 Ometecuhtli y Omecihuatl **tenían** cuatro hijos. Para los pueblos indígenas, su hijo Huitzilopochtli **era** el dios de la guerra y Tezcatlipoca **era** el dios de la noche. Sin embargo, su hijo Quetzalcóatl **era** el inventor de las artes y **era** enormemente sabio; **tenía** la piel blanca y una barba. Los padres les **dieron** a los hermanos la tarea de crear el mundo y la raza humana. Los primeros hombres que **crearon** los cuatro hermanos **fueron** devorados por los tigres. En el segundo intento los hombres **se convirtieron** en monos; en el tercer intento **se transformaron** en pájaros y en el cuarto **se convirtieron** en peces. Según la leyenda, Quetzalcóatl **se puso** en camino al infierno y una vez allí **robó** una pequeña parte de un hueso de una persona muerta. Con la ayuda de este trozo de hueso **volvió** a crear el mundo. Quetzalcóatl **quería** mucho a los hombres y por eso sólo **permitía** sacrificar animales en su nombre.

70 Cuenta la leyenda que los toltecas, pueblo mexicano anterior a los aztecas, **tenían** su paraíso situado en Tula al noreste de México. En este paraíso **había** muchas plantas, pero entre todas estas plantas, la favorita **era** el árbol del cacao, un regalo de Quetzalcóatl. Quetzalcóatl **nació** de una virgen y después **se hizo** hombre con poderes divinos. Su aspecto **era** de piel blanca y con barba, lo que resulta extraño ya que los mexicanos no **tenían** ni barba ni piel blanca. Quetzalcóatl **tuvo** que irse y su mujer **se quedó** para proteger los tesoros de la ciudad. En esta situación sus enemigos **atacaron** a su mujer y ella **murió**. Su sangre **cayó** sobre la tierra y justo en aquel lugar **brotaron** entonces árboles de cacao. Debido a la muerte de su mujer, el dios **decidió** abandonar la ciudad. **Prometió** volver un día. La leyenda azteca **decía** que vendría del Este y por mar. A esto los astrólogos **añadieron** que vendría sobre el año 1519. Exactamente ese año **llegó** Hernán Cortés, y como **cumplía** las características físicas de la leyenda, le **recibieron** como a un dios. En el primer gran recibimiento los aztecas le **ofrecieron** a Hernán Cortés un vaso de oro con su bebida más apreciada. Seguramente Cortés **prefirió** el vaso de oro a la bebida, porque en aquel entonces el

chocolate no **sabía** precisamente delicioso, debido a que **era** una mezcla de cacao, maíz, pimienta, especias y afrodisíacos.
Dos cosas les **impresionaron** a Hernán Cortés y a sus hombres. Primero, la energía que **proporcionaba** el chocolate, ya que les **daba** fuerzas para estar todo un día caminando sin comer ni beber. Otra cosa que les **llamó** la atención **fue** que los aztecas **utilizaban** las semillas de cacao como monedas. Entonces Cortés se lo **trajo** a España y una vez aquí se le **añadió** azúcar o a veces leche. Así **empezó** a tener éxito en Europa.
El chocolate es el legado de aquel gran imperio que ya no existe: Cortés lo **destruyó** e **impuso** la religión católica en lugar de la religión azteca.

71 Al principio **existía** solamente Viracocha. No **era** ni alto ni bajo y **tenía** la piel clara. Un día **decidió** crear el mundo. El mundo **estaba** oscuro, sin sol, sin luna y sin estrellas. Después **creó** a un pueblo de gigantes, pero como no le **gustaban**, **creó** al hombre. Esta gente **tenía**[1] que vivir en la oscuridad y **debía**[1] seguir las leyes de Viracocha. El dios **dijo:** «Os destruyo si no seguís mis normas.» Esto **funcionó** durante una temporada, pero al final la gente **empezó**[1] a olvidar las normas. Viracocha **estaba** muy enfadado y por eso **llovió** durante 60 días y noches y todos **murieron** en el diluvio. Viracocha sólo **salvó** a tres personas (de la muerte). Con la ayuda de estos supervivientes **creó** al hombre de nuevo, pero esta vez **quiso** darle luz. Por lo tanto **fue** a una isla en el lago Titicaca y **dejó** subir al sol, a la luna y a las estrellas del lago. A continuación **fue** por todo el país y **observó** a la gente. **Era** muy sabio y le[1] **enseñaba** muchas cosas útiles. Finalmente **llegó** a la costa y **quería** abandonar a sus pueblos. **Dijo:** «Un día voy a volver/volveré» y después **desapareció** por el mar. Unos años más tarde un hombre **afirmó:** «¡Yo soy Viracocha!» Pero la gente no le **creyó** y **se rió** de él. Todavía hoy los peruanos esperan el regreso de su dios.

Hinweis:

1 Da *la gente* (die Leute) im Spanischen in der Einzahl steht, müssen auch Verb und Objektpronomen in der Einzahl verwendet werden.

72

a) contado
b) existido
c) ido
d) vuelto
e) perdido
f) hecho
g) estado
h) escrito
i) dicho
j) decidido
k) atacado
l) puesto

73 Ayer no fui a clase porque **había tenido** un accidente. José comió con dificultad porque **había perdido** un diente el día anterior. Manu fue a casa para cambiarse de ropa porque **se había(n) roto** sus pantalones en la clase de deporte. ¿No teníais tiempo ayer porque **habíais quedado** con Ana para ir a tomar algo? Nos invitaron al cine porque no **habíamos visto** todavía la película. Me trajo un café con leche aunque **había pedido** un café solo. Te conté la historia de Marga porque **habías sido** su mejor amiga.

74 Individuelle Antwort

a) Manu tuvo que hacer flexiones de piernas y **se había puesto** los pantalones más estrechos que tenía. Por eso, se le rompieron.
b) No la fuimos a ver antes porque me **habían dicho** que era mala.
c) No fuimos antes a tomar algo con Ana porque **habíamos estado** en el centro a comprar.
d) Yo iba en el coche con Juan. Los dos no **habíamos visto** el semáforo en rojo y así el otro coche ya no pudo frenar.
e) El día anterior **me había resfriado** y por eso no podía hablar alto. Quizás me entendió mal.
f) Rompimos hace dos semanas porque ella **había ligado** con mi novio.
g) Iba con su bici por el bosque y de repente se cayó y perdió un diente. Resulta que no **se había dado cuenta** de que había una rama en su camino.

75 Individuelle Antwort

Hace muchos años en la selva **había** una niña y un niño que **habían perdido** a su madre. Los niños **vivían** solos con su padre y **eran** felices. Pero su padre **se casó** otra vez. Su madrastra **odiaba** a los niños. Los **trataba** mal. **Tenían que** trabajar todo el día. Más tarde, la madrastra **tuvo** un hijo y la situación **empeoró** bastante para los hijastros porque la madrastra **quería** echarlos de su casa. El padre no **estaba** de acuerdo, pero al final **cambió** de opinión. Un día el padre **llevó** a los niños al bosque y los **dejó** allí solos. Sin embargo, el niño **se había llenado** los bolsillos de granos de maíz y los **había dejado** caer por el camino. Así **pudieron** encontrar el camino de regreso a casa. La madrastra **se enfadó** mucho y **discutió** con el padre. Al día siguiente el padre **llevó** de nuevo a los niños al bosque, pero esta vez los **abandonó** todavía más lejos de casa. Los niños **anduvieron** perdidos por el bosque y **vieron** muchos animales peligrosos como tigres. Sin embargo, estos no (les) **atacaron** a los niños. Los monos hasta les **tiraron** fruta para comer. Por la noche **se quedaron** dormidos bajo un árbol y **soñaron** con un hada. Por la mañana **se habían transformado** en pájaros y **sabían** volar. Después **volvieron** a su casa y **se sentaron** en el tejado. El padre los **reconoció** en seguida. Los niños **quisieron** hablar con su padre, pero sólo **sabían** cantar «ayamamán». Finalmente **se fueron** a la selva para siempre.

76 Individuelle Antwort

Érase una vez un niño y una niña que **se llamaban** Hansel y Gretel. **Vivían** con su padre y **eran** muy felices hasta que el padre **se casó** otra vez. La madrastra **trataba** muy mal a los niños y **quería** deshacerse *(loswerden)* de ellos. Por eso, **convenció** a su marido de llevar a los niños al bosque y dejarlos allí. Cuando **salieron** al bosque, Hansel **tiró** migas de pan por el camino, pero los pájaros se las **comieron** en seguida. Por eso, no **pudieron** encontrar el camino a su casa. **Tenían** mucho miedo y también hambre. De repente, **vieron** una casita de chocolate y **empezaron** a comer. Al rato **salió** una vieja de la casa y los **invitó** a entrar. La vieja **era** una bruja que **metió** a Hansel en una jaula. Gretel **tenía que** trabajar en la casa todos los días. La vieja **quería** comer a Hansel. Un día **estaba** harta y **mandó** a Gretel calentar el horno. Gretel, que **había esperado** este momento, **empujó** a la bruja al horno y **liberó** a Hansel. **Volvieron** a casa. El padre **se alegró** mucho y **vivieron** felices. Y colorín colorado, este cuento se ha acabado.

77 Individuelle Antwort

Mi abuela **va a hacer** tortilla. **Voy a salir** por la noche. **Voy a acostarme/Me voy a acostar** tarde. Mis amigos en Huesca y yo **vamos a jugar** al baloncesto. Mi abuelo y yo **vamos a pescar** en el río. Mi abuelo y yo **vamos a ir** al Castillo de Loarre. Mis abuelos **van a comprarse/se van a comprar** una moto. Mi abuela **va a hablar** sobre su niñez.

78 ABUELO: Sé que te interesa la Edad Media y creo que te **gustará** mucho el Castillo de Loarre. **Iremos** en mi nueva moto a la sierra de Loarre. Ya desde lejos **verás** el castillo que se encuentra en una colina desde la que tienes unas vistas maravillosas sobre la llanura de la Hoya. Seguramente te **impresionará** el buen estado del castillo. Cuenta entre los castillos románicos mejor conservados de Europa. Estas murallas nos **sobrevivirán** muchos siglos. Si quieres, **participaremos** también en una visita guiada. Dentro del castillo, los guías te **explicarán** su estructura y sus orígenes.

ABUELA: **Volveréis** hacia las siete, ¿verdad? Entonces, **prepararé** la cena y después de cenar **veremos** juntos «El reino de los cielos». ¿Sabías que el Castillo de Loarre se puede ver en varias escenas de esta película, Juanjo?

79 e) Una lechera iba al mercado y llevaba en la cabeza un cántaro con leche. En el camino pensó: «Estoy contenta con mi vida, pero en el futuro **vendrán** mejores tiempos porque **tendré** bastante más dinero.»

h) También estaba pensando en sus vecinos: «No **querrán** aceptar que yo tenga más suerte que ellos, pero al final **tendrán** que hacerlo. Les **diré** que siempre **habrá** unos que tienen más suerte que otros.»

b) No sólo pensó en sus vecinos, sino también en sus amigas: «**Podréis** alegraros porque os **podré** ayudar en situaciones difíciles.»

a) La lechera no tenía necesidad de más compañía que sus pensamientos y se decía a sí misma: «**Venderé** esta leche en el mercado y me **darán** bastante dinero.»

g) «Con este dinero **sabré** hacer mucho más porque me **compraré** una cesta entera de huevos.»

l) «De estos huevos **saldrán** cien pollos que en verano ya **serán** lo suficientemente grandes para venderlos.»

f) «**Iré** otra vez al mercado y **recibiré** tanto dinero como para comprar un cerdo.»

i) «Al cerdo le **cebaré** con bellotas y castañas y así **engordará** rápido.

d) El dinero que **ganaré** al vender el cerdo me **hará** posible comprar una vaca y un ternero que **saltará(n)** y **correrá(n)** por el monte.»

j) De tanta alegría la lechera brincó y el cántaro cayó.

k) ¡Pobre lechera! Adiós leche, dinero, huevos, pollos, cerdo, vaca y ternero. ¡Oh loca fantasía! ¡Qué palacios fabricas en el viento!

c) No anheles impaciente el bien futuro; mira que ni el presente está seguro.

80 Tienes mucho talento y por eso **ganarás** el casting para participar en Operación Triunfo. **Verás** un perro pequeño y muy bonito y las dependientas te lo **regalarán**. **Conocerás** a un chico majo y guapo que se **enamorará** de ti en seguida. Una buena amiga te **ayudará** y después **sacaréis** buenas notas en los exámenes. Juega mucho a la lotería porque **podrás** ganar un millón en las siguientes semanas. Tu madre **estará** de buen humor y te **pagará** un viaje a París. **Tendrás** que tener cuidado con el dinero porque tus gastos te **arruinarán**.

81 Individuelle Antwort

a) En las vacaciones de verano mis amigas y yo **jugaremos** mucho al baloncesto.
b) Al principio de las vacaciones **iré** a la playa/**me bañaré** en el mar/**tomaré** el sol en la playa.
c) Mi amiga Julia **irá** conmigo a/**bailará** conmigo en la discoteca los fines de semana.
d) Aparte de esto, **jugaré/trabajaré** un poco con mi ordenador.
e) También mi hermana y yo nos **compraremos** los compactos de nuestros grupos favoritos.
f) Por fin **leeré** algunos libros que siempre he querido leer.

82 Individuelle Antwort

Vigo, el 25 de septiembre

Señor director:

En mis vacaciones he leído mucho sobre el cambio climático y estoy muy preocupada.
En los próximos años los desiertos **se extenderán**. Por eso, **habrá** menos posibilidades de trabajar en la agricultura y el resultado **será** que mucha gente **tendrá** hambre. Los científicos también dicen que el hielo de los polos **disminuirá** y que así el nivel del mar **subirá**. Como consecuencia **habrá** más inundaciones en todo el mundo. Muchos animales y plantas **desaparecerán**. Para mí esto supone un gran problema porque me gusta la naturaleza. **Habrá** más catástrofes naturales y debido a esto los países pobres **tendrán** más problemas.
Para nosotros sólo hay un camino: **tendremos** que ahorrar energía, reducir las emisiones de CO^2 y, en general, cuidar más el medio ambiente.

Atentamente
Merche Rodríguez Marín (14 años)

83 Quiero que toda la clase se **concentre**. Belén, quiero que **prestes** atención. Rubén, Andrés, no me gusta que **habléis** todo el tiempo. Es necesario que todos se **fijen** en el texto. Es importante que **tratemos** este tema. Si queréis que os **ayude**, tenéis que callaros.

84 a) Es importante que **corramos** a casa porque nuestros padres ya nos esperan.
b) Es necesario que **escribas** la carta a tu abuela todavía hoy.

c) No es probable que **lea** este libro hoy.
d) No es bueno que **viváis** en un barrio tan ruidoso.
e) No creo que mi madre **beba** más de una taza.
f) Es importante que lo **comprendamos**.
g) Es posible que **coman** churros con chocolate por la mañana.

85

a) que yo **desaparezca**	**P**
b) que él **huya**	**A**
c) que tú te **sientes**	**N**
d) que vosotros **advirtáis**	**A**
e) que ella **muera**	**M**
f) que vosotros os **sentéis**	**E**
g) que nosotros **durmamos**	**R**
h) que vosotros **huyáis**	**I**
i) que ellos **produzcan**	**C**
j) que ellos se **vistan**	**A**
k) que nosotros **contemos**	**N**
l) que él **sienta**	**A**

86

CARMEN: Usted siempre pide que toda la clase **entienda** todo a la primera.
SR. MUÑOZ: Esto no es correcto. No pienso que **pida** esto, pero si no preguntáis…
BELÉN: Además, siempre quiere que **aprendamos** las reglas de memoria.
SR. MUÑOZ: Pero bueno. Yo quiero que **estudiéis** las reglas porque sin ellas no se puede trabajar.
CARMEN: No creemos que todos **puedan/podamos** solucionar los problemas en tan poco tiempo.
SR. MUÑOZ: Si esto es así, os doy más tiempo para que **podáis** solucionar los problemas.
BELÉN: Tampoco nos gusta que usted nunca **se acuerde** de que tenemos más asignaturas, porque siempre nos da muchos deberes.
SR. MUÑOZ: Dentro de poco vais a tener el examen final y es imprescindible que **aprendáis** la materia prevista por el currículo. Me parece que siempre estáis cansados, pero es posible que **dependa** de que nuestra clase siempre es la última.
BELÉN: Es necesario que todos **piensen/pensemos** cómo podemos cambiar la situación y que lo **apunten/apuntemos**.
SR. MUÑOZ: Me parece buena idea. Entonces mañana hablamos otra vez.

87

a)	**reír:** que yo	☐	río	☒	ría	☐	reí
b)	**elegir:** que vosotros	☐	elegís	☒	elijáis	☐	elegid
c)	**estar:** que él	☒	esté	☐	está	☐	este
d)	**abrazar:** que nosotros	☐	abrazamos	☒	abracemos	☐	abrazemos
e)	**entregar:** que tú	☐	entregas	☒	entregues	☐	entreges
f)	**dar:** que nosotros	☐	dimos	☐	damos	☒	demos
g)	**atacar:** que yo	☐	ataqué	☒	ataque	☐	ataco
h)	**llegar:** que ellos	☒	lleguen	☐	llegan	☐	llegaron
i)	**empezar:** que ella	☐	empieza	☒	empiece	☐	empecé
j)	**proteger:** que ella	☐	protega	☐	protege	☒	proteja

88

a) **dirijáis**
b) **prefiramos**
c) **saquen**
d) **estén**
e) **practiquéis**
f) **riais**

89 vaya, seamos, digáis, hayamos, seáis, haga, digas, sepamos

90

FRANCISCO: Montse, tenemos que hablar sobre el anuncio que vamos a publicar.

MONTSE: Ah, claro. Pero ¿qué conocimientos crees que son importantes para ocupar esta plaza vacante?

FRANCISCO: Es importante que **sea** alemán o alemana y que **hable** y **entienda** el español sin problemas. Sin embargo, pienso que es necesario que **sepa** hablar también inglés para que **informe** a otros turistas sobre nuestras ofertas.

MONTSE: También quiero que **tenga** conocimientos de ordenador para que **trabaje** con nuestros ordenadores.

FRANCISCO: ¿Crees que tiene que ser de una región específica de Alemania?

MONTSE: No creo que **sea** necesario, aunque tiene que hablar un alemán sin mucho acento.

FRANCISCO: ¿Quieres que también **escriba** bien el español?

MONTSE: Para mí no es muy importante que **escriba** bien, pero es posible que **tenga** que escribir algunas cartas de recomendación para nuestros estudiantes y por eso prefiero una persona que **escriba** de forma aceptable. Pero, de todas formas, es posible que **aprenda** a escribir aquí.

FRANCISCO: Vale. Creo que tengo suficiente información para escribir el anuncio. No pienso que **haya** problemas para encontrar un buen profesor.

91 Individuelle Antwort

a) Quiero que el hombre de mis sueños **tenga** entre 22 y 28 años. Es necesario que **sea** deportivo/le **guste** el deporte.
b) Es indispensable que **sea** moreno/**tenga** el pelo corto. Deseo además que **sea** bastante alto.
c) Prefiero un hombre que **viaje** conmigo por todo el mundo/al que le **guste** viajar. Es importante que me **quiera** el resto de mi vida/**nos amemos** muchísimo.
d) No quiero que **fume** y no quiero que **beba**.

92 Individuelle Lösung

a) ¡Ojalá (que) **haga** buen tiempo en la montaña!
b) ¡Ojalá (que) el curso de buceo no **cueste** mucho dinero!
c) ¡Ojalá (que) **haya** un viento fuerte y que el agua no **esté** fría!
d) ¡Ojalá (que) **podamos** hacer una excursión en camello!
e) ¡Ojalá (que) **haya** mucha nieve para esquiar!
f) ¡Ojalá (que) **veamos** flamencos en la laguna!

93 Individuelle Antwort

a) Es necesario que los políticos **intenten** encontrar una solución para nuestro barrio.
b) Es fundamental que la policía **controle** más, sobre todo por la noche/que no **haya** tantos crímenes en nuestro barrio.
c) Es necesario que las empresas **den** trabajo a los jóvenes de nuestro barrio/que estos jóvenes **consigan** un trabajo.
d) Es imprescindible que los políticos **manden** arreglar estas calles.
e) Es importante que **ayuden** a los niños pobres/que también estos niños **vayan** al colegio.
f) No es normal que nuestras calles **estén** tan sucias.
g) Es importante que **vuelvan** a poner el servicio de autobuses por la noche porque es peligroso ir andando/que los autobuses y taxis **circulen** también por la noche.

94 KEVIN: Iñaki, Alejandro, **puede ser que** me quede más tiempo en Madrid porque acabo de recibir una carta de la oficina de turismo y me han invitado a hablar con el jefe.

IÑAKI: **Espero que** te salga bien la entrevista, Kevin. Así te quedas más tiempo aquí en Madrid.

ALEJANDRO: **Me alegro de que** tengas esta oportunidad porque **prefiero que** estés todavía aquí en verano, ya que tenemos todavía muchas cosas pendientes.

KEVIN: Pero **no creo que** sea tan fácil conseguir el puesto de prácticas. **Es una lástima que/es una pena que** todavía no hable mejor el español.

ALEJANDRO: **Te aconsejo/recomiendo que** no te pongas nervioso. Tu español es bastante bueno y no me **gusta que** siempre te critiques tanto.

KEVIN: Ya veo que los dos **queréis que** esté tranquilo, pero me **molesta que** algunas veces todavía me falten las palabras.

IÑAKI: **Te recomiendo/aconsejo que** prepares un poco los temas más importantes y así **espero que** no tengas que tener miedo a esta entrevista.

KEVIN: **Es una pena que/es una lástima que** no podáis ir conmigo a la entrevista. Así no tendría ningún problema.

95 Es imprescindible que el Sr. Muñoz **nos dé** más tiempo para que **entendamos** sus explicaciones. Es importante que **podamos** hacer una pregunta sin que el Sr. Muñoz **se enfade**. Queremos que el Sr. Muñoz no **nos dé** tantos deberes para que **tengamos** más tiempo para las otras asignaturas.

Es mejor que **nos fijemos** para que el Sr. Muñoz no **tenga** que explicar todo tres veces. Es necesario que el Sr. Muñoz **pueda** darnos deberes sin que **protestemos**. **Sea** como **sea**, es importante que cada uno de nosotros **se esfuerce** para que las clases **sean** más agradables.

96 La primera impresión de Che Guevara es positiva. Se trata de una persona sencilla y simpática. <u>No me parece que</u> **sea** arrogante como se ha dicho en algunas ocasiones. Para él es importante dar buena impresión a la persona con la que habla. Sin embargo, no <u>le gusta que</u> le **pregunten** sobre la muerte de sus enemigos políticos. En estos casos se altera rápido. <u>Quiere que</u> el Estado **ofrezca** a todo el pueblo el mismo nivel de vida y que **dé** las mismas oportunidades a todos. Tampoco cree que las diferencias entre ricos y pobres **sean** una ley natural. Espera que el nuevo Gobierno cubano **pueda** convencer también a los ricos para que **luchen** por el futuro de Cuba, porque dice que todos los cubanos son importantes. Les recomienda que **trabajen** en las instituciones de Cuba para que, por ejemplo, los niños **reciban** una educación. Dice que es una pena que a Cuba le **falte** el dinero necesario para llevar a cabo todos los proyectos que tiene. Sin embargo, le fastidia que **existan** gobiernos que no están de acuerdo con la política cubana. A pesar de todo, se alegra de que el mundo **siga** los pasos de la Revolución Cubana, pero le molesta que **haya** tantos artículos sobre su persona.

Auslöser, Signalwort	Subjunktivform	Infinitiv
no me parece que[1]	sea	ser
le gusta que	pregunten	preguntar
quiere que	ofrezca, dé	ofrecer, dar
tampoco cree que[1]	sean	ser
espera que	pueda	poder
para que	luchen	luchar
recomienda que	trabajen	trabajar
para que	reciban	recibir
es una pena que	falte	faltar
le fastidia que	existan	existir
se alegra de que	siga	seguir
le molesta que	haya	haber

Hinweis:

1 Nach verneinten Verben des Denkens und Meinens steht der *subjuntivo*.

97

Kubaner	Exilkubaner
Tenemos que entendernos mejor con EE UU para que **vengan** más turistas a nuestra isla.	No creo que el sistema político de Cuba **sobreviva** mucho a Fidel Castro.

Kubaner	Exilkubaner
Sobre todo me molesta que el precio del azúcar **esté** tan bajo, porque de esto vivimos.	Para mí es absolutamente necesario que **cambie** el Gobierno en Cuba.
Espero que el Gobierno **haga** reformas para mejorar nuestra situación.	Sinceramente no me gusta que el Gobierno no **permita** elecciones democráticas.
Es importante que nuestro nuevo líder **empiece** con unas reformas necesarias.	Realmente quiero que todos los cubanos, dentro y fuera de Cuba, **puedan** vivir en libertad.
El problema es que nuestro Gobierno siempre nos aconseja que **luchemos** por nuestra Revolución, pero los políticos no hacen nada en concreto.	Es una pena que mucha gente **tenga que** salir del país para vivir bien.

98
a) *indicativo:* Der Mann macht genau das, was seine Frau ihm sagt.
b) *subjuntivo:* Der Mann weiß noch nicht, was seine Frau sagt/sagen wird, aber er wird es machen.
c) *subjuntivo:* Es existiert (in ihrer Bekanntschaft) niemand mit dieser Eigenschaft.
d) *subjuntivo:* Sie suchen eine Person, die Chinesisch-Kenntnisse haben soll, aber es ist nicht sicher, ob sie so jemanden finden.
e) *indicativo:* Der Junge, den sie gefunden haben, hat tatsächlich Chinesisch-Kenntnisse.
f) *indicativo:* Dieses Mädchen macht alles, was ihr möglich ist, um eine gute Arbeit zu finden.
g) *subjuntivo:* Ich weiß noch nicht, was nötig sein wird, um diese Arbeit zu bekommen, aber ich werde es tun.

99
a) Deseo tener un perro que **sea** un buen compañero.
b) A lo mejor es difícil, pero buscamos un coche que **gaste** menos de cinco litros por 100 kilómetros.
c) Juan tiene una abuela que **sabe** patinar sobre hielo.
d) No hay ningún país que me **interese**[1] más que Perú.
e) Perú es un país que me **interesa** mucho.

f) Mi vecina tiene un papagayo que **habla** todo el día.
g) ¿Buscáis un piso que **tenga** más de 110 m^2 ?
h) Me gusta la idea de tener un amigo que **sepa** bailar como Michael Jackson.

Hinweis:

1 Hier muss der *subjuntivo* aufgrund der Einschränkung verwendet werden: Es existiert kein weiteres Land, das mich so interessieren könnte wie Peru.

100

a) Siempre cuando **entras** *(indicativo),* todo el suelo está sucio.
b) Cuando **termines** *(subjuntivo)* con tus deberes, vamos a comprar.
c) No empezamos con el almuerzo hasta que **lleguéis** *(subjuntivo).*
d) Aunque **llueva** *(subjuntivo),* vamos a la playa.
e) Vais al concierto aunque **es** *(indicativo)* muy caro.
f) Mientras **tomamos** *(indicativo)* un café en el bar, Daniel nos llama tres veces.
g) Mientras **pueda** *(subjuntivo),* Chenoa escucha la música a tope.
h) Siempre cuando **tengo** *(indicativo)* tiempo, llamo a mis amigos.

101

JORDI: No **me encuentro** bien.

CRISTINA: ¿Qué **pasa**, Jordi? ¡Cuéntame!

JORDI: He tenido una discusión con mis padres porque **quieren** que **estudie** más y que **saque** mejores notas. Para ellos **es** importante que **haga** la carrera de medicina. El problema **es** que cuando se **ponen** así, **me enfado** y al final siempre **salgo** gritando.

CRISTINA: Bueno, siempre **es** mejor que **tengas** buenas notas, pero lo que importa es: ¿**quieres** tú ser médico?

JORDI: No lo **sé** todavía. Hasta que **termine** el bachillerato, me **queda** todavía mucho tiempo.

CRISTINA: A lo mejor ya **puedes** decirles eso, que no lo **decides** hasta que no lo **pienses** con más tranquilidad.

JORDI: **Es** difícil que **acepten** esto porque ellos **son** de ideas muy fijas. **Quieren** que su hijo **sea** más que ellos.

CRISTINA: Claro, pero **es** fundamental que **entiendan** tu posición. ¡Ojalá que **se arregle** todo otra vez!

JORDI: Por supuesto, pero tus padres **son** diferentes en este aspecto.

CRISTINA: Sí, de momento no tengo problemas en casa. Mientras **siga** sacando buenas notas, no **hay** discusiones, pero ellos también **prefieren** que **vaya** a la universidad.

JORDI: ¿Ya **sabes** si **quieres** estudiar?

CRISTINA: **Creo** que sí, pero no **pienso** que **elija** la carrera de medicina. Me **interesan** más los idiomas.

JORDI: No **me sorprende** porque **eres** la mejor en alemán e inglés. A lo mejor **tienes que** hablar con la señora Fuertes para que te **recomiende** alguna carrera que **pueda** ser interesante para ti.

CRISTINA: Pero Jordi, no **hay** nadie que **sepa** mejor que yo lo que me **conviene** hacer.

JORDI: No lo **dudo**. Pero es posible que te **dé** alguna idea que hasta ahora no se te había ocurrido.

102 Individuelle Antwort

Escucha, Jordi. Escribe: Me he enterado por Jordi que todavía no sabes exactamente lo que vas a hacer después del bachillerato. Creo que lo mejor que se te da son las lenguas. Por lo menos en alemán es seguro que eres la mejor del curso. Es una pena que no hagas también el cursillo de italiano con la señora Visconti porque estoy segura de que también lo puedes hacer bien. A lo mejor en la carrera de idiomas te molesta el hecho de que luego en la mayoría de los casos te quede sólo el oficio de profesor, pero esto no es cierto, no es el único camino a seguir. En muchas ramas de la economía es imprescindible que se domine diferentes idiomas. Si tus padres quieren que estudies medicina, entonces tienes que decirles que se suele tener más éxito en los oficios que a uno personalmente le gustan más. Espero que decidas lo mejor para ti, pero yo sólo te puedo recomendar que sigas tus intereses. Saludos y hasta la próxima semana.

103

decidir	yo decidiría	marcar	tú marcarías
cantar	nosotros cantaríamos	encontrar	yo encontraría
volver	tú volverías	existir	él existiría
cerrar	vosotras cerraríais	entender	ellos entenderían
pedir	ellas pedirían	sufrir	vosotros sufriríais

104

haber	él habría	saber	tú sabrías
querer	nosotros querríamos	salir	yo saldría
proponer	tú propondrías	poder	ella podría
tener	ellos tendrían	venir	yo vendría
hacer	vosotros haríais	mantener	nosotras mantendríamos

105 los campesinos

a) **Necesitaríamos** precios más altos para vivir mejor.
b) **Iría** a la capital para buscar trabajo, pero allí tampoco **tendría** muchas perspectivas.
c) Mi vecino y yo **cultivaríamos** también otros productos, pero los precios en general son muy bajos.
d) No **sabría** qué hacer sin mi finca de plátanos, porque esto **supondría** el final de una tradición familiar.
e) **Tendríamos** que trabajar juntos para ganar más dinero.
f) ¿**Harías** una huelga para llamar la atención?
g) **Diría** que con una huelga no **conseguiríamos** nada, porque las grandes empresas **seguirían** produciendo mientras que nosotros **perderíamos** clientes.

representantes de clientes europeos

a) Creo que los europeos **estarían** dispuestos a pagar más por los plátanos.
b) La única condición **sería** tener una garantía para que mejore la situación de los campesinos.
c) La subida de los precios **podría** tener como consecuencia que muchas familias **comprarían** menos plátanos.
d) **Tendríamos** que mirar más de dónde son los plátanos.

representantes de empresas que están a favor de un comercio justo

a) ¿**Gastaríais** más dinero para comprar productos producidos por campesinos con pequeñas plantaciones?
b) Muchos clientes **se decidirían** sin duda por los productos más baratos.
c) Para nosotros ya **sería** un éxito subir la producción de los campesinos a un 5 %.

representantes de grupos que luchan por la conservación del medio ambiente

a) José, ¿**echarías** menos pesticidas a tus plátanos para conservar el medio ambiente?
b) Con precios más altos **se reduciría** también la necesidad de utilizar tantos pesticidas.
c) Con plantaciones más pequeñas **contribuiríais** algo para ayudarnos en nuestra lucha por la biodiversidad en Latinoamérica.
d) **Sería** un primer paso para conseguir que la gente se dé cuenta de los problemas que hay.

106 a) **Escucharía** música en mi reproductor mp3 y seguramente me **dormiría** pronto.
b) **Haría** un fuego y **esperaría** en la playa.
c) **Consultaría** el diccionario y luego **intentaría** explicárselo.
d) **Llamaría** a la embajada alemana en Panamá.

107 a) ¿Me **podríais** ayudar, por favor, a llevar los plátanos al mercado?
b) Nos **ayudaría** mucho recibir dinero del Gobierno.
c) ¿Por qué te **gustaría** cerrar algunas de las grandes plantaciones?
d) **Sería** una buena idea porque entonces las grandes empresas **producirían** menos y nosotros **podríamos** vender mejor nuestros plátanos.
e) En este caso también **estaría** dispuesto a pagar más por los plátanos.

108 a) **Traduce** las siguientes frases al español.
b) **Transforma** los verbos a la forma correcta del subjuntivo.
c) **Comparad** los dos dibujos.
d) **Soluciona** el ejercicio y **usa** las siguientes palabras.
e) Al final **contad** vuestras palabras.
f) **Escribid** un texto sobre vosotros.
g) **Describid** la foto a la izquierda del texto.
h) **Justifica** tu opinión sobre el tema del texto.

109
- **Sigue** las reglas de tráfico.
- **Sé** paciente.
- **Ten** cuidado al adelantar.
- Siempre **guarda** la distancia de seguridad entre tu automóvil y el automóvil que va delante.
- **Mantén** ambas manos al volante.
- **Pon** atención a tu velocidad.
- **Recuerda** que un niño puede de repente lanzarse a cruzar la calle.
- Siempre **enciende** las luces del coche.

110 a) **Traduzca** las siguientes frases al español.
b) **Transforme** los verbos a la forma correcta del subjuntivo.
c) **Comparen** los dos dibujos.
d) **Solucione** el ejercicio y **use** las siguientes palabras.
e) Al final **cuenten** sus palabras.

f) **Escriban** un texto sobre ustedes.
g) **Describan** la foto a la izquierda del texto.
h) **Justifique** su opinión sobre el tema del texto.

111 JOAQUÍN: ¡Qué rollo, lo de los exámenes!
SUSANA: La verdad es que sí, pero ¿qué remedio nos queda? ¿Cómo lo hacemos?
JOAQUÍN: **Estudiemos/ Vamos a estudiar** primero el vocabulario de inglés.
SUSANA: Vale. **Hagamos** también una lista de ejercicios.
JOAQUÍN: Además, **aprendamos/vamos a aprender** mejor las reglas gramaticales.
SUSANA: **Tengamos/vamos a tener** en cuenta que también entra una redacción sobre algún tema actual.
JOAQUÍN: Es verdad. Entonces, **leamos/vamos a leer** el periódico todos los días.
SUSANA: No basta con esto. **Practiquemos/ Vamos a practicar** sobre todo a escribir textos.
JOAQUÍN: Bueno, entonces **empecemos/vamos a empezar** de una vez.
SUSANA: De acuerdo, pero estás bastante impaciente, majo.

112 a) **Bañémonos** en el Mediterráneo.
b) **Levantaos** tarde durante las vacaciones.
c) **Vete** al cine con tus amigas.
d) **Convénceme** con tus nuevas ideas.
e) **Dínoslo** ahora mismo.
f) **Celebradlo** en un hotel.
g) **Informémosla** un poco más tarde.
h) **Acostaos** después de terminar la película.
i) **Aféitate** todavía esta mañana.
j) **Comedlos** en este restaurante, porque aquí son buenos.

113 a) **No os acostéis** tarde la noche antes del partido.
b) Raúl, **no pienses** tanto en las vacaciones, sino en ganar el partido.
c) **No desayunéis** cosas fuertes el día del partido.
d) Fernando y Miguel, **no vayáis** a la discoteca esta semana.
e) **No lleguéis** tarde al entrenamiento.
f) Francisco, **no juegues** al tenis el día antes del partido.

g) **No bebáis** alcohol en toda la semana.
h) Antonio, **no critiques** tanto al presidente del club en tus entrevistas.
i) **No tengamos** miedo de los otros equipos.
j) Señor presidente, **no dé** más entrevistas sobre mi futuro en el club.
k) Señor presidente, **no busque** a otros jugadores porque ya tenemos un buen equipo.

114
a) Pablo, en tu lugar yo **iría** puntualmente al entrenamiento.
b) **Calentaos** ya.
c) Al principio no **corráis** tanto.
d) Sergio, **ve** a buscar las pelotas, por favor.
e) Es mejor que **hagáis** un pequeño descanso para beber ahora.
f) Por favor, no **os acostéis** tan tarde porque luego por la mañana estáis demasiado cansados.
g) Me fastidia que no **durmáis** lo suficiente.
h) Es necesario que **cambiéis** vuestra alimentación.
i) Todavía **podríais** dar una vuelta.
j) No **protestéis** tanto, ya que no se puede ganar ningún partido sin estar en forma.
k) Siempre **acordaros/acordaos** de concentraros.
l) Jorge, no **seas** tan egoísta y juega con tus compañeros.
m) Yo mismo **llevaría** las pelotas, pero ya no tengo tiempo.

115
➢ La historia **es narrada** por Carlitos, el tercer hijo de los Alcántara.
➢ La historia de la familia Alcántara **fue situada** en el Madrid de los años 60 y 70 por los productores de la serie.
➢ En 1968 un guardia civil **fue asesinado** por ETA.
➢ En 1969 las universidades **fueron paralizadas** por los estudiantes madrileños.
➢ Tony Alcántara **fue detenido** por la policía por sus contactos con la protesta estudiantil.
➢ Juan Carlos **fue nombrado** por el dictador Franco como su sucesor y el nuevo rey de España.
➢ Antonio Alcántara **fue acusado** por un tribunal de estafa inmobiliaria en 1970.
➢ A finales de 1970 algunos miembros de ETA **fueron juzgados** por un tribunal militar en el llamado «Juicio de Burgos».

- Por este juicio, el Gobierno español **fue criticado** por manifestantes en toda Europa.
- Por la caótica situación política en 1975 Inés Alcántara y su marido **fueron obligados** a huir de Madrid.
- En octubre de 1975 la muerte del dictador Franco **fue proclamada** en los periódicos.
- Hoy esta serie **es considerada** por la gente como una de las mejores en la historia de la televisión española.

116

Aktivsatz	Passivsatz
El pueblo elige al parlamento.	El parlamento es elegido por el pueblo.
El partido ganador forma el gobierno.	El gobierno es formado por el partido ganador.
El rey nombra al gobierno.	El gobierno es nombrado por el rey.
El parlamento aprueba las leyes.	Las leyes son aprobadas por el parlamento.
La constitución legitima las leyes.	Las leyes son legitimadas por la constitución.
El rey firma las leyes.	Las leyes son firmadas por el rey.
La televisión transmite los debates.	Los debates son transmitidos por la televisión.

117 La primera parte de este libro **se publica** en 1605. Las copias **se venden** con tanto éxito que pocos años después **se edita** un segundo tomo. Ambas partes **se consideran** como obras clásicas de la literatura universal. Todavía hoy, este libro **se lee** en más de 50 lenguas y **se conoce** en el mundo entero. ¿Y cómo se llama este libro? Claro, es el Quijote («El ingenioso hidalgo Don Quijote de la Mancha») de Miguel de Cervantes y Saavedra.

118

a) La propaganda **se reparte**.
b) En España **se utiliza** mucho el aceite de oliva.
c) Los exámenes importantes siempre **se escriben** al final del curso.
d) Muchos productos españoles **se exportan** a otros países europeos.
e) En México **se hablan** todavía más de 50 idiomas diferentes.
f) Este edificio **se vende**.

119 Individuelle Antwort

El Tajo es **menos largo que** el Amazonas./El Amazonas es **más largo que** el Tajo./ El Tajo no es **tan largo como** el Amazonas. Jennifer López es **menos/ más atractiva que** Shakira./ Shakira es **tan atractiva como** Jennifer López. La Habana es **más antigua que** Santiago de Chile./ Santiago de Chile **es menos antigua que** La Habana./Santiago de Chile no es **tan antigua como** La Habana. La pizza es **más/menos rica que** la paella./ La pizza es **tan rica como** la paella. La película «Mar adentro» es **más/menos famosa que** «Te doy mis ojos»./«Te doy mis ojos» es **tan famosa como** «Mar adentro». El español es **más/menos difícil que** el inglés./ El español es **tan difícil como** el inglés. Un litro de leche es **tan caro** en España **como** en Alemania.

120
a) **La montaña más alta** de Bolivia es el Nevado Sajama con 6. 542 m, que se encuentra en los Andes.
b) **El momento más significativo** de la historia boliviana fue la pérdida de su acceso al Pacífico contra Chile en la Guerra del Pacífico a finales del siglo XIX.
c) El lago Titicaca es **el lago más grande** de América del Sur (8. 100 km^2) y **el lago más alto** del mundo (3. 810 m).
d) El salar de Uyuni es **el desierto de sal más extenso** en el mundo (12. 000 km^2).
e) El río Mamoré (un afluente del Amazonas) es **el río más largo** del país (unos 2. 000 km).
f) Las ruinas de Tiwanaku son unas de **las ruinas más importantes** de América del Sur.
g) Santa Cruz **es la ciudad más poblada** de Bolivia.
h) El conflicto social y político entre las diferentes partes del país es **el problema más grave** que tiene Bolivia.

121 Las ventajas y desventajas del candidato uno:

El candidato uno es **mayor** que el candidato dos. Además, tiene **mejores** conocimientos de inglés y **más** experiencia en este sector de trabajo. Por otro lado, su familia es **más pequeña**, tiene **menos** cartas de recomendación y **peores** conocimientos informáticos.

Las ventajas y desventajas del candidato dos:
El candidato dos tiene **más** cartas de recomendación que el candidato uno. Tiene también **mejores** conocimientos informáticos. Su familia es **más grande**. Pero hay que decir que es **menor** que el candidato uno y que tiene **peores** conocimientos de inglés y **menos** experiencia en este sector de trabajo.

122 a) ¿Quién será **el mejor candidato** para nuestra empresa?
b) **El peor momento** será cuando tenga que decir a uno de los candidatos que no podemos cogerlo.
c) El candidato con **los mejores conocimientos informáticos** podría actualizar nuestra página web.
d) Sin embargo, el candidato que **más experiencia** tenga podría ayudarnos a desarrollar nuevos conceptos. ¡Es difícil!

123 a) La madrastra de Cenicienta es **malísima**.
b) Cenicienta es **guapísima**.
c) Sus hermanastras son **feísimas**.
d) La ropa de Cenicienta para el baile del rey es **elegantísima**.
e) Para el príncipe Cenicienta es **interesantísima**.
f) Él es un príncipe **buenísimo**.
g) El príncipe está **tristísimo** después de la desaparición de Cenicienta.
h) **Rapidísimo** ordena buscar a la joven.
i) Encontrar a Cenicienta es **dificilísimo**.
j) Al final el príncipe y Cenicienta están **contentísimos**.

124 a) Puri corre **menos rápido que** Francisco. Lola corre **más rápido que** Francisco.
b) Yo canto **menos alegremente que** mi vecino. Tú cantas **más alegremente que** mi vecino.
c) Vosotras os adaptáis **más fácilmente** a nuevas situaciones **que** yo. Mis abuelos se adaptan **menos fácilmente** a nuevas situaciones **que** yo.
d) Gloria habla **tan francamente** de su familia **como** Cristina. Patricia habla **más francamente** de su familia **que** Cristina.

125 a) Pepe es **el que menos frecuentemente** conoce a nuevos amigos. Tú eres **el/la que más frecuentemente** conoce a nuevos amigos.
b) Arantxa es **la que menos felizmente** vuelve del colegio. Severiano es **el que más felizmente** vuelve del colegio.

c) Su amiga es **la que más cuidadosamente** ha hecho sus deberes. Su novio es **el que menos cuidadosamente** ha hecho sus deberes.
d) Iván es **el que más alto** habla. Susana es **la que menos alto** habla.

126 a) Su amigo se comporta **peor**. Su hermano es **el que peor** se comporta.
b) Este barrio lo conozco **peor**. Esta ciudad es **la que peor** conozco.
c) Nosotros practicamos **más** con el violín. Ana es la que **más** practica con el violín.
d) Mi perro ladra **menos**. El perro de Emilio es **el que menos** ladra.

127 Individuelle Antwort

En Múnich **nieva bastante más que** en Hamburgo. En Andalucía **llueve mucho menos que** en Renania del Norte-Westfalia. En la costa mediterránea **calienta mucho más que** en el Mar del Norte. En los Alpes **nieva un poco más que** en los Pirineos. Normalmente en Sevilla las temperaturas no **bajan tanto como** en Berlín. En Barcelona **graniza casi tanto como** en Dresde.

128 a) Tere es **la que más anda.**/ **La que más anda** es Tere.
b) Carlos es **el chico que más corre** en las carreras./ **El chico que más corre** en las carreras es Carlos.
c) Enrique es **el que más se ríe.**/ **El que más se ríe** es Enrique.
d) Luis es **el que más canta** cuando trabaja./ **El que más canta** cuando trabaja es Luis.
e) El desierto Atacama en Chile es **donde menos llueve.**/ **Donde menos llueve** es el desierto Atacama en Chile.

129 Individuelle Antwort
a) En los países de Latinoamérica hay **menos petróleo que** en los países árabes. En los países de Latinoamérica no hay **tanto petróleo como** en los países árabes.
b) En Buenos Aires existe **más polución que** en Santiago de Chile. En Santiago de Chile no hay **tanta polución como** en Buenos Aires.
c) En Panamá viven **menos indígenas que** en Guatemala. En Panamá no viven **tantos indígenas como** en Guatemala.

d) Los habitantes de Venezuela pagan **menos impuestos que** los habitantes de Alemania./Los habitantes de Venezuela no pagan **tantos impuestos como** los habitantes de Alemania.
e) Nicaragua tiene **más problemas que** Costa Rica. Costa Rica no tiene **tantos problemas como** Nicaragua.

130 Individuelle Antwort

¿Cuál es **el país en el que/donde menos petróleo** hay? ¿Cuál es la ciudad **en la que/donde más polución** existe? ¿Cuál es **el país en el que/donde menos indígenas** viven? ¿Cuál es **el país en el que/donde menos impuestos** pagan? ¿Cuál es **el país en el que/donde más problemas** hay?

131 Individuelle Antwort

Andalucía está **más al sur que** Castilla y León. Esta última Comunidad Autónoma está **más al norte y en el centro** de España **que** Andalucía. Andalucía es **la Comunidad Autónoma más grande** de España; Castilla y León es un poco **más pequeña que** Andalucía. Andalucía tiene bastante **más habitantes que** Castilla y León. Tampoco Valladolid, la capital de Castilla y León, es **tan grande como** Sevilla, la capital de Andalucía. Sevilla es la ciudad de las dos Comunidades Autónomas **que más habitantes tiene**. Por otro lado, Castilla y León tiene ligeramente **más provincias que** Andalucía. Por lo general, las sierras en Castilla y León son **más bajas que** en Andalucía. **La sierra más alta** es la Sierra Nevada en Andalucía. **El río más largo** de las dos Comunidades Autónomas es el Duero. Este río es bastante **más largo que** el Guadalquivir. En Andalucía hay **tanto turismo y agricultura como** en Castilla y León. Andalucía es **la comunidad en la que más calor hace**. Los inviernos en Castilla y León son **más fríos que** en Andalucía.

132
1) ¿Cuál es el animal **que más cuello tiene**?
2) ¿Cuál es el animal **que más rápido corre**?
3) ¿Cuál es el animal **que más ojos tiene**?
4) ¿Cuál es el animal **que menos agua bebe**?
5) ¿Cuál es el animal **que más años vive**?
6) ¿Cuál es el animal **que más come**?
7) ¿Cuál es el animal **más venenoso**?
8) ¿Cuál es el animal **que más pesa**?

133

1) **la jirafa**
El cuello de una jirafa adulta puede medir más de 2 metros.

2) **el guepardo**
El guepardo alcanza una velocidad punta de hasta 120 km/h.

3) **la libélula**
La libélula dispone de unas 30 000 facetas.

4) **el koala**
Los koalas no necesitan mucha agua porque las hojas del eucalipto ya contienen gran cantidad de líquido.

5) **la tortuga**
P. ej. Harriet, la tortuga de Charles Darwin, vivió 175 años.

6) **el elefante (africano)**
El elefante africano puede ingerir hasta 400 kg de materia vegetal al día.

7) **la avispa de mar**
La avispa de mar es una medusa *(Qualle)* que vive sobre todo en las aguas australianas.

8) **la ballena azul**
La ballena azul es el animal más grande que existe en la actualidad.

134 Paraguay y Bolivia son los únicos países de Sudamérica que no están juntos al mar. Paraguay es **casi tan grande como** Alemania y Suiza juntos. Tiene aproximadamente 6.8 millones de habitantes. La mayor parte de estos habitantes viven en el este del país. **La ciudad más grande** es la capital Asunción. Es **mucho más grande que** Ciudad del Este, que está situada en la frontera con Brasil. Una de **las ciudades más bonitas** es Concepción a orillas del río Paraguay. Este río divide el país en el Gran Chaco al oeste y el Oriente al este. Paraguay tiene 17 departamentos. El Departamento Central es **el departamento más pequeño**, pero a la vez **el más poblado**. Por cierto, **el pico más alto** de Paraguay es el Cerro Tres Kandú con 842 metros. El país tiene dos idiomas oficiales: el español y el guaraní. Debido a la inmigración alemana del siglo XX se habla también mucho el alemán, pero naturalmente no **se habla tanto el alemán como el español o el guaraní**. La mayor parte/la mayoría de los habitantes de Paraguay son católicos. En Paraguay muchas personas trabajan todavía en la agricultura, pero también la industria ha ganado en importancia desde los años 70. **El producto que más se cultiva/más cultivado** es la soja, que se produce sobre todo para la exportación.

135 Según una leyenda **que tiene su origen en la Edad Media** la tumba del apóstol Santiago está en Santiago de Compostela. La catedral de Santiago de Compostela, **donde se encuentra la tumba**, es la atracción principal de la ciudad.

A la entrada de la catedral hay una piedra **en la que millones de peregrinos y turistas han puesto su mano**. Ya tiene la forma de una mano. Hoy en día no sólo son personas religiosas **a las que les interesa hacer el camino de Santiago**. También hay otros motivos **por los que la gente se decide a seguir el camino de Santiago andando o en bici**. Hacer el Camino de Santiago, **que empieza ya en otros países europeos**, requiere mucho esfuerzo. No hay **quien aguante este esfuerzo sin haberse entrenado antes**. Lo típico es dormir en los albergues del camino o en monasterios **que no son muy lujosos**. Pero la mayor parte de la gente **que lo ha intentado** habla de una experiencia única.

136 El Rocío es un pueblo **que** está situado muy cerca del Parque Nacional Coto de Doñana, **cuya** flora y fauna son incomparables en toda Europa. El pueblo en sí, **que** tan sólo tiene 800 habitantes, no tiene ningún interés turístico. Pero es el pueblo **en el que** tiene lugar la Romería de El Rocío. Una visita a la Virgen de El Rocío, **que** también recibe el nombre de Paloma Blanca, es el motivo de esta romería. En Pentecostés más de un millón de peregrinos **que** quieren verla recorren los caminos que llevan a El Rocío. La ermita **donde** está la Virgen es su destino. El domingo por la noche se reúne la gente delante de la ermita **donde** tiene lugar el acto principal. El lunes, al salir el sol, sacan a la Virgen de la iglesia, todos rezan y dan las gracias. Es impresionante **lo que** hace la gente por tocarla o besarla. Según la tradición, **quien** consigue tocarla recibirá la ayuda de la Virgen. Por eso, sobre todo la gente enferma, los ancianos y los niños intentan tocarla.

137
a) Como todos los años, cientos de personas **que quieren ir a pedir ayuda a la Virgen** inician su marcha.
b) La Virgen, **cuyo santuario es de 1805**, se encuentra en Copacabana, a 120 km de la capital, La Paz.
c) La marcha, **en la que participan sobre todo jóvenes y también ciclistas**, es larga y requiere mucho esfuerzo.
d) Siempre hay una ceremonia de preparación **en la que la gente compra lo que necesita para la marcha y también come todavía algo.**
e) Según la tradición, los peregrinos, **que en su mayoría son muy religiosos**, deben andar el camino durante tres años seguidos.

f) La policía y la Cruz Roja ayudan a los peregrinos **que necesitan con frecuencia primeros auxilios porque el camino es muy difícil**.
g) La imagen de la Virgen, **que es del siglo XVI**, es una obra del escultor indígena Titu Yupanki.

138 Si la familia de Jimena quiere, podemos ir todos a ver Machu Picchu.
Si en Arequipa hace buen tiempo, también podremos ir a bañarnos.
Si necesito informaciones sobre Perú, seguro que Jimena podrá ayudarme.
Si me gusta el país, me quedo más días.
Jimena, si hay algún cambio en el horario, infórmame enseguida, por favor.

139 CARMEN: Jimena, ¿cuándo crees que podríamos ir a Arequipa?

JIMENA: Si **vamos** en agosto, **estaremos/estamos** allí por las fiestas de la Semana de Arequipa. Hay danzas folclóricas, mercados de artesanía y al final fantásticos fuegos artificiales.

CARMEN ¿Y crees que a tus padres les **parece** bien si **decidimos** pasar allí las fiestas?

JIMENA: Claro que sí. Si **queremos** ir, a ellos seguramente les **encantará/encanta** acompañarnos a las fiestas. Además, esa semana tampoco trabajan.

CARMEN: ¡Qué bien! Ya estoy deseando ir, pero la verdad es que no sé nada de Arequipa. ¿Hay algo que merece la pena visitar en Arequipa?

JIMENA: Si **llegamos** sobre el día 10 de agosto, **podremos/podemos** ir primero a las fiestas. Después, si **quieres** quedarte todavía algunos días en Arequipa, te **enseñaré/enseño** lo más importante: la Plaza de Armas con la catedral, la iglesia La Compañía y el monasterio de Santa Catalina. Todo esto pertenece todavía a la arquitectura colonial de los españoles y podemos verlo en un día. Los demás días, si **tengo** tiempo y no **tienes** nada en contra, **visitaremos/visitamos** a mis tíos y por las noches **quedaremos/quedamos** con mis amigos para tomar algo.

CARMEN: Yo, encantada. Jimena, si **quiero** saber algo sobre Arequipa, ¿dónde me **darán/dan** información?

JIMENA: Si **buscas** información, **llama** o **escribe** a la embajada de Perú en Madrid.

140

	Los padres	Carmen
a)	Si **vais** a Lima, **tenéis que** visitar al tío Eduardo.	De acuerdo. Si **vamos** a Lima, **visitaremos** al tío Eduardo.
b)	Si **subís** a las ruinas de Machu Picchu, **sacad** fotos.	Si **subimos** a las ruinas de Machu Picchu, **sacaremos** fotos.
c)	Si **viajas** a Nazca, **mándanos** una postal.	Vale, si **viajo** a Nazca, os **mandaré** una postal.
d)	Si **os perdéis** en Lima o en la selva, **llama** a la embajada española.	Si **nos perdemos** en Lima o en la selva, **llamaré** a la embajada española.
e)	Si **estáis** en una situación peligrosa, **tranquilizaos** y **buscad** ayuda.	De acuerdo, papá. Si **estamos** en una situación peligrosa, **nos tranquilizaremos** y **buscaremos** ayuda.

141 Individuelle Antwort

Si vamos a Iquitos, **llevamos/llevaremos** un espray contra los mosquitos. Si vamos a Iquitos, **necesitamos/necesitaremos** una habitación con aire acondicionado. Si vamos a Iquitos, **es/será** necesario beber suficiente agua.

Si tenemos problemas con el clima, **vamos/iremos** a un médico. Si tenemos problemas con el clima, **nos compramos/nos compraremos** un sombrero contra el sol. Si tenemos problemas con el clima, **regresamos/regresaremos** antes a Arequipa.

Si nos perdemos en la selva amazónica, **encendemos/encenderemos** un pequeño fuego. Si nos perdemos en la selva amazónica, seguramente **encontramos/encontraremos** ayuda en un pueblo de indígenas. Si nos perdemos en la selva amazónica, **estudiamos/estudiaremos** bien nuestros mapas.

142
a) **Antes de que emprendamos** el viaje, tenemos que pedir un visado.
b) **Hasta que** no **tengamos** el visado, no hace falta reservar el vuelo.
c) **En cuanto estén** los visados, podemos hacer la reserva.
d) **Después de que consigamos/consiga** reservar el vuelo, podemos estar seguros de que realmente vamos.
e) **Mientras esperamos** a que nos den el visado, puedo escribir ya a mis tíos.

143
a) **Cada vez que pienso** en volver a ver a mis tíos, me pongo nerviosa.
b) **Desde que salimos** de Cuba hace diez años, no los hemos vuelto a ver.

c) **Cuando lleguemos** a La Habana, seguro que me voy a emocionar.
d) **Siempre que** estoy en una situación emocional, me pongo a llorar.
e) **Antes de que vayamos** a Cuba, compramos regalos para todos.
f) **Mientras estemos** en Cuba, tenemos que visitar también a los amigos.

144 ENTREVISTADOR: Señora Pérez Castellón, ¿por qué vino a Florida?
PÉREZ CASTELLÓN: Vine con mi familia a Florida **porque** después de la revolución en 1959 no había libertad en Cuba.
ENTREVISTADOR: ¿Puede explicar a nuestros lectores cómo consiguió integrarse en la sociedad estadounidense?
PÉREZ CASTELLÓN: **Como** no hablaba inglés, me esforcé en aprenderlo rápido. Más tarde, trabajé en la radio española **ya que** quería hacer algo para los hispanohablantes en Florida.
ENTREVISTADOR: ¿Cómo ve la situación actual de Cuba?
PÉREZ CASTELLÓN: La situación ha mejorado un poco, pero todavía Cuba está lejos de ser un país democrático.
ENTREVISTADOR: ¿Piensa que hay alguna posibilidad de que mejoren las relaciones entre EE UU y Cuba?
PÉREZ CASTELLÓN: **Como** soy optimista, pienso que sí.
El nuevo presidente Obama va a trabajar más en este aspecto **porque** es una persona más abierta que Bush.
ENTREVISTADOR: Gracias por la entrevista.

145 a) No escribe **de manera que** se **pueda** leer.
b) Este político lo explica muy ordenadamente, **de forma que convence** a los jóvenes.
c) Esta película es bastante emocional, **así que** no te **queda** otra alternativa más que llorar.
d) ¿Al final no te vas a Málaga este fin de semana **de forma que puedas** participar en el maratón?
e) Nuestro gato a menudo no viene cuando lo llamamos, **así que tiene** que pasar la noche fuera de casa.

146 a) Mis amigos estudian **para que tengan** buenas notas.
b) Gastas demasiado dinero en ropa **a fin de que** los otros te **admiren**.
c) Sus padres le regalan un viaje **para que conozca** todos los continentes.
d) No compra dulces **a fin de que** sus hijos **bajen** un poco de peso.

147 Ya había publicado cuatro novelas, pero fue con la obra titulada «La sombra del viento» con la que Carlos Ruiz Zafón tuvo su primer éxito. En español salió a la venta en el año 2001 y más tarde se tradujo también al inglés, alemán y otros idiomas. **Aunque fue** un éxito en todo el mundo, todavía no existe ninguna adaptación cinematográfica de la novela. Pero **aunque** se **haga** una adaptación para la gran pantalla, esta no podrá ser tan buena como el libro. El joven Daniel Sempere de Barcelona encuentra el libro «La sombra del viento» del autor Julián Carax en una biblioteca con el nombre *Cementerio de los Libros Olvidados*. Daniel está fascinado por el libro, **aunque** al principio no **encuentra** ninguna información sobre el autor. **A pesar de que busca** en bibliotecas y librerías de viejo, no da con otro ejemplar de este libro tan misterioso. Con la ayuda de un ex-policía del servicio secreto y de su novia Beatriz consigue averiguar algunos detalles de la vida de Carax, **aunque** le **quedan** todavía muchos aspectos por aclarar. Con el tiempo se van enlazando las vidas de Daniel y de Julián Carax. **Aunque** los lectores **lean** dos veces esta historia, siempre les quedará algo por descubrir. En el año 2008 Ruiz Zafón publicó su novela «El juego del ángel», que cuenta la historia que precede a los acontecimientos de «La sombra del viento». **Aunque** Ruiz Zafón **planea** publicar cuatro libros en este ciclo novelesco, hasta el momento sólo han salido estas dos novelas.

148
a) **Después de que** Matilde Asensi terminó su carrera universitaria (estudió periodismo en la Universidad Autónoma de Barcelona), trabajó primero en la Cadena SER y más tarde en la Radio Nacional de España.
b) **Mientras** trabajaba para la radio, también colaboraba en diarios provinciales.
c) **Aunque/A pesar de que** tenía que trabajar mucho, logró publicar su primera novela histórica, «El salón de ámbar», en 1999.
d) Esta novela trata de un grupo de ladrones de arte que se juntan **porque** quieren encontrar el legendario salón de ámbar, robado en San Petersburgo, Rusia, por los nazis.
e) Su segunda novela «Iacobus» trataba de la Edad Media. **Aunque/A pesar de que** no era un tema nuevo, fue un éxito de ventas.
f) **Como** el Papa Juan XXII teme por su vida, quiere que Galcerán de Born, monje y detective medieval, investigue la muerte del Papa Clemente V.
g) Galcerán ve rápido que la orden de los templarios está detrás de los acontecimientos, **de modo que** no le queda otra alternativa que seguir el peligroso Camino de Santiago.

h) En otra novela de Asensi, «El último Catón» (2001), la monja Ottavia Salina juega un papel importante, **ya que** encuentra en el Archivo Secreto del Vaticano los indicios de un misterio acerca de la cruz de Cristo.
i) Ottavia empieza un largo viaje y recibe la ayuda del Vaticano **a fin de que** intente aclarar los robos de fragmentos de la cruz de Jesucristo en diferentes lugares del mundo.

149 Individuelle Antwort

Domingo Faustino Sarmiento **afirma** que las escuelas son la base de la civilización.

José Ortega y Gasset **cree** que la vida humana eterna sería insoportable.

Enrique Tierno Galván **declara** que el poder es como un explosivo: o se maneja con cuidado, o estalla.

Juan Ramón Jiménez **expone** que el poeta no es un filósofo, sino un clarividente.

Pablo Picasso **explica** que pinta las cosas no como las ve, sino como las piensa.

Gabriel García Márquez **aclara** que lo más importante que aprendió a hacer después de los cuarenta años fue a decir no cuando es no.

150 Individuelle Antwort

testigo 1

El inspector quiere saber si el ladrón tenía la cara tapada. El testigo piensa que al principio sí, pero piensa también que luego se le cayó la máscara. El inspector pregunta si lo había visto antes y el testigo contesta que le parece que lo había visto salir de un coche antes de entrar en el banco.
Ahora el inspector le pregunta si podría describir la cara de la persona; aunque el testigo dice que todo fue muy rápido, está seguro de que tenía un lunar. Claro que el inspector quiere saber dónde tenía el lunar. El testigo contesta que lo tenía en la nariz. Ahora al inspector le interesa cuántos años tenía el atracador. El testigo dice que es una pregunta difícil, pero que podría tener unos 25 años. El inspector quiere saber si llevaba gafas. El testigo cuenta que se acuerda todavía que eran gafas de sol muy caras. Al final el inspector quiere saber si era rubio, pero el testigo contesta que no se lo puede decir. Afirma que tiene la impresión de que era rubio.

testigo 2

El inspector quiere saber si el testigo se acuerda cómo entró el ladrón en el banco y este contesta que tiene la impresión de que apareció de la nada. Ahora quiere saber a cuántos metros de él se encontraba el testigo. Este dice que estaba esperando su turno cuando se dio la vuelta y cree que estaba a unos ocho o nueve metros. El inspector le pregunta si notó algo llamativo en su cara. Contesta que tenía un ojo más grande que el otro y añade que tenía unas mechas rubias. El inspector pregunta cuántos años supone que tenía el ladrón. El testigo asegura que no tenía más de treinta años. Finalmente el inspector quiere saber de qué marca eran sus gafas de sol, pero el testigo asegura que el ladrón no llevaba gafas de sol.

testigo 3

El inspector comienza el interrogatorio diciendo al testigo que si es tan amable de describirle la máscara del atracador. Este contesta que no ha visto ninguna máscara y cree que a lo mejor ya se le había caído cuando lo vio. El inspector insinúa que el testigo no tenía ningún problema en verle la cara y el testigo dice que es un buen observador y que se acuerda perfectamente de ese individuo. El inspector le pregunta entonces si había algo llamativo en la cara del ladrón. El testigo menciona que había dos cosas que le llamaron la atención: que tenía los ojos un poco raros y en la nariz vio una mancha negra. También le pregunta qué edad tenía el atracador, más o menos, y el testigo responde que él diría que tenía entre 25 y 30 años. El inspector quiere saber ahora si llevaba gafas o no y el testigo está seguro de que no llevaba gafas, porque se acuerda todavía de los ojos tan raros. Para terminar, el inspector pregunta de qué color era su pelo y el testigo contesta que era rubio.

151 La persona más sospechosa es **el número 4** porque tiene entre 20 y 30 años, es rubio, tiene los ojos raros y un lunar en la nariz.

152 Individuelle Antwort

Carmen contó que lo que más le **había gustado habían sido** las luchas y los efectos especiales. Subrayó que la **había sorprendido** lo joven que **era** Harrison Ford en las películas y que siempre **había sido** uno de sus actores favoritos. Mencionó que las películas **eran** como un cuento de hadas con princesas y reinos. Contó que antes **había oído** hablar muchas veces de la serie de películas, pero nunca **había tenido** el tiempo para verla. Concluyó diciendo que **volvería** a ver sobre todo las películas con el hombre vestido completamente de negro que **era** un representante del mal.

Vicente explicó que las luchas interminables le **aburrían** bastante, sobre todo porque la historia **era** confusa. Destacó que todos los personajes **habían hablado** constantemente de la fuerza que **poseían** los caballeros de la orden de los Yedi y que esto le **había parecido** ridículo. Vicente criticó que **había** tantos efectos especiales que los personajes no **interesaban** tanto. Dijo que los actores en las películas viejas todavía **podían** pasar, pero que el actor que **interpretaba** al joven Anakin **era** bastante malo. Al final sentenció que no **sabía** si **vería** todavía las dos películas que le **quedaban**, pero se **podría** imaginar que no.

La serie de películas que los dos han visto es «La guerra de las galaxias *(Star Wars)*».

153 En su discurso Miguel de Unamuno dijo que acababa de oír el grito «¡Viva la muerte!». Explicó que tenía que decirles que **aquella** ridícula frase le parecía repelente. Continuó diciendo que se había hablado **allí** de guerra internacional en defensa de la civilización cristiana, pero que era sólo una guerra incivil. Añadió que, desgraciadamente, había en **aquellos** días demasiados inválidos y que en los meses **siguientes** habría más, si Dios no les ayudaba. Unamuno insistió en que **aquel** era el templo de la inteligencia y que ellos estaban profanando **aquella** universidad tan antigua. Subrayó que vencerían, porque tenían mucha fuerza bruta, pero que no convencerían, porque convencer significaba persuadir. Unamuno concluyó diciendo que para persuadir, necesitarían algo que les faltaba: razón y derecho en la lucha.

154 Individuelle Antwort

Niñez *(Kindheit)* **robada**

En mi último viaje a Colombia tuve la oportunidad de hablar con Juan, uno de los muchos niños que viven en las calles de Bogotá. La de Juan es una historia conmovedora y dura que nos tendría que animar a prestar ayuda a estos niños sin niñez.

Primero quería saber cómo se **llamaba** el niño. Me dijo que se **llamaba** Juan. Le pregunté cuántos años **tenía** y me contestó que tan sólo **tenía** ocho años, pero que **cumpliría** pronto nueve años. Yo quería saber por qué **vivía** en la calle y me explicó que su madre **había muerto** cuando él **tenía** cuatro años. Añadió que después de la muerte de su madre su padre **había empezado** a beber, aunque nunca lo **había hecho**. Como consecuencia, sus hermanos y Juan **tenían** mucho miedo cuando su padre **llegaba** a casa, porque muchas veces los **pegaba**. Juan dijo que por eso un día **había decidido** irse de casa. Le pregunté cuánto tiempo **llevaba** viviendo en la calle y me contó que se **había ido** de casa cuando **tenía** seis años. A continuación quería saber si **había** vuelto a ver a su familia desde que la **había abandonado** y él dijo, visiblemente emocionado, que de vez en cuando **iba** a visitar a sus hermanos, pero que **intentaba** ir cuando no **estaba** su padre. Yo le confronté con mi duda de qué **vivía** ahora y él me confesó que **mendigaba** en el centro de Bogotá y que también **vendía** lo que **había robado** con sus amigos. Explicó que la comida la **encontraba** entre lo que la gente **tiraba** a la basura. Después le pregunté dónde **dormían** sus amigos y él. Me explicó que la noche anterior **habían dormido** en una casa en ruinas, pero otros días simplemente **se tapaba** con cartones y **dormía** en la entrada de alguna casa. También añadió que el problema **era** que la policía muchas veces no les **dejaba** dormir en el centro. Le pregunté si él **opinaba** que la policía **debería** dejar en paz a los niños callejeros y Juan subrayó fuertemente que la policía, en realidad, **debería** ayudar a la gente y no hacerle a uno la vida imposible. Al final quería saber qué futuro le **esperaría** a Juan, pero él contestó que no **sabía** qué **significaba** esto del futuro. Para él, sólo **existía** el presente.

155 Individuelle Antwort

a) Eduardo **quiere que seamos** puntuales.
b) **Nos recuerda que** no **olvidemos** un saco de dormir.
c) **Insiste en que** al llegar al albergue juvenil, **esperemos** hasta que llegue el resto del grupo.
d) **Nos prohíbe que salgamos** todavía a ver la ciudad.
e) **Me aconseja que tenga** mucho cuidado con mi dinero porque hay mucha gente en la ciudad.
f) **Nos advierte que nos levantemos** pronto por la mañana para ver los encierros.
g) **Nos manda que nos comportemos** bien en el albergue y **que** no **bebamos** ni **comamos** en las habitaciones.
h) Al final **propone que** ante todo **disfrutemos** de la excursión.

156

TÍTULO	DESCRIPCIÓN
1) **Catorce** (14) kilómetros DIRECTOR: GERARDO OLIVARES	C) El título se refiere a la distancia que separa Europa de África. Tres jóvenes africanos intentan superarla.
2) Las **trece** (13) rosas DIRECTOR: EMILIO MARTÍNEZ LÁZARO	D) El título se refiere a un grupo de chicas fusiladas por el ejército franquista en 1939.

3)	**Noventa** (90) millas DIRECTOR: FRANCISCO RODRÍGUEZ	F)	El título se refiere a la distancia que separa la costa de Cuba de la de Estados Unidos. Una familia cubana intenta llegar a Florida en un pequeño barco.
4)	Mamá cumple **cien** (100) años DIRECTOR: CARLOS SAURA	A)	Esta comedia trata de una anciana y su fiesta de cumpleaños, en la que se reúne toda la familia.
5)	**Veintiún**[1] (21) gramos DIRECTOR: ALEJANDRO GONZÁLEZ IÑÁRRITU	B)	Este drama trata de un accidente que entrelaza los destinos de varias personas. El título se refiere al peso que tiene el alma (según un científico).
6)	Septiembre del **setenta y cinco** (75) DIRECTOR: ADOLFO DOFOUR	E)	El documental cuenta la historia de un joven fusilado. Fue uno de los últimos ejecutados del régimen franquista.

Hinweis:

1 *-uno* wird hier zu *-ún* verkürzt, da ein männliches Substantiv folgt.

157 a) setecientos cincuenta y seis
b) ciento nueve
c) quinientos cincuenta y cinco
d) trescientos cuarenta y ocho
e) doscientos ochenta y nueve
f) novecientos uno
g) ochocientos quince

158 a) tres mil quinientos dieciocho
b) cinco mil novecientos ochenta y siete
c) once mil catorce
d) cuarenta y cuatro mil novecientos veintiuno
e) ciento veintitrés[1] mil seiscientos cuarenta y siete
f) ochocientos doce mil setecientos treinta y nueve
g) seis millones doscientos dieciséis[1] mil quinientos quince

Hinweis:

1 Bei zusammengeschriebenen Zahlen erhält der einsilbige Einer einen grafischen Akzent.

159 a) diferencia: 4 530 euros
El piso costaba antes **treinta y cinco millones doscientas treinta y cinco mil quinientas sesenta y tres** pesetas. Son **doscientos once mil setecientos setenta** euros. Hoy cuesta **doscientos dieciséis**[1] **mil trescientos** euros. La diferencia es de **cuatro mil quinientos treinta** euros.

b) diferencia: 15 443 euros
El piso costaba antes **cuarenta y un millones novecientas cinco mil cuatrocientas setenta y ocho** pesetas. Son **doscientos cincuenta y un mil ochocientos cincuenta y siete** euros. Hoy cuesta **doscientos sesenta y siete mil trescientos** euros. La diferencia es de **quince mil cuatrocientos cuarenta y tres** euros.

c) diferencia: 31 192 euros
El piso costaba antes **treinta y tres millones setecientas cuarenta y cuatro mil quinientas veintidós**[1] pesetas. Son **doscientos dos mil ochocientos nueve** euros. Hoy cuesta **doscientos treinta y cuatro mil** euros. La diferencia es de **treinta y un mil ciento noventa y dos** euros.

d) diferencia: 27 302 euros
El piso costaba antes **cincuenta y nueve millones quinientas dieciséis**[1] **mil catorce** pesetas. Son **trescientos cincuenta y siete mil seiscientos noventa y ocho** euros. Hoy cuesta **trescientos ochenta y cinco mil** euros. La diferencia es de **veintisiete mil trescientos dos** euros.

Solución: El piso que más ha subido es el de la letra **c**.

Hinweis:

1 Bei zusammengeschriebenen Zahlen erhält der einsilbige Einer einen grafischen Akzent.

160

El país más cerca de la frontera estadounidense tiene **109 935 715** habitantes. Es el país con más hispanohablantes del mundo.

El país de donde son Juanes, Shakira y Gabriel García Márquez, el Premio Nobel de Literatura del año **1982**, es el segundo país más grande en cuanto a su población. Tiene **42 566 009** habitantes.

Hay un país en Latinoamérica con una longitud de **4 300** kilómetros donde viven **16 967 326** personas.

Al norte de este país tan largo hay otro país cuya capital se llama Quito. Este país tiene **13 512 911** habitantes.

Hay dos países en Sudamérica que no tienen mar. Uno tiene unos **10 500 000** habitantes y dos capitales: Sucre y La Paz.

El otro país sin mar está cerca de Brasil y tiene **6 789 052** habitantes.

También hay tres islas en las que se habla español. Una de estas islas tiene una relación muy estrecha con Estados Unidos y allí también se habla inglés. Esta isla tiene casi **4 000 000** de habitantes.

Al lado de esta isla hay otra, en la que se encuentran dos países. En uno de estos países se habla francés y en el otro español. Es una isla con mucho turismo europeo. Tiene aproximadamente **9 527 199** habitantes.

La isla más grande del Caribe, en la que luchó Che Guevara contra el Gobierno hace **40** años, ha tenido en las últimas décadas muchos problemas con EE UU. Tiene **11 514 718** habitantes.

El país donde vivían antes principalmente los incas tiene **27 830 022** habitantes.

En la patria de Diego Armando Maradona, según muchos críticos uno de los mejores jugadores de fútbol de todos los tiempos, viven prácticamente **40 000 000** de personas.

El país cuya capital Montevideo está a orillas del Río de la Plata tiene **3 182 477** habitantes.

Hay un país geográficamente muy importante porque tiene un canal por el que pueden pasar los barcos del Atlántico al Pacífico. Este país tiene tan sólo **3 173 913** habitantes.

Conocido como un paraíso natural justo al norte hay un país que tiene poco más de **4 130 000** habitantes. Este país no tiene ejército.

El país más pequeño de la Centroamérica hispanohablante tiene **7 055 517** habitantes. Su capital empieza con *San*.

Otro país interesante, que antes era uno de los centros de la cultura maya y del que es la Premio Nobel de la Paz del año **1992**, Rigoberta Menchú, tiene **12 973 111** habitantes.

El país con la capital Tegucigalpa está al lado. Tiene aproximadamente **7 500 000** habitantes.

Su país vecino tiene con **5 687 915** personas menos habitantes que este país.

Finalmente hay que mencionar un país con una industria importante de petróleo, que en el norte pertenece al Caribe y cuyo río más importante es el Orinoco. Tiene casi **28 000 000** de habitantes.

PAÍS	HABITANTES	PAÍS	HABITANTES
Argentina	40 000 000	Bolivia	10 500 000
Chile	16 967 326	Colombia	42 566 009
Costa Rica	4 130 000	Cuba	11 514 718
Ecuador	13 512 911	El Salvador	7 055 517
Guatemala	12 973 111	Honduras	7 500 000
México	109 935 715	Nicaragua	5 687 915
Panamá	3 173 913	Paraguay	6 789 052
Perú	27 830 022	Puerto Rico	4 000 000
Rep. Dominicana	9 527 199	Uruguay	3 182 477
Venezuela	28 000 000		

161 a) Existe una canción de Shakira que se llama «El **octavo** día».

b) Durante el reinado de Felipe **Segundo** (hijo de Carlos **Primero** de España e Isabel de Portugal) el imperio español alcanzó su máxima extensión.

c) Haití fue el **primer** país latinoamericano en proclamar su independencia.
d) El **quinto** y último escritor latinoamericano que ha recibido el Premio Nobel de Literatura es el mexicano Octavio Paz.
e) La **novena** sinfonía es una de las obras más famosas de Ludwig van Beethoven.

162

a) $\frac{1}{4}$ = **un cuarto**	b) $\frac{7}{5}$ = **siete quintos**
c) $\frac{2}{3}$ = **dos tercios**	d) $\frac{1}{8}$ = **un octavo**
e) $\frac{3}{7}$ = **tres séptimos**	f) $\frac{9}{6}$ = **nueve sextos**
g) $\frac{8}{10}$ = **ocho décimos**	h) $\frac{2}{4}$ = **dos cuartos**

163

a) **La tercera parte** de los alumnos piensa que se podrían pintar las aulas.
b) **La mitad** de los alumnos dice que los precios de la cafetería son aceptables.
c) **Las siete octavas partes** de todos piensan que tienen que hacer demasiados deberes.
d) **La novena parte** está contenta con la oferta de los diferentes deportes que puede practicar aquí.
e) **Las nueve décimas partes** de los alumnos subrayan que los profesores quieren ayudarlos.
f) **La séptima parte** critica que el bedel no siempre es amable.
g) **Las tres cuartas partes** admiten que muchos alumnos provocan al bedel.
h) A **las tres quintas partes** les encantaría trabajar más con el ordenador en clase.
i) **La octava parte** dice que está dispuesta a ayudar en las fiestas del colegio.
j) **La sexta parte** quiere más actividades extracurriculares.

164 Individuelle Antwort

El diecisiete por ciento de los niños dice que sus padres no están en casa por la tarde. **El ochenta por ciento** de los niños dice que su padre cena con ellos, pero todavía **el tres por ciento** afirma que tiene que cenar solo. Entre **el siete** y **el once por ciento** de los niños asegura que sus padres los pegan con frecuencia. Entre **el diecisiete** y **el veinte por ciento** de los niños ayuda a veces a sus padres en su trabajo. **Un uno por ciento** de los niños está a menudo sin sus padres en la casa. Además, **el catorce por ciento** sólo tiene o padre o madre y en **el doce por ciento** de los casos los padres están separados o divorciados. El **dieciséis por ciento** de los niños no tiene primos. Entre el **ochenta y cinco** y **el noventa por ciento** de los encuestados dice que no se siente solo en la escuela; sin embargo, de los niños entre seis y once años **el cuatro por ciento** afirma que sufre algún tipo de agresión en la escuela. **El cuarenta y cuatro por ciento** pertenece a un club de deporte. **El veintisiete por ciento** confirma que ve mucha televisión el fin de semana. De los niños entre 6 y 11 años **el cuarenta y tres por ciento** tiene un teléfono móvil. Es extranjero uno de los padres de **un ocho por ciento** de los niños. **Un ochenta y cinco por ciento** de los niños piensa que es positivo tener niños extranjeros en clase.

Anhang

18 Abkürzungen

adj.	adjetivo	Adjektiv
adv.	adverbio	Adverb
art.	artículo	Artikel
col.	coloquial	umgangssprachlich
f.	femenino	weiblich
LAm	Latinoamérica	Lateinamerika
m.	masculino	männlich
part.	participio	Partizip
pl.	plural	Plural
pron.	pronombre	Pronomen

Die folgende Liste erhebt keinen Anspruch auf Vollständigkeit. Die Wörter werden in der Bedeutung angegeben, in der sie im Buch verwendet werden.

19 Schwierige Wörter, die im Buch verwendet werden

Aa	abajo	unten, hinunter
	abandonar	verlassen
	a base de	mithilfe
	abogado (m.), abogada (f.)	Rechtsanwalt, Rechtsanwältin
	abreviar	abkürzen
	accidente (m.)	Unfall
	aceite de oliva (m.)	Olivenöl
	acerca de	im Hinblick auf
	aclarar	klären
	acompañar	begleiten
	aconsejar	empfehlen, raten
	acontecimiento (m.)	Ereignis
	a continuación	dann, im weiteren Verlauf
	acto seguido	sofort
	actuar	auftreten
	actualidad (f.)	Gegenwart
	acuario (m.)	Aquarium
	acusar	anklagen
	adaptación cinematográfica (f.)	Filmversion
	adaptarse	sich anpassen
	adelantar	überholen
	adelante	vorne
	admirador (m.), admiradora (f.)	Bewunderer, Bewunderin
	admirar	bewundern

admitir	zulassen, hereinlassen
adquirir	erlangen
advertir (e>ie)	hinweisen auf
a favor de	für
afectado (m.), afectada (f.)	Betroffener, Betroffene
afeitarse	sich rasieren
afirmar	behaupten
agencia de viajes (f.)	Reisebüro
agricultura (f.)	Landwirtschaft
aguantar	aushalten
ahorrar	sparen, einsparen
aire acondicionado (m.)	Klimaanlage
aire libre (m.)	frische Luft
a la primera	sofort, beim ersten Mal
albergue (juvenil) (m.)	(Jugend-)Herberge
alcalde (m.), alcaldesa (f.)	Bürgermeister, Bürgermeisterin
alejar	fernhalten
al fin y al cabo	letzten Endes
al principio	am Anfang
alquilar	mieten
al rato	nach einer Weile
alrededor de	um ... herum
altavoz (m.)	Lautsprecher
alterarse	sich aufregen
ámbito (m.)	Bereich
amenaza (f.)	Drohung
a menudo	oft
amontonado/a	aufgehäuft
anchura (f.)	Breite
anciano (m.), anciana (f.)	Greis, Greisin, alter Mensch
andar	zu Fuß gehen
ángel (m.)	Engel
anteayer	vorgestern
anterior	vor, vorige
anticonceptivo (m.)	Verhütungsmittel
anuncio (m.)	Anzeige
añadir	hinzufügen
aparcar	parken
aparte de esto	abgesehen davon
a pesar de	trotz
aportar	beisteuern, hinzufügen
apóstol (m.)	Apostel
apoyar	unterstützen
apreciado/a	hoch geschätzt
aprobar (o>ue)	verabschieden
aprovechar	nutzen
aproximadamente	circa, etwa

	árbitro (m.)	Schiedsrichter
	arqueólogo (m.), arqueóloga (f.)	Archäologe
	arreglarse	sich regeln
	arriba	oben
	arrojar	werfen
	arruinarse	sich ruinieren
	artes (f. pl.)	Künste
	artesanía (f.)	Kunsthandwerk
	asesinar	töten, ermorden
	asesinato (m.)	Mord
	aspecto (m.)	Aussehen
	asunto (m.)	Angelegenheit
	atacar	angreifen
	a todo volumen	mit voller Lautstärke
	a tope	sehr laut
	atracador (m.), atracadora (f.)	Bankräuber, Bankräuberin
	atraer (atraigo)	anziehen
	atrás	zurückliegend
	aula (f.)	Klassenraum
	aumentar	wachsen, zunehmen
	auténtico/a	richtig, wirklich
	autógrafo (m.)	Autogramm
	avanzar	vorankommen, weiterkommen
	aventurero (m.), aventurera (f.)	Abenteurer, Abenteurerin
	averiguar	herausfinden
	avisar	benachrichtigen, Bescheid sagen
	azúcar (m.)	Zucker
Bb	bachillerato (m.)	Abitur
	baile (m.)	Fest, Ball
	ballena azul (f.)	Blauwal
	baloncesto (m.)	Basketball
	balonmano (m.)	Handball
	balsa (f.)	Floß
	barba (f.)	Bart
	barco (m.)	Boot
	basarse en	sich stützen auf
	bastar	reichen, ausreichen
	basura (f.)	Abfall, Müll
	batería (f.)	Schlagzeug
	batir	schlagen, mixen
	bedel (m.)	Hausmeister
	bellota (f.)	Eichel
	bici(cleta) (f.)	Fahrrad
	biodiversidad (f.)	Artenvielfalt
	boli (col.) (= bolígrafo) (m.)	Kuli (Kugelschreiber)
	bollería (f.)	Gebäck

	bolsillo (m.)	Hosentasche
	bolso (m.)	Tasche
	bosque (m.)	Wald
	brecha (f.)	Öffnung
	brincar	hüpfen
	brotar	sprießen, wachsen
	bruja (f.)	Hexe
	brújula (f.)	Kompass
	burro (m.)	Esel
Cc	caballero (m.)	Ritter
	caballo (m.)	Pferd
	no cabe duda	es besteht kein Zweifel
	cabina telefónica (f.)	Telefonzelle
	caer (caigo)	fallen
	calentar (e>ie)	erwärmen
	caliente	warm, heiß
	caluroso/a	warm, heiß
	caminar	gehen, wandern
	campeón (m.), campeona (f.)	Sieger, Siegerin
	campesino (m.), campesina (f.)	Bauer, Bäuerin
	cancha (f.)	Spielfeld
	Cancillería Federal (f.)	Kanzleramt
	cántaro (m.)	Krug
	cantidad (f.)	Menge
	caracol (m.)	Schnecke
	carnet de conducir (m.)	Führerschein
	carrera (f.)	Laufbahn, Studium, Wettlauf
	carta de recomendación (f.)	Empfehlungsschreiben
	casarse	heiraten
	casita de chocolate (f.)	Lebkuchenhaus
	casualidad (f.)	Zufall
	cauce (m.)	Flussbett
	causar	verursachen
	cebar	mästen
	cebolla (f.)	Zwiebel
	ceder	nachgeben
	cementerio (m.)	Friedhof
	centro comercial (m.)	Handelszentrum, Einkaufszentrum
	cercano/a	in der Nähe liegend
	cerdo (m.)	Schwein
	ciclista (m./f.)	Fahrradfahrer/in
	ciclo (m.)	Zyklus, Reihe
	científico (m.), científica (f.)	Wissenschaftler, Wissenschaftlerin
	circuito (m.)	Rennstrecke
	circular	fahren, verkehren
	cita (f.)	Treffen

ciudadano (m.), ciudadana (f.)	Staatsbürger, Staatsbürgerin
ciudad natal (f.)	Geburtsstadt
clarividente (m./f.)	Hellseher/in
coincidir	sich einig sein
colaborador (m.), colaboradora (f.)	Mitarbeiter, Mitarbeiterin
colaborar	mitarbeiten
cole (col.) (= colegio) (m.)	Schule
comerciante (m./f.)	Händler/in, Geschäftsbesitzer/in
comercio justo (m.)	fairer Warenhandel
cometer un crimen	ein Verbrechen begehen
como mínimo	mindestens
compacto (m.)	CD
competición (f.)	Wettbewerb
comportamiento (m.)	Verhalten
comportarse	sich benehmen, sich verhalten
comprometido/a	engagiert
concluir	abschließend sagen
conclusión (f.)	Schlussfolgerung
concurso (m.)	Wettbewerb
condición (f.)	Bedingung
confesar (e>ie)	gestehen, beichten
confirmar	bestätigen
conformarse con	sich abfinden mit
conmovedor/a	bewegend
considerar	ansehen, einschätzen
constitución (f.)	Verfassung
conservación (f.)	Erhalt
contagiarse	sich anstecken
contaminar	verschmutzen
contribuir	beitragen
convencer	überzeugen
convenir (convengo) (e>ie)	gut sein, passen
copiar	abschreiben
costurera (f.)	Näherin
crear	erschaffen
crecer (c>zc)	wachsen
cruasán (m.)	Croissant
cruz (f.)	Kreuz
cubierto/a	bedeckt, zugedeckt
cubrir	bedecken, zudecken
cuello (m.)	Hals
cuento (m.)	Märchen, Erzählung
cuento de hadas (m.)	Märchen
cuero (m.)	Leder
cuerpo (m.)	Körper
cueva (f.)	Höhle
cuidar	pflegen, schützen

	culebra (f.)	Schlange
	culpa (f.)	Schuld
	culpable	schuldig
	culto (m.)	Kult
	cultivar	anbauen
	cumbre (f.)	Gipfel
	cumplir	vollenden, erfüllen
	cúpula (f.)	Kuppel
	curso (m.)	Schuljahr
Dd	dar una vuelta	eine Runde drehen
	dar la vuelta	umdrehen, wenden
	datar de	stammen aus
	deber	sollen
	debido a	wegen
	de buen humor	gut gelaunt
	decapitar	köpfen
	decepción (f.)	Enttäuschung
	dedicarse a algo	sich etwas widmen
	defender (e>ie)	verteidigen
	defensa del medio ambiente (f.)	Umweltschutz
	definir	definieren, beschreiben
	dejar en paz	in Ruhe lassen
	delicioso/a	lecker
	de memoria	auswendig
	de ninguna manera	keinesfalls
	dentro de	innerhalb von, drinnen
	de nuevo	erneut, wieder
	depender de (e>ie)	abhängen von
	dependiente (m./f.)	Verkäufer/in
	deportivo/a	sportlich
	derrotar	schlagen (im Sport)
	desaparición (f.)	Verschwinden
	descalzo/a	barfuß
	descanso (m.)	Pause
	descubridor (m.), descubridora (f.)	Entdecker, Entdeckerin
	desfavorecido/a	benachteiligt
	deshacerse de algo (deshago)	sich etwas entledigen
	desierto (m.)	Wüste
	despacio	langsam
	destacar	betonen, hervorheben
	destruir	zerstören
	detener (detengo) (e>ie)	verhaften
	de todas formas	auf jeden Fall, jedenfalls
	de una vez	endlich
	de verdad	richtig, wirklich
	de vez en cuando	ab und zu

devorar	verschlingen
diario (m.)	Tagebuch, Tageszeitung
dibujo (m.)	Zeichnung
diente (m.)	Zahn
diente de ajo (m.)	Knoblauchzehe
dificultad (f.)	Schwierigkeit
diluvio (m.)	Sintflut
dios (m.)	Gott
disco (m.)	Platte, Schallplatte
discurso (m.)	Rede
disfrutar de	Spaß haben an/bei
disminuir	abnehmen, weniger werden
dispuesto/a a	bereit zu
divino/a	göttlich
divorciado/a	geschieden
documental (m.)	Dokumentarfilm
dorado/a	vergoldet, golden
duda (f.)	Zweifel
dudar	zweifeln
dulces (m. pl.)	Süßigkeiten

Ee

echar	herauswerfen
echar en cara	vorwerfen
echar la culpa a alguien	jmd. die Schuld geben
Edad Media (f.)	Mittelalter
edificaciones (f. pl.)	Bauten
ejemplar (m.)	Exemplar
elecciones (f. pl.)	Wahlen
elefante (m.)	Elefant
embajada (f.)	Botschaft
embarazada	schwanger
emocionarse	gerührt sein, freudig erregt sein
empeorar	sich verschlechtern
emperador (m.), emperatriz (f.)	Herrscher, Herrscherin
emplumado/a	gefiedert
emprender un viaje	zu einer Reise aufbrechen
empresa (f.)	Firma, Unternehmen
empujar	schieben, schubsen
en adelante	daraufhin, im weiteren Verlauf
encierro (m.)	das Treiben der Stiere in die Arena (z. B. bei den *Sanfermines* in Pamplona)
en cuanto a	im Hinblick auf; was … angeht
encuestado (m.), encuestada (f.)	Befragter, Befragte
enemigo (m.)	Feind
enfadado/a	wütend, sauer
enfermedad (f.)	Krankheit
enfrentarse a	die Stirn bieten

	enfrente	gegenüber
	en general	im Allgemeinen
	engordar	dick werden
	enlazar	miteinander verbinden
	enseguida/en seguida	sofort
	en sí	an sich
	enterrar (e>ie)	beerdigen
	entorno (m.)	Umgebung
	entrenador (m.), entrenadora (f.)	Trainer, Trainerin
	entrenamiento (m.)	Training
	entrenar	trainieren
	en vano	umsonst, vergeblich
	equipaje (m.)	Gepäck
	equivocarse	sich täuschen, sich irren
	ermita (f.)	Wallfahrtskirche
	escalera (f.)	Treppe
	escenario (m.)	Bühne
	esclavo (m.), esclava (f.)	Sklave, Sklavin
	escultor (m.), escultora (f.)	Bildhauer, Bildhauerin
	es decir	das heißt
	esforzarse (o>ue)	sich anstrengen
	esfuerzo (m.)	Anstrengung
	especia (f.)	Gewürz
	espectador (m.), espectadora (f.)	Zuschauer, Zuschauerin
	esperar su turno	warten, bis man an der Reihe ist
	estado (m.)	Zustand, Staat
	estadounidense	US-amerikanisch
	estafa (f.)	Betrug
	estar a favor de (estoy)	für etwas sein
	estar de vuelta	zurück sein
	estar harto	etwas satt haben
	estrecho/a	eng
	estrella (f.)	Stern, Star
	estudiantil	studentisch
	es una pena que	es ist schade, dass
	excepto	außer
	exhaustivo/a	gründlich
	exigir	verlangen
	explorador (m.), exploradora (f.)	Entdeckungsreisender, Entdeckungsreisende
	extenderse (e>ie)	sich ausdehnen, sich ausbreiten
	extracurricular	außerhalb des Unterrichts
	extraño/a	merkwürdig, seltsam
Ff	flamenco (m.)	Flamenco(tanz), Flamingo
	flexión de piernas (f.)	Kniebeuge
	fortaleza (f.)	Festung

	fortificaciones (f. pl.)	Befestigungsanlagen
	frecuente	häufig
	frenar	bremsen
	frenético/a	frenetisch, sehr stark
	frecuencia (f.)	Häufigkeit
	fuegos artificiales (m. pl.)	Feuerwerk
	fuera	außerhalb, draußen
	fuerza (f.)	Kraft, Macht
	fumar	rauchen
	fundador (m.), fundadora (f.)	Gründer, Gründerin
	fusilado/a	erschossen
Gg	gafas (f. pl.)	Brille
	ganador/a	siegreich
	ganas (f. pl.)	Lust
	gasolina (f.)	Benzin
	gastar	ausgeben
	gastar una broma	einen Streich spielen
	gastos (m. pl.)	Ausgaben
	gato (m.)	Katze
	gigante (m.)	Riese
	gobierno (m.)	Regierung
	goma (f.)	Gummi
	grabar	aufnehmen
	gracia (f.)	Anmut
	granizar	hageln
	gripe porcina/gripe A (f.)	Schweinegrippe
	guardería (f.)	Kindergarten
	guardia civil (m./f.)	*spanischer Polizist/in*
	guepardo (m.)	Gepard
	guerra (f.)	Krieg
	guía (f.)	Reiseführer
	guiado/a	geführt
Hh	hacer falta (hago)	nötig sein
	hacer footing	joggen
	hacerse hombre	zum Mann werden
	hacer hincapié en	betonen, unterstreichen
	hada (f.)	Fee
	hecho (m.)	Tatsache
	helado (m.)	Speiseeis
	hermanastra (f.)	Stiefschwester
	hermoso/a	schön
	hielo (m.)	Eis
	hispanohablante (m./f.)	spanische/r Muttersprachler/in
	horno (m.)	Ofen
	huelga (f.)	Streik

	huella (f.)	Spur
	hueso (m.)	Knochen
	huevo (m.)	Ei
	huir	fliehen
Ii	iluminar	beleuchten
	imagen (f.)	Darstellung, Bild
	impaciente	ungeduldig
	imperio (m.)	Reich
	imprescindible	unumgänglich, erforderlich
	impresión (f.)	Eindruck
	impresionado/a	beeindruckt
	impuestos (m. pl.)	Steuern
	incluido/a	enthalten
	incluirse	dazugehören, beinhalten
	incomparable	unvergleichlich
	incorporarse	hinzukommen
	increíble	unglaublich
	independencia (f.)	Unabhängigkeit
	indicio (m.)	Indiz, Hinweis
	indígenas (m. pl.)	Ureinwohner
	indispensable	unabdingbar, unerlässlich
	infierno (m.)	Hölle
	iniciar	beginnen
	insistir	bestehen auf, beharren auf
	insoportable	unerträglich
	insultar	beleidigen
	intento (m.)	Versuch
	interior (m.)	Inneres
	interminable	nicht enden wollend
	interrogatorio (m.)	Verhör
	intervenir (intervengo) (e>ie)	teilnehmen
	inundación (f.)	Überschwemmung
	inútil	unnütz
	inventor (m.), inventora (f.)	Erfinder, Erfinderin
	investigación (f.)	Untersuchung
	investigar	untersuchen
Jj	jamás	niemals, nie
	jaula (f.)	Käfig
	jirafa (f.)	Giraffe
	joya (f.)	Schmuck, Edelstein
	jugador (m.), jugadora (f.)	Spieler, Spielerin
	juicio (m.)	Prozess
	juntarse	sich zusammentun
	junto a	neben, am
	justo/a	genau, gerecht

Ll	ladrar	bellen
	ladrón (m.)	Dieb
	lana (f.)	Wolle
	lateral	seitlich
	lechera (f.)	Milchmädchen
	lector (m.), lectora (f.)	Leser, Leserin
	legendario/a	legendär
	legitimar	legitimieren
	lenguaje (m.)	Sprache
	leñador (m.)	Holzfäller
	letra (f.)	Text
	ley (f.)	Gesetz
	leyenda (f.)	Legende
	libélula (f.)	Libelle
	liberar	befreien
	librería de viejo (f.)	Antiquariat
	líder (m.)	Führer
	Liga de Campeones (f.)	Championsleague
	ligar con	sich heranmachen an, flirten mit
	ligeramente	geringfügig
	limitarse	sich beschränken
	lograr	schaffen
	lo mismo	dasselbe
	luchar	kämpfen
	lujoso/a	luxuriös
	luna (f.)	Mond
	lunar (m.)	Muttermal
	luz (f.)	Licht
LLll	llamada (f.)	Anruf
	llamado/a	sogenannte/r
	llamar la atención	auffallen
	llamativo/a	auffällig
	llegada (f.)	Ankunft
	llenar	füllen, voll machen
	llevarse bien/mal con alguien	sich gut/schlecht mit jmd. verstehen
Mm	madera (f.)	Holz
	madrastra (f.)	Stiefmutter
	maestro (m.), maestra (f.)	Lehrer, Lehrerin (Grundschule)
	manera (f.)	Art
	manifestante (m./f.)	Demonstrant/in
	maquillarse	sich schminken
	Mar del Norte	Nordsee
	marcha (f.)	Marsch, Wanderung
	marido (m.)	Ehemann
	más adelante	bald, in Kürze

matar	töten
materia prima (f.)	Rohstoff
matricularse	sich anmelden
la mayor parte (f.)	die meisten
mecha (f.)	Strähne
médico (m.), médica (f.)	Arzt, Ärztin
medieval	mittelalterlich
medio ambiente (m.)	Umwelt
medusa (f.)	Qualle
mejorar	verbessern
mencionar	erwähnen
mendigar	betteln
menor de ... años	unter ... Jahren
mentira (f.)	Lüge
¡Menudo día!	Welch ein Tag!
mercado (m.)	Markt
merecer la pena	sich lohnen
meter	hineinstecken
meterse en algo	in etwas hineingeraten
mezcla (f.)	Mischung
miembro (m.)	Mitglied
mientras tanto	währenddessen
miga de pan (f.)	Brotkrume
milenio (m.)	Jahrtausend
miseria (f.)	Elend, Leid
mitad (f.)	Hälfte
mito (m.)	Mythos
molestar	stören
monasterio (m.)	Kloster
moneda (f.)	Währung, Zahlungsmittel
monje (m.), monja (f.)	Mönch, Nonne
mono (m.)	Affe
monoparental	mit nur einem Elternteil
montar a	reiten
mora (f.)	Brombeere
mosquito (m.)	Mücke
movimiento (m.)	Bewegung
muerte (f.)	Tod

Nn

narrador (m.), narradora (f.)	Erzähler, Erzählerin
navegar	fahren (auf dem Wasser), segeln
necesidad (f.)	Bedarf, Notwendigkeit
nevar (e>ie)	schneien
niñez (f.)	Kindheit
nivel del agua (m.)	Wasserspiegel
nivel de vida (m.)	Lebensstandard
nombrar	ernennen

	notar	bemerken
	noticia (f.)	Nachricht
	nube (f.)	Wolke
	nuez (f.)	Walnuss
Oo	objetivo (m.)	Ziel
	observar	beobachten
	obra de teatro (f.)	Theaterstück
	ocultar	verheimlichen
	ocupado/a	besetzt
	ocupar	besetzen
	ocurrir	auf etwas kommen
	odiar	hassen
	oferta (f.)	Angebot
	ojalá	hoffentlich
	oler (o>ue)	riechen
	opinar	denken, meinen
	opinión (f.)	Meinung
	oportunidad (f.)	Gelegenheit, Chance
	orden de los templarios (f.)	Templerorden
	ordenar	aufräumen, befehlen
	orientación (f.)	Ausrichtung
	a orillas de	am Ufer von
	oro (m.)	Gold
	oscuridad (f.)	Dunkelheit
	oscuro/a	dunkel
Pp	pabellón (m.)	Pavillon
	paciente (m./f.)	Patient/in
	paisaje (m.)	Landschaft
	pájaro (m.)	Vogel
	panecillo (m.) con queso/fiambre	Käse-/Wurstbrötchen
	pantalla (f.)	Leinwand
	papagayo (m.)	Papagei
	papel (m.)	Papier, Rolle
	paraguas (m.)	Regenschirm
	paraíso (m.)	Paradies
	paralizar	lahmlegen
	pared (f.)	Wand
	partido (m.)	Spiel, Partei
	pasar frío	frieren
	paso (m.)	Schritt
	pastilla (f.)	Tablette
	patinar sobre hielo	eislaufen
	pegar	schlagen
	peinarse	sich kämmen
	peldaño (m.)	Stufe

pelar	schälen
pelota (f.)	Ball
penalti (m.)	Elfmeter
pendiente	offen, unerledigt
Península Ibérica (f.)	Iberische Halbinsel
Pentecostés	Pfingsten
peregrino (m.), peregrina (f.)	Pilger, Pilgerin
perejil (m.)	Petersilie
periodismo (m.)	Publizistik
periodista (m./f.)	Journalist/in
permitir	erlauben
pertenecer (c>zc)	dazugehören
peso (m.)	Gewicht
pesticida (m.)	Unkrautvernichtungsmittel
pescar	angeln, fischen
pez (f.)	Fisch
piedra (f.)	Stein
piel (f.)	Haut
pimienta (f.)	Pfeffer
pizarra (f.)	Tafel
planta (f.)	Pflanze
plantación (f.)	Plantage
plátano (m.)	Banane
población (f.)	Siedlung
poco a poco	nach und nach, allmählich
poder (m.)	Macht
polémica (f.)	Streit
polo (m.)	Pol
pollo (m.)	Hähnchen
polución (f.)	Luftverschmutzung
polvo (m.)	Staub
ponerse a hacer algo (pongo)	mit etwas anfangen
ponerse de camino	sich auf den Weg machen
por lo general	normalerweise, im Allgemeinen
por lo tanto	aus diesem Grund
por otro lado	andererseits
por supuesto	selbstverständlich
portada (f.)	Cover
poseer	besitzen
posterior	nachfolgend
preceder	vorausgehen
precisamente	genau
Premio Nobel (m.)	Nobelpreis, Nobelpreisträger
prestar ayuda	Hilfe leisten
primeros auxilios (m. pl.)	Erste Hilfe
primer plano (m.)	Vordergrund
principal	wichtigste, bedeutendste, Haupt-

	príncipe azul (m.)	Traumprinz, Traummann
	probable	möglich, wahrscheinlich
	proclamar	bekanntgeben
	prohibir	verbieten
	prometer	versprechen
	probar (o>ue)	ausprobieren
	propaganda (f.)	Werbung
	proporcionar	geben
	protagonista (m./f.)	Protagonist/in
	provocar	provozieren
	prueba (f.)	Beweis
	publicar	veröffentlichen
	puerto fluvial (m.)	Binnenhafen
	puerto marítimo (m.)	Seehafen
	puesto (m.)	Stand
	puntual	pünktlich
Qq	quemarse	sich verbrennen
	¿Qué remedio nos queda?	Was können wir schon machen?
	¡Qué rollo!	Wie langweilig/blöd!
	¡Qué va!	Nichts da! So ein Quatsch!
	quitarse	abgehen, abnehmen
Rr	raíz (f.)	Wurzel
	rama (f.)	Ast
	raqueta (f.)	Schläger
	raza humana (f.)	die Menschen
	recepción (f.)	Empfang, Rezeption
	rechazar	ablehnen, zurückweisen
	recibimiento (m.)	Empfang
	recientemente	in letzter Zeit, kürzlich
	recoger	abholen, aufräumen, ernten
	recomendar (e>ie)	empfehlen, raten
	reconocer (c>zc)	erkennen, wiedererkennen
	recorrido (m.)	Rundgang
	recuperarse	sich erholen
	redacción (f.)	Aufsatz
	reflejarse	sich widerspiegeln
	regla (f.)	Regel
	regresar	zurückkehren
	regreso (m.)	Rückkehr
	reino (m.)	Königreich
	relación (f.)	Beziehung
	remover (o>ue)	umrühren
	repartir	verteilen
	representante (m.)	Vertreter
	requerir (e>ie)	verlangen

	rescatar	retten
	respectivamente	jeweils
	respecto a	was ... angeht/betrifft
	responsable	verantwortlich
	resultado (m.)	Ergebnis
	resultar	sich erweisen, sein
	retirada (f.)	Rückzug
	retrasarse	sich verspäten
	retraso (m.)	Verspätung
	reunirse	zusammenkommen, sich treffen
	rezar	beten
	ridículo/a	lächerlich
	robar	stehlen
	robo (m.)	Raub
	rodaja (f.)	Scheibe
	romperse	kaputtgehen
Ss	sabio/a	weise
	sacar buenas notas	gute Noten haben
	sacar el carnet de conducir	den Führerschein machen
	saco de dormir (m.)	Schlafsack
	sacrificar	opfern
	sacrificio (m.)	Opfer
	salchicha (f.)	Würstchen
	salón de ámbar (m.)	Bernsteinzimmer
	saltar	springen
	salvar	retten
	sangre (f.)	Blut
	santuario (m.)	Kapelle
	sartén (f.)	Bratpfanne
	secar	trocknen, trockenlegen
	seguidor (m.), seguidora (f.)	Fan
	seguramente	sicherlich
	sello (m.)	Stempel
	selva (f.)	Urwald
	semáforo (m.)	Ampel
	semejante	ähnlich
	semilla (f.)	Samenkorn
	sentenciar	urteilen
	serpiente (f.)	Schlange
	servicio secreto (m.)	Geheimdienst
	sierra (f.)	Gebirge
	siguiente	folgend
	sinceramente	ehrlich gesagt
	sin embargo	trotzdem, aber
	sin duda	zweifellos, ohne Zweifel
	situado/a	gelegen

	sobrevivir	überleben
	sobrino (m.), sobrina (f.)	Neffe, Nichte
	sociedad (f.)	Gesellschaft
	soler (o>ue)	zu tun pflegen, regelmäßig tun
	solucionar	lösen
	sombra (f.)	Schatten
	sombrero (m.)	Hut
	sonar (o>ue)	klingen
	sorprender	überraschen
	sospechoso/a	verdächtig
	subastar	versteigern
	súbdito (m.), súbdita (f.)	Untergebener, Untergebene
	subida (f.)	Anstieg
	subrayar	unterstreichen
	sucesor (m.), sucesora (f.)	Nachfolger, Nachfolgerin
	sucio/a	schmutzig, dreckig
	suelo (m.)	Boden
	suficiente	ausreichend, genügend
	sufrir	erleiden, leiden
	superar	überwinden
	superficie (f.)	Fläche
	superviviente (m./f.)	Überlebende/r
	suponer (supongo)	bedeuten, darstellen, schätzen
	surgir	entstehen, aufkommen
Tt	tapado/a	verdeckt, verhüllt
	tarea (f.)	Aufgabe
	tejado (m.)	Dach
	temer	fürchten
	temporada (f.)	Zeitraum, Saison
	tener en cuenta (tengo) (e>ie)	bedenken
	tener cuidado	vorsichtig sein
	tener una idea	eine Ahnung haben
	tener lugar	stattfinden
	ternero (m.)	Kalb
	tesoro (m.)	Schatz
	testigo (m.)	Zeuge
	testimonio (m.)	Bericht
	tigre (m.)	Tiger
	un tipo de	eine Art von
	tirar	werfen
	tobogán (m.)	Rutsche
	tocar un instrumento	ein Instrument spielen
	torneo (m.)	Turnier
	torre (f.)	Turm
	tortilla (f.)	Kartoffelomelette
	tortuga (f.)	Schildkröte

	traducir (c>zc)	übersetzen
	tranquilidad (f.)	Ruhe
	transformarse	sich verwandeln
	transmitir	übertragen
	tranvía (m.)	Straßenbahn
	tribunal (m.)	Gericht
	trineo (m.)	Schlitten
	trono (m.)	Thron
	trozo (m.)	Stück
	truco (m.)	Trick
	tumba (f.)	Grab
Uu	últimamente	in letzter Zeit
	último/a	letzte/r/s
Vv	vaca (f.)	Kuh
	vacante	frei
	vaciar	leeren, ausleeren
	valer	sich lohnen
	valioso/a	wertvoll
	valle (m.)	Tal
	variado/a	abwechslungsreich
	variedad (f.)	Vielfalt
	vasco/a	baskisch
	¡Vaya día!	Welch ein Tag!
	vencer	siegen
	venenoso/a	giftig
	venta (f.)	Verkauf
	la verdad es que	es stimmt, dass
	verse forzado/a	sich gezwungen sehen
	verse obligado/a	sich gezwungen sehen
	verso (m.)	Vers
	vicio (m.)	Sucht
	videoconsola (f.)	Spielkonsole
	violencia (f.)	Gewalt
	virgen (f.)	Jungfrau
	visado (m.)	Visum
	visiblemente	sichtlich
	volante (m.)	Lenkrad
	volar (o>ue)	fliegen
	volver a hacer algo (o>ue)	wieder etwas tun
	vuelo (m.)	Flug
Yy	ya no	nicht mehr
	ya que	da
Zz	zona (f.)	Gebiet, Gegend

20 Bildnachweis

S. 4: **Pyramide**, Kukulcán, Chichén Itzá.jpg, Wikimedia Commons: Creative Commons Attribution 2.0 License, Foto: Kyle Simourd

S. 6: **Pyramide**, Uxmal temple 2006 08 14.jpg, Wikimedia Commons: Creative Commons Attribution ShareAlike 2.5 License, Foto: Raymond Ostertag; **Panorama Uxmal**, Uxmal01-panorama.jpg, Creative Commons Attribution 2.0 License, Foto: Palimp Sesto; **Uxmal Karte**, Uxmal-plan.jpg, Wikimedia Commons: Creative Commons Attribution ShareAlike 3.0 License, Grafik: HJPD

S. 9: **Naveta**, Tudons01.jpg, Wikimedia Commons: Public Domain; **Naveta Eingang**, Naveta01.jpg, Wikimedia Commons: Public Domain

S. 11: **Guanches**, Cima_garajonay_19-07-2006.JPG, Wikimedia Commons: Creative Commons Attribution ShareAlike 3.0 License, Foto: cardenasg

S. 12: **Pyramide**, Pyramiden_Guimar1.JPG, Wikimedia Commons: Creative Commons Attribution ShareAlike 3.0 License, Foto: Roosterfan

S. 19: **Zeitung** © Sanja Gjenero - www.sxc.hu

S. 20: **Polaroid** © Jov43/Dreamstime.com; **Kathedrale**, Porta_apòstols_maig.jpg, Wikimedia Commons: Public Domain; **Hemispheric-Kino**, Hemispheric_-_Valencia,_Spain_-_Jan_2007.jpg, Wikimedia Commons: Creative Commons Attribution ShareAlike 3.0 License, Foto: Diliff; **Parque Gulliver**, 536632219_fefeb74be6_b.jpg, Wikimedia Commons: Creative Commons Attribution 2.0 License, Foto: puroticorico

S. 23: **Rockband** © Erikamariag2/Dreamstime.com

S. 25: **Tortilla**, Pincho_de_tortilla_-_Madrid.jpg, Wikimedia Commons: Creative Commons Attribution 3.0 Unported License, Foto: Tamorlan

S. 26: **Kopfhörer** © Sergei Sizkov/Dreamstime.com

S. 27: **Gitarrenhälse** © Mike Monahan/Dreamstime.com

S. 30: **Karte**, Eq_Guinea_ES.PNG, Wikimedia Commons: Public Domain; **Flagge** © Ganzaless/Dreamstime.com

S. 31: **Estopa** © LivePict.com

S. 33/34: **Papierstreifen** © Irochka/Dreamstime.com

S. 41: **Rafael Nadal © WireImage**

S. 46: **Haus** © Michael Brown/Dreamstime.com

S. 47–50: **E-Mail-Icons** © Timurock/Dreamstime.com

S. 51: **Silhouette** © Travis Manley/Dreamstime.com

S. 53: **Kapitol** © Eric Hood/istockfoto.com

S. 54: **Shakira © WireImage**

S. 55: **Barranquilla**, Panorama_Del_Centro_Barranquillero.jpg, Wikimedia Commons: Creative Commons Attribution ShareAlike 3.0 License, Foto: Miguel Ángel Barrera

S. 56: **Alhambra**, Vista_de_la_Alhambra.jpg, Wikimedia Commons: Creative Commons Attribution 2.0 Generic License, Foto: benjan

S. 58: **La Concha**, Donostia_Igeldotik.jpg, Wikimedia Commons: Creative Commons Attribution ShareAlike 2.5 Generic License, Foto: Keta; **Rathaus**, Ayuntamiento-S.S.Left.jpg, Wikimedia Commons: Creative Commons Attribution ShareAlike 3.0 License, Foto: Daniel Díez Sanquirce, **Pintxos**, Pinchos_txaka_bonito.jpg, Wikimedia Commons: Creative Commons Attribution ShareAlike 3.0 License, Foto: Aldo Beltz

S. 60: **Windkämme**, Peine_del_viento_de_Eduardo_Chillida.jpg, Wikimedia Commons: Creative Commons Attribution ShareAlike 3.0 Unported License, Foto: Phillip Maiwald

S. 62: **Pelota**, Bidart_Chistera.jpg, Wikimedia Commons: Creative Commons Attribution ShareAlike 3.0 License, Foto: Harrieta 171

S. 63: **Papier** © Budda/Dreamstime.com

S. 67: **Stadtmauer Ávila** © mtrommer - fotolia.com; **Altstadt Ávila** © Marek Slusarczyk/Dreamstime.com

S. 68: **offenes Buch** © Zoom-zoom/Dreamstime.com; **junges Mädchen** © Franz Pfluegl - fotolia.com; **ältere Dame** © tbel - fotolia.com

S. 73: **Mädchen (Anna)** © Tamás Ambrits /Dreamstime.com; **Junge (Fatih)** © Huseyin Turgut Erkisi/Dreamstime.com; **Junge (Kevin)** © Carl Durocher /Dreamstime.com; **Mädchen (Sarah)** © Paul Simcock/Dreamstime.com; **Junge (Philipp)** ©Tracy Whiteside/ Dreamstime.com

S. 74: **Mädchen (Seda)** ©Tracy Whiteside/ Dreamstime.com; **Mädchen (Marie)** © Camille Bruggner/Dreamstime.com

S. 78: **Junge** © Willeecole/Dreamstime.com

S. 80: **Vuelta de España**, Vuelta2006.JPG, Wikimedia Commons: Public Domain

S. 81: **Fahrrad** © Bojana Ilic/Dreamstime.com

S. 83: **Guatavita-See**, LagunaDeGuatavita.jpg, Wikimedia Commons: Creative Commons Attribution 3.0 Unported License, Foto: Masanalv

S. 84/85: **Banner** © Alejandro Duran/Dreamstime.com

S. 86: **Goldfloß**, Muisca_raft_Legend_of_El_Dorado_Offerings_of_gold.jpg, Creative Commons Attribution ShareAlike 1.0 License, Foto: Andrew Bertram

S. 88/89: **altes Papier** © Natalia Barsukova/Dreamstime.com

S. 89/90: **Quetzalcóatl**, Quetzalcoatl_magliabechiano.jpg, Wikimedia Commons: Public Domain; **Atztekenmuster** © Jkerrigan/ Dreamstime.com

S. 91: **Mond und Sterne** © Andrusca Ioana Alexandra/Dreamstime.com

S. 98: **Castillo de Loarre**, Castillo_de_Loarre_2.jpg, Wikimedia Commons: Creative Commons Attribution ShareAlike 2.0 Generic License, Foto: Josue Mendivil

S. 100: **Tiere** © Patrick Rowlands/Dreamstime.com

S. 101: **Sternzeichen** © Natalia Volodko/Dreamstime.com

S. 105: **Lehrer** © Steve Luker/Dreamstime.com
S. 110: **Schüssel** © Tmorris9/Dreamstime.com
S. 111: **Tafel** © Vladislav Susoy/Dreamstime.com
S. 112: **Strand** © Juan Fuertes/Dreamstime.com; **Mojácar** © Ismael M. Verdu/Dreamstime.com
S. 115: **Kletterer** © Olivier Tuffé - fotolia.com; **Taucher** © Bucca Pino/Dreamstime.com; **Surfer** © Alan Rainbow - www.sxc.hu; **Kamel** © Chaleerat Ng. - www.sxc.hu; **Skifahrer** © Alan Rainbow - www.sxc.hu; **Flamingos**, James_Flamingos_cropped_MC.jpg, Wikimedia Commons: Creative Commons Attribution ShareAlike 3.0 Unported License, Foto: Christian Mehlführer
S. 117: **Menschen mit Schild** © Andres Rodriguez/Dreamstime.com
S. 120: **Che Guevara** © ullstein bild
S. 122: **Havanna** © Karin van der Laan/Dreamstime.com; **Valle de Viñales** © Andreas Ligtvoet - www.sxc.hu
S. 123: **Meer** © Geoffroy Magnan - www.sxc.hu; **Oldtimer** © Mark Wrafter (markwrafter.com) - www.sxc.hu; **Convento** © Mira Pavlakovic- www.sxc.hu
S. 127: **Spaziergang** © Kathy Wynn/Dreamstime.com
S. 132: **Karte**, Panama_relief_location_map.jpg, Wikimedia Commons: Creative Commons Attribution ShareAlike 3.0 Unported License, Grafik: Alexrk2, **Bananen** © Roberto A. Sanchez - www.istockfoto.com
S. 137: **VW-Käfer** © Stiven/Dreamstime.com
S. 141: **Fußballer** © Sebastian Tomus/Dreamstime.com
S. 142: **Fußballfeld** © Thomas Klimmeck/Dreamstime.com
S. 146: **Memo-Zettel** © Nikolai Sorokin/Dreamstime.com
S. 147: **Cervantes**, Miguel_de_Cervantes_lithography.jpg, Wikimedia Commons: Public Domain
S. 149: **Filmstreifen** © Suljo/Dreamstime.com; **Nevado Sajama**, Nevado_Sajama_e_Iglesia_-_Oruro_-_Bolivia.jpg, Wikimedia Commons: Creative Commons Attribution ShareAlike 2.0 Generic License; Foto: Pattrón; **Salzwüste**, Piles_of_Salt_Salar_de_Uyuni_Bolivia_Luca_Galuzzi_2006.jpg, Wikimedia Commons: Creative Commons Attribution ShareAlike 2.5 Generic License, Foto: Luca Galuzzi; **Laguna Verde**, Laguna_Verde_Potos%C3%AD _Bolivia.jpg, Wikimedia Commons: Creative Commons Attribution 2.0 License, Foto: Ian und Sarah
S. 150: **Memozettel** © Bram Janssens/Dreamstime.com
S. 152: **Burg** © Liubomyr Feshchyn
S. 156: **Wolke** © Buketgvozdey/Dreamstime.com
S. 158: **Karte** © Kaarsten/Dreamstime.com
S. 160: **Koala**, Koala_climbing_tree.jpg, Wikimedia Commons: Creative Commons Attribution ShareAlike 3.0 Unported License, Foto: Diliff; **Libelle**, Libelle_7321.jpg, Wikimedia Commons: Public Domain; **Wal** © Jeremy Wee/ Dreamstime.com; **Qualle**, Avispa_marina.jpg, Wikimedia Commons: Creative Commons Attribution ShareAlike 2.0 Generic License, Foto: Vanna Goccara Rupa; **Schildkröte**, Total_internal_reflection_of_Chelonia_mydas_.jpg, Wikimedia Commons: Creative Commons Attribution ShareAlike 3.0 Unported License, Foto: Mila Zinkova
S. 161: **Rinderzucht**, Rinderzucht_im_Chaco.jpg, Wikimedia Commons: Creative Commons Namensnennung-Weitergabe unter gleichen Bedingungen Deutschland Lizenz, Version 3.0, Foto: Jerry Fischer; **Río Paraguay**, Rio_Paraguay.jpg, Wikimedia Commons: Creative Commons Attribution 1.0 Generic License, Foto: Ilosuna; **Umriss Paraguay**, Flag-map_of_Paraguay.svg, Wikimedia Commons: Creative Commons Attribution ShareAlike 3.0 License, Grafik: Darwinek
S. 162: **Jakobsstern**, Ways_of_St._James_in_Europe.png, Wikimedia Commons: Creative Commons Attribution 2.5 Generic License; Foto: Manfred Zentgraf
S. 163: **Jakobsweg**, Ruta_del_Camino_de_Santiago_Frances.svg, Creative Commons Attribution-Share Alike 2.5 Generic License, Grafik: jynus
S. 164: **El Rocío** © Ashiga/Dreamstime.com
S. 165: **Kirche** © Gerard Coles - www.istockphoto.com
S. 167: **Karte Spanien** © Kaarsten/Dreamstime.com; **Karte Südamerika** © Darknightsky/Dreamstime.com; **Teenager (Jimena)** © Bbettina/Dreamstime.com.com; **Teenager (Carmen)** © Nansaidh/Dreamstime
S. 168: **Arequipa**, Arequipa-plaza-armas-c01.jpg, Wikimedia Commons: Creative Commons Attribution-ShareAlike 2.5 Spain License, Foto: el autor
S. 169: **Polaroid** © Jov43/Dreamstime.com; **Machu Picchu**, Peru_Machu_Picchu_Sunrise_2.jpg, Wikimedia Commons: Creative Commons Attribution ShareAlike 3.0 License; Foto: Allard Schmidt (Netherlands); **Nazca-Linien** © Jarnogz/Dreamstime.com
S. 170: **Dschungel** © Dianka/Dreamstime.com
S. 174: **Karte**, LocationCuba.svg, Wikimedia Commons: Creative Commons Attribution 2.5 Generic License, Grafik: rei-artur
S. 178: **Hintergrund** © Yana Bondareva - istockphoto.com
S. 179: **Bücher** © Patrycja Peslak/dreamstime.com
S. 186: **Mädchen** © Justin Horrocks - www.istockphoto.com; **Junge** © Justin Horrocks - www.istockphoto.com
S. 187: **Unamuno-Denkmal**, Monumento_a_Unamuno_en_Salamanca.jpg, Wikimedia Commons: Public Domain
S. 188: **Straßenkind** © Andrei Contiu/Dreamstime.com
S. 190: **Sanfermines**, Chpuinazo8.jpg, Wikimedia Commons: Creative Commons Attribution 2.0 Generic license, Foto: A. www.viajar24h.com
S. 192: **Filmrolle** © Helder Monteiro/Dreamstime.com
S. 195: **Haus (a)**, Madrid_BrickHouse2.jpg, Wikimedia Commons: Creative Commons Attribution ShareAlike 3.0 License, Foto: Hakan Svensson; **Preisschild** © Quanthem/Dreamstime.com; **Haus (b)**, Plaza_del_Cordon _Madrid_02.jpg, Wikimedia Commons: Creative Commons Attribution ShareAlike 3.0 Unported License, Foto: Bernard Gagnon;
S. 196: **Haus (c)**, Finca_marinesa.jpg, Wikimedia Commons: Public Domain; **Haus (d)** © Nick Stubbs/Dreamstime.com
S. 197: **Karte**, Map-Latin_America.svg, Wikimedia Commons: Public Domain

© Petrik/Schillhuber: **Giraffe, Gepard, Elefant** (alle S. 160), alle anderen Bilder © Redaktion

Ihre Meinung ist uns wichtig!

Ihre Anregungen sind uns immer willkommen. Bitte informieren Sie uns mit diesem Schein über Ihre Verbesserungsvorschläge!

Titel-Nr.	Seite	Vorschlag

Bitte hier abtrennen

Zutreffendes bitte ankreuzen!

Die Absenderin/der Absender ist:

- ☐ Lehrer/in in den Klassenstufen: ______
- ☐ Fachbetreuer/in
  Fächer: ______
- ☐ Seminarlehrer/in
  Fächer: ______
- ☐ Regierungsfachberater/in
  Fächer: ______
- ☐ Oberstufenbetreuer/in
- ☐ Schulleiter/in
- ☐ Referendar/in, Termin 2. Staatsexamen: ______
- ☐ Leiter/in Lehrerbibliothek
- ☐ Leiter/in Schülerbibliothek
- ☐ Sekretariat
- ☐ Eltern
- ☐ Schüler/in, Klasse: ______
- ☐ Sonstiges: ______

Unterrichtsfächer: (Bei Lehrkräften!)

______

STARK Verlag
Postfach 1852
85318 Freising

19-V1M
Bitte ausfüllen und im frankierten Umschlag an uns einsenden. Für Fensterkuverts geeignet.

Kennen Sie Ihre Kundennummer?
Bitte hier eintragen.

Absender (Bitte in Druckbuchstaben!)

Name/Vorname

Straße/Nr.

PLZ/Ort/Ortsteil

Telefon privat

Geburtsjahr

E-Mail

Schule/Schulstempel (Bitte immer angeben!)

Bitte hier abtrennen

(Bitte blättern Sie um)

Spanisch

Spanisch im 1. Lernjahr .... Best.-Nr. 905401
Spanisch im 2. Lernjahr .... Best.-Nr. 905402

Englisch Grundwissen

Englisch Grundwissen 5. Klasse .... Best.-Nr. 90505
Klassenarbeiten Englisch 5. Klasse mit CD .... Best.-Nr. 905053
Englisch Grundwissen 6. Klasse .... Best.-Nr. 90506
Klassenarbeiten Englisch 6. Klasse mit CD .... Best.-Nr. 905063
Englisch Grundwissen 7. Klasse .... Best.-Nr. 90507
Klassenarbeiten Englisch 7. Klasse mit CD .... Best.-Nr. 905073
Englisch Grundwissen 8. Klasse .... Best.-Nr. 90508
Englisch Grundwissen 9. Klasse .... Best.-Nr. 90509
Englisch Grundwissen 10. Klasse .... Best.-Nr. 90510
Textproduktion 9./10. Klasse .... Best.-Nr. 90541
Englisch Grundwissen Übertritt in die Oberstufe Best.-Nr. 82453

Englisch Kompakt-Wissen

Kompakt-Wissen Kurzgrammatik .... Best.-Nr. 90461
Kompakt-Wissen Grundwortschatz .... Best.-Nr. 90464

Englisch Leseverstehen

Leseverstehen 5. Klasse .... Best.-Nr. 90526
Leseverstehen 6. Klasse .... Best.-Nr. 90525
Leseverstehen 8. Klasse .... Best.-Nr. 90522
Leseverstehen 10. Klasse .... Best.-Nr. 90521

Englisch Hörverstehen

Hörverstehen 5. Klasse mit CD .... Best.-Nr. 90512
Hörverstehen 6. Klasse mit CD .... Best.-Nr. 90511
Hörverstehen 7. Klasse mit CD .... Best.-Nr. 90513
Hörverstehen 9. Klasse mit CD .... Best.-Nr. 90515
Hörverstehen 10. Klasse mit CD .... Best.-Nr. 80457

Englisch Rechtschreibung

Rechtschreibung und Diktat
5. Klasse mit 3 CDs .... Best.-Nr. 90531
Rechtschreibung und Diktat
6. Klasse mit 2 CDs .... Best.-Nr. 90532
Englische Rechtschreibung 9./10. Klasse .... Best.-Nr. 80453

Englisch Wortschatzübung

Wortschatzübung 5. Klasse mit CD .... Best.-Nr. 90518
Wortschatzübung 6. Klasse mit CD .... Best.-Nr. 90519
Wortschatzübung Mittelstufe .... Best.-Nr. 90520

Englisch Übersetzung

Translation Practice 1 / ab 9. Klasse .... Best.-Nr. 80451
Translation Practice 2 / ab 10. Klasse .... Best.-Nr. 80452

Englisch Sprachenzertifikat

Sprachenzertifikat Englisch Niveau A 2
mit Audio-CD .... Best.-Nr. 105552
Sprachenzertifikat Englisch Niveau B 1
mit Audio-CD .... Best.-Nr. 105550

Englisch: Zentrale Prüfungen

VERA 8 – Englisch
Version C: Gymnasium .... Best.-Nr. 955582
Jahrgangsstufentest Englisch
6. Klasse mit CD Gymnasium Bayern .... Best.-Nr. 954661
Zentrale Prüfung 2010
Englisch – ZP 10 Nordrhein-Westfalen .... Best.-Nr. 554601
Mittlerer Schulabschluss Berlin Englisch mit CD.... Best.-Nr. 111550
Besondere Leistungsfeststellung Englisch
10. Klasse mit CD Gymnasium Sachsen .... Best.-Nr. 1454601
Besondere Leistungsfeststellung Englisch
10. Klasse Gymnasium Thüringen .... Best.-Nr. 1654601

Französisch

Französisch im 1. Lernjahr .... Best.-Nr. 905502
Rechtschreibung und Diktat 1./2. Lernjahr
mit 2 CDs .... Best.-Nr. 905501
Französisch im 2. Lernjahr .... Best.-Nr. 905503
Französisch im 3. Lernjahr .... Best.-Nr. 905504
Französisch im 4. Lernjahr .... Best.-Nr. 905505
Wortschatzübung Mittelstufe .... Best.-Nr. 94510
Kompakt-Wissen Kurzgrammatik .... Best.-Nr. 945011
Kompakt-Wissen Grundwortschatz .... Best.-Nr. 905001

Latein

Latein I/II im 1. Lernjahr 5./6. Klasse .... Best.-Nr. 906051
Latein I/II im 2. Lernjahr 6./7. Klasse .... Best.-Nr. 906061
Latein I/II im 3. Lernjahr 7./8. Klasse .... Best.-Nr. 906071
Übersetzung im 1. Lektürejahr .... Best.-Nr. 906091
Übersetzung im 2. Lektürejahr .... Best.-Nr. 906092
Wiederholung Grammatik .... Best.-Nr. 94601
Wortkunde .... Best.-Nr. 94603
Kompakt-Wissen Kurzgrammatik .... Best.-Nr. 906011

Chemie

Chemie – Mittelstufe 1 .... Best.-Nr. 90731
Chemie – Mittelstufe 2 .... Best.-Nr. 90732

Biologie

Besondere Leistungsfeststellung Biologie
10. Klasse Gymnasium Thüringen .... Best.-Nr. 1657001
Besondere Leistungsfeststellung Chemie
10. Klasse Gymnasium Thüringen .... Best.-Nr. 1657301

Geschichte

Kompakt-Wissen Geschichte
Unter-/Mittelstufe .... Best.-Nr. 907601

Ratgeber „Richtig Lernen"

Tipps und Lernstrategien – Unterstufe .... Best.-Nr. 10481
Tipps und Lernstrategien – Mittelstufe .... Best.-Nr. 10482

Die echten Hilfen zum Lernen...
STARK

Bestellungen bitte direkt an:
STARK Verlagsgesellschaft mbH & Co. KG · Postfach 1852 · 85318 Freising
Tel. 0180 3 179000* · Fax 0180 3 179001* · www.stark-verlag.de · info@stark-verlag.de
* 9 Cent pro Min. aus dem deutschen Festnetz

19-V1M